《全国预备检察官培训系列教材》编委会

编委会主任： 李如林　王少峰

编委会委员： 胡尹庐　王卫东　黄　河　陈国庆
　　　　　　　徐进辉　李文生　袁其国　郑新俭
　　　　　　　穆红玉　宫　鸣　宋寒松　胡卫列
　　　　　　　阮丹生

编委会办公室： 朱建华　常　艳　郭立新

国家检察官学院
全国预备检察官培训系列教材

编委会主任／李如林 王少峰

民事行政检察业务教程

MINSHI XINGZHENG JIANCHA YEWU JIAOCHENG

郑新俭 胡卫列／主编

中国检察出版社

《民事行政检察业务教程》
主编及撰写人员

本册主编： 郑新俭　胡卫列

撰写人员： 邵世星（第一章）

　　　　　　周永刚　王　菁（第二章）

　　　　　　肖暐明　王天颖　罗　箭（第三章）

　　　　　　曾洪强　王　莉　杨冬梅　刘小艳（第四章）

　　　　　　孙加瑞（第五章）

　　　　　　肖正磊　刘玉强（第六章）

　　　　　　田　力　王天颖　张　彬（第七章）

　　　　　　王蜀清　华　锰　兰　楠　李唯一（第八章）

　　　　　　胡婷婷（第九章、第十章）

　　　　　　周永刚（第四部分）

出版说明

建立预备检察官训练制度，是中央深化司法体制改革的重要内容。为适应这项培训工作的需要，我们编辑出版了《全国预备检察官培训系列教材》。本系列教材一共10本，包括《检察官职业素养教程》、《侦查监督业务教程》、《公诉业务教程》、《反贪污贿赂业务教程》、《反渎职侵权业务教程》、《刑事执行检察业务教程》、《民事行政检察业务教程》、《控告举报检察业务教程》、《刑事申诉检察业务教程》及《职务犯罪预防业务教程》。经编委会审定，作为国家检察官学院和全国预备检察官培训的指定教材。

本套教材重点介绍预备检察官应知应会的业务知识和业务规范，注重业务技能及实务经验的传授和职业素养的养成，通过文书范例和典型案例着力解析预备检察官在各项检察业务工作的重点、难点问题，力争使教材内容涵盖检察官基本职业素养、基本业务规范和基本业务技能，适应预备检察官岗位素质和业务能力培养的要求，使预备检察官通过培训具备履行检察官职务的素养和能力。

为体现本套教材突出实务、实用、实战的要求，我们聘请了最高人民检察院各业务厅局的业务骨干和国家检察官学院的教师担任撰稿人，发挥他们在检察实务和检察官培训方面的专长，确保教材质量。

由于预备检察官培训尚处于探索阶段，教材难免有不完善和疏漏之处，敬请读者批评指正。

编委会
2014年12月25日

目　　录

第一部分　民事行政检察工作总论

第一章　民事行政检察工作概述 …………………………………（3）
　第一节　民事行政检察工作的主要职责 ……………………（3）
　第二节　民事行政检察工作的基本流程 ……………………（5）
　第三节　民事行政检察岗位的素能要求 ……………………（7）
　思考题 …………………………………………………………（9）

第二部分　民事行政检察工作实务

第二章　民事诉讼监督案件受理 …………………………………（13）
　第一节　民事诉讼监督案件的管辖 …………………………（13）
　第二节　民事诉讼监督案件的受理 …………………………（16）
　思考题 …………………………………………………………（25）
第三章　民事诉讼监督案件审查 …………………………………（26）
　第一节　审查概述 ……………………………………………（26）
　第二节　审查的内容 …………………………………………（26）
　第三节　听证 …………………………………………………（30）
　第四节　调查核实 ……………………………………………（33）
　第五节　中止审查和终结审查 ………………………………（42）
　第六节　审查后的处理决定 …………………………………（46）
　思考题 …………………………………………………………（47）
第四章　对生效民事判决、裁定、调解书的监督 ………………（48）
　第一节　民事抗诉 ……………………………………………（48）
　第二节　再审检察建议 ………………………………………（58）

第三节　提请抗诉 …………………………………………（61）
　　第四节　后续监督 …………………………………………（63）
　　思考题 …………………………………………………………（66）
第五章　对民事审判人员违法行为的监督 …………………………（67）
　　第一节　对民事审判人员违法行为检察监督概述 …………（67）
　　第二节　对审判程序中的违法行为的检察监督 ……………（69）
　　第三节　对审判人员的违法行为的检察监督 ………………（75）
　　第四节　监督程序 …………………………………………（77）
　　思考题 …………………………………………………………（79）
第六章　对民事执行活动的监督 ……………………………………（80）
　　第一节　民事执行检察监督概念 ……………………………（80）
　　第二节　民事执行检察监督范围和对象 ……………………（80）
　　第三节　民事执行检察监督的基本原则 ……………………（83）
　　第四节　民事执行检察监督的方式 …………………………（85）
　　第五节　民事执行检察监督的程序 …………………………（88）
　　思考题 …………………………………………………………（92）
第七章　行政检察工作 ………………………………………………（93）
　　第一节　行政检察概述 ………………………………………（93）
　　第二节　行政诉讼检察对行政裁判中认定事实错误的监督 …（99）
　　第三节　行政诉讼检察对行政裁判中适用法律错误的监督 …（102）
　　第四节　行政诉讼检察中对审判程序违法的监督 …………（103）
　　第五节　其他情形的法律监督 ………………………………（108）
　　第六节　行政诉讼检察中对审判人员违法的监督 …………（108）
　　第七节　行政诉讼的监督方式 ………………………………（108）
　　第八节　行政执行检察 ………………………………………（109）
　　第九节　行政执法检察 ………………………………………（112）
　　思考题 …………………………………………………………（117）
第八章　其他监督工作 ………………………………………………（118）
　　第一节　上级检察机关的领导工作 …………………………（118）
　　第二节　案件管理 ……………………………………………（122）
　　第三节　类案监督 ……………………………………………（126）

第四节	工作建议	(128)
第五节	跟进监督	(131)
思考题		(134)

第三部分　常用文书制作与范例

第九章　民事行政检察文书概述 (137)
　第一节　民事行政检察文书概念 (137)
　第二节　民事行政检察文书分类 (137)
　第三节　民事行政检察文书技术规范 (138)
第十章　常用民事行政检察文书制作与范例 (141)
　第一节　民事（行政）抗诉书 (141)
　第二节　提请抗诉报告书 (150)
　第三节　再审检察建议书 (154)
　第四节　检察建议书（监督审判人员违法行为） (156)
　第五节　检察建议书（监督执行活动） (158)
　第六节　不支持监督申请决定书 (160)
　第七节　受理通知书 (163)

第四部分　民事行政检察精品案例

一、天津开发区某实业发展有限公司与某省建筑安装工程有限公司建设工程施工合同纠纷抗诉案 (171)
二、韩某诉海南省交警总队不履行法定职责抗诉案 (179)
三、卢某与山西省大同市南郊区口泉乡三脚沟煤矿合同纠纷检察建议案 (187)
四、湖北省武汉市蔡甸区人民法院民事审判程序违法检察建议案 (195)
五、山东某服装集团总公司不服山东省青岛市黄岛区人民法院民事执行裁定检察建议案 (198)
六、山东省日照市岚山区行政执法监督检察建议案 (202)

第一部分
民事行政检察工作总论

第一章 民事行政检察工作概述

第一节 民事行政检察工作的主要职责

职责，即由主体的地位、职务而产生的责任，它由工作任务和工作目标而具体构成。我国的检察机关是《中华人民共和国宪法》（以下简称宪法）规定的国家法律监督机关，因此，其总的职责是监督法律的正确实施，维护国家法制统一。在工作层面，这项职责目前主要是通过监督纠正审判机关违法而体现的。但是，也应该看到，由于检察机关监督的审判活动的种类也有具体的区分，因此各个具体的监督活动其监督任务和目标也就不完全一样，由此监督职责在各监督领域也就体现得不尽一致，各有侧重。

民事检察工作的主要职责规定在《人民检察院民事诉讼监督规则（试行）》（以下简称《民事诉讼监督规则》）第一章"总则"中。《民事诉讼监督规则》第2条规定："人民检察院依法独立行使检察权，通过办理民事诉讼监督案件，维护司法公正和司法权威，维护国家利益和社会公共利益，维护公民、法人和其他组织的合法权益，保障国家法律的统一正确实施。"第4条规定："人民检察院办理民事诉讼监督案件，应当以事实为根据，以法律为准绳，坚持公开、公平、公正和诚实信用原则，尊重和保障当事人的诉讼权利，监督和支持人民法院依法行使审判权和执行权。"这两条规定虽然有不同的表述角度，但在内容上实际都涉及民事检察工作职责，这些职责对行政检察工作是完全适用的。

一、监督和支持人民法院依法行使审判权和执行权

民事行政检察工作的基本性质是监督，因此，监督人民法院依法行使审判权和执行权是该项工作的基本内涵和第一要务。民事行政检察监督在内容上主要分为三个方面：一是监督法院的生效判决、裁定、调解书，纠正错误裁判。这被称为结果监督。二是监督法院的审判程序和审判人员的职务行为，对错误的审判程序和审判程序中的违法行为予以监督纠正。三是监督法院的执行活动，防止和纠正错误执行。前两项属于审判权监督，后一项属于

执行权监督，这是我国人民代表大会制度下权力制衡的要求。

检察机关对审判机关的监督，出发点不是和法院搞对抗，而是防止和纠正公权力的滥用，维护法律的尊严和法治的权威。从这个司法追求而言，检察机关和审判机关的目标是一致的。因此，对于法院正确的裁判和执行活动，检察机关亦应当予以支持，从而维护司法的公信力。我国检察机关把支持人民法院依法行使审判权和执行权作为民事行政检察的工作职责，应当说是对民事行政检察工作职责更为全面的理解和把握。

二、维护司法公正和司法权威

维护司法公正和司法权威是民事诉讼检察工作的主要目的，当然也是其主要职责。司法公正是司法工作的生命力所在，也是对司法工作的最高要求。民事司法公正、行政司法公正更是最关乎普通民众的利益，因此直接决定着人民群众对社会公正的评价，并最终对社会稳定产生直接影响。检察机关作为法律监督机关，把维护司法公正作为工作职责既是分内之事，也是非常重要的政治任务。

司法公正和司法权威具有紧密的内在逻辑联系，司法公正是司法权威的前提，而司法权威反过来可以促进实现司法公正。另外，司法权威可以提升司法定分止争的作用，服务社会稳定，使司法工作的价值得以实现。检察机关在民事行政检察工作中，把维护司法权威作为工作职责是非常正确的选择，具有深层次的意义。

三、维护国家利益和社会公共利益，维护公民、法人和其他组织的合法权益

检察机关作为国家利益和社会公共利益的代表，在民事行政检察工作中负有维护国家利益和社会公共利益的神圣职责。当前，在民事生活和行政活动中侵害国家利益和社会公共利益的事件时有发生，给国家和广大人民群众造成了巨大的损失，如非法侵吞国有资产、低价处分国有资产、污染环境、侵害消费者权益等。近些年，检察机关对这些案件进行了重点检察监督，取得了巨大的成绩，为国家和人民挽回了很多损失。但是，党和国家、人民群众对检察机关有着更为深切的期待，检察机关应当进一步加大对这些案件的查办力度。在民事行政检察工作中，应当把监督此类案件的审判、执行作为重点工作，确保国家利益和社会公共利益得到维护。

维护公民、法人和其他组织的合法权益，也是民事行政检察工作的职责之一。民事行政检察的监督对象表现为法院的审判活动和执行活动，而法院的审判活动和执行活动承载着解决民事、行政纠纷,维护当事人合法权益的职能。因此,从客观结果上讲,民事行政检察监督的作用是和保护当事人的合法权益息息相关的。把维护公民、法人和其他组织的合法权益作为民事行政检察工作的重要职责,符合广大人民群众的期待。

四、保障国家法律的统一正确实施

法律的统一正确实施也即法制统一,来源于列宁的法律思想。我国检察机关的设立一方面深受苏联的影响,另一方面也由我国的国体、政体所决定。因此,作为法律监督机关的我国检察机关,一直把保障国家法律的统一正确实施作为最高的价值目标。应当说,在民事诉讼和行政诉讼领域,特别是民事诉讼领域,由于纠纷所涉社会生活的具体性和法律规定的抽象性,导致对法律的理解出现不一致的情形时有发生,法律适用的统一性面临更大的挑战。对此,更需要检察机关履行监督职责,防止法律适用出现偏差。

检察机关在民事行政检察工作中保障国家法律的统一正确实施,其基本要求是监督法官在审判活动和执行活动中对民事实体法和程序法有着正确的理解和忠诚的遵守,实现适用法律的统一性和准确性。这项职责的正确行使对检察人员的要求极高。检察人员一方面要有较高的政治素质,对检察机关的宪法定位、职能分工、历史发展有充分的理解和把握;另一方面也要有良好的法律素养,熟悉各种具体的法律规定,并能够掌握好法律适用的原则和规则,准确地适用法律。

第二节 民事行政检察工作的基本流程

民事检察工作的基本流程在《民事诉讼监督规则》中有比较具体的规定。这些规定目前基本上也适用于行政检察工作。在另行制定行政诉讼监督的规则前,行政检察工作的基本流程则参照此规定执行。因此,本节以下对工作流程的描述,将从民事诉讼检察工作的角度出发,以《民事诉讼监督规则》为基本依据展开。

民事行政检察案件办理流程图①

一、受理

当事人对于生效判决、裁定、调解书不服，认为民事审判程序中审判人员存在违法行为的，或者民事执行活动存在违法情形的，可以向人民检察院申请监督。

当事人以外的公民、法人和其他组织认为民事审判程序中审判人员存在违法行为或者民事执行活动存在违法情形的，可以向同级人民检察院控告、举报。控告、举报由人民检察院控告检察部门受理。

对于依职权发现的民事诉讼监督案件，民事检察部门应当到案件管理部门登记受理。

二、审查

审查工作由民事检察部门负责。审查过程中需要中止审查或者终结审查的，应分别制作《中止审查决定书》或者《终结审查决定书》，并在3日内到

---

① 本流程图以《民事诉讼监督规则》为准，未包括"两高三部"《关于对司法工作人员在诉讼活动中的渎职行为加强法律监督的若干规定（试行）》的相关内容。

本院案件管理部门登记。

审查可以采用听证、调查核实等措施进行，也可以只进行书面审查。承办人审查终结后，制作审查终结报告。然后将案件交集体讨论，形成处理意见后由民事检察部门负责人提出审核意见后报检察长批准。检察长认为必要的，可以提请检察委员会讨论决定。

三、提出监督措施

1. 提出抗诉。人民检察院提出抗诉，应当制作《抗诉书》，在决定抗诉之日起15日内将《抗诉书》连同案件卷宗移送同级人民法院。对于抗诉案件，人民法院再审时，人民检察院应当派员出席法庭。

2. 提出再审检察建议。人民检察院提出再审检察建议的，应当经本院检察委员会决定，并制作《再审检察建议书》。在决定提出再审检察建议之日起15日内将《再审检察建议书》连同案件卷宗移送同级人民法院。同时，应将《再审检察建议书》报上一级人民检察院备案。

3. 提请抗诉。下级人民检察院审查终结的案件，需要提请上级检察院抗诉的，应当制作《提请抗诉报告书》，并在决定提请抗诉之日起15日内将《提请抗诉报告书》连同案件卷宗报送上一级人民检察院。案件由上一级人民检察院案件管理部门受理。案件管理部门接收案件材料后，应当在3日内登记并将案件材料和案件登记表移送民事检察部门。准确地说，提请抗诉并非监督措施，而是上级检察院办理抗诉案件的重要来源。

4. 提出检察建议。人民检察院发现同级人民法院民事审判程序中有违法情形的，或者民事执行活动违法的，应当制作《检察建议书》，向同级人民法院提出检察建议。对执行活动提出检察建议的，应当经检察委员会决定，制作《检察建议书》。在决定提出检察建议之日起15日内将《检察建议书》连同案件卷宗移送同级人民法院。

第三节　民事行政检察岗位的素能要求

一、民事行政检察岗位素能标准的一般规定

民事行政检察岗位是检察岗位的一种，因此首先应满足《中华人民共和国检察官法》、《中华人民共和国人民检察院组织法》（以下简称人民检察院组织法）等关于检察官条件的一般规定。近年来，随着民行检察工作重要性的日益凸显，培养和提升民行检察人员专业素质的要求进一步增强。最高人民检察院曹建明检察长指出："大力提高民行检察队伍的整体素质。……加强与民行检察业务密切相关的新知识、新技能的培训，开展形式多样、贴近实际的岗位练兵活动，提高民行检察人员适用法律能力、证据审查能力、文书说理能力、再审出庭能力以及做好群众工作、化解社会矛盾等能力。"[①] 最高人民检察院《关于深入推进民事行政检察工作科学发展的意见》（以下简称《科学发展意见》）也明确提出了加强民事行政检察专业化队伍建设的要求。同时，《民事诉讼监督规则》第6条规定："人民检察院办理民事诉讼监督案件，实行检察官办案责任制。"上述要求非常具有针对性，对担任民事行政检察官提出了更高标准的专业素能要求。

因此，民事行政检察岗位的素能要求大致应包括两个方面：一是通用性的要求，即具备担任检察官的一般条件；二是胜任民事行政检察岗位的专门性要求，包含政治素质、业务能力、群众工作能力等。

二、民事行政检察岗位素能要求的基本内容

目前，最高人民检察院要求推进制定检察人员岗位素能标准工作，促进检察事业的深入发展。从中央司法改革的有关措施来看，检察人员分类管理工作已经提上日程。不同类别、不同岗位的检察官应当具备不同的素质能力要求。从事民事行政检察工作的检察官，应当具有专门的素能标准。

就民事行政检察岗位的划分来看，如果按有关试行的司法改革的分类管理标准，则有检察官和检察辅助人员之分。但从岗位素能标准的构建来看，这种分类不能使岗位的区分精细化。所以，从比较具有操作意义的角度看，构建民事行政检察岗位的素能标准，一般可将岗位分为书记员岗、案件承办岗和业务管理岗。这里主要谈一下最具代表性的案件承办岗位的素能标准和要求。参照现行的有关规定，这一岗位需要的素能大致包括以下九个方面：

1. 证据审查和分析判断能力。主要指检察官证据运用的能力扎实，能够准确发现法院审查认定证据存在的问题。

2. 询问与调查能力。主要指检察官为查明事实具有较强的询问能力，熟练掌握询问方法和技巧，对询问活动具有较强的掌控能力。能预防和合理应对询问中出现的突发情况。对调查手段能够熟练运用，并能应对调查过程中出现的突发情况。

3. 案件汇报能力。主要指检察官能够在较短时间内全面梳理案情，准确

---

① 曹建明：《坚持法律监督属性　准确把握工作规律　努力实现民事行政检察工作跨越式发展》，载《检察日报》2010年7月26日。

认定案件事实，分辨所涉及的法律关系。能够采用书面汇报或者口头汇报的方式准确汇报案件。采取书面汇报的，应撰写规范的汇报材料，且文字表述客观准确，详略得当；采取口头汇报的，应做到口头表述连贯，逻辑严密，并能对他人在听取汇报时提出的疑问进行有效回应。

4. 发现违法和正确采取监督措施的能力。主要指检察官能够及时发现法院、其他系统及其工作人员在民事行政诉讼活动中的违法情形，并根据违法程度的不同，采取恰当的口头纠正或者书面纠正的方式行使监督权，并视情况能够跟进监督，以体现监督效果。

5. 法律文书制作能力。主要指检察官能够根据案件的不同案情和处理结果，选择正确的法律文书模板撰写合格的法律文书。文书格式和内容要合适规范，论证充分。

6. 法律适用和政策运用能力。主要指检察官熟悉本部门常用的法律法规、司法解释、法律政策、内部规定和指导案例，在面对实际案件时，准确迅速地发现法院裁判在适用法律方面存在的问题，发现法院审判人员违反法庭程序方面的问题。

7. 释法说理、化解矛盾能力。主要指检察官在办案过程中，对于需要就案件证据认定、法律适用、风险评估等问题向有关方面分析说明时，或者需要向当事人做说明、解释、说服工作时，能够详细、恰当地予以说明。能够客观、准确地撰写释法说理文书，阐明检察机关根据现有证据材料所认定的案件事实情况和法律适用情况，做到表意准确、便于理解。对于仅需要通过口头方式进行释法说理的，应当以平实、通俗的语言对当事人和诉讼参与人进行释法说理，并耐心回答有关问题。

8. 参与社会治理能力。主要指检察官能够根据案件办理过程中反映出的相关单位在经营、管理、运行等环节中暴露出的问题，以向涉案单位发送综合治理类检察建议、召开检察建议约谈会等形式，向涉案单位进行法制教育，提出完善经营、管理、运行的对策建议。

9. 沟通协调能力。主要指检察官对工作中存在的问题能够向上级进行准确、完整的汇报、报告，并与其他处室工作人员进行交流、沟通，与其他单位工作人员进行沟通、交流、协调，并能够积极发现并运用双方的共识，解决交流过程中存在的差异和问题。

思考题

1. 民事行政检察工作的主要职责有哪些？
2. 民事行政检察岗位素能要求的基本内容是什么？

第二部分
民事行政检察工作实务

第二章 民事诉讼监督案件受理

第一节 民事诉讼监督案件的管辖

一、民事诉讼监督案件管辖概述

(一) 民事诉讼监督案件管辖的概念

民事诉讼监督案件的管辖,是指各级人民检察院之间办理民事诉讼监督案件的分工和权限,是各级检察机关内部具体落实民事诉讼监督权的一项制度。

民事诉讼监督中的管辖与受案范围不同,二者既有联系又有区别。民事诉讼监督的受案范围是指检察机关有权办理民事诉讼监督案件的范围,是确定管辖的前提,只有符合检察机关受案范围的案件,才有必要通过管辖制度将办理案件的权限分配给不同的检察院。民事诉讼监督案件的管辖是对符合受案范围案件办理工作的具体落实,也就是由哪一个检察院来具体办理该监督案件。

(二) 民事诉讼监督案件管辖的分类

根据《民事诉讼监督规则》第二章"管辖"的规定,检察机关对民事诉讼监督案件的管辖可以分为一般管辖、移送管辖、指定管辖、管辖权转移和专门管辖等类型。

民事诉讼监督是检察机关对民事诉讼实行的专门法律监督,监督对象是人民法院的审判活动和执行活动。考虑到审理、执行案件的人民法院具有唯一性,《民事诉讼监督规则》区分不同案件类型,将民事诉讼监督案件的管辖检察院确定为该人民法院所在地的同级或者上级人民检察院,因此,这种管辖安排不涉及地域管辖问题,仅存在级别管辖问题。

二、一般管辖

根据监督对象的不同,可以将民事诉讼监督案件区分为三种类型:一是对生效判决、裁定、调解书的监督;二是对审判程序中审判人员违法行为的监督;三是对执行活动的监督。《民事诉讼监督规则》明确了以上三类民事诉讼监督案件的管辖。

(一) 对生效判决、裁定、调解书监督案件的管辖

依照民事诉讼法第208条规定,对符合监督条件的生效民事判决、裁定、

调解书，作出该生效法律文书的人民法院所在地的人民检察院可以向该人民法院提出检察建议，最高人民检察院或者上级人民检察院有权向同级人民法院提出抗诉。据此，对人民法院作出的生效民事判决、裁定、调解书，作出该生效法律文书的人民法院的同级或者上级人民检察院都可以依法进行监督。《民事诉讼监督规则》第11条规定，对已经发生法律效力的民事判决、裁定、调解书的监督案件，最高人民检察院、作出该生效法律文书的人民法院所在地同级人民检察院和上级人民检察院均有管辖权。

（二）对审判程序中审判人员违法行为监督案件的管辖

依照民事诉讼法第208条第3款的规定，检察机关对审判程序中审判人员的违法行为，有权向同级人民法院提出检察建议。根据该条规定，《民事诉讼监督规则》第12条将对审判程序中审判人员违法行为的监督案件的管辖权赋予了审理案件的人民法院所在地的同级人民检察院。

（三）对民事执行活动监督案件的管辖

民事诉讼法第235条规定："人民检察院有权对民事执行活动实行法律监督。"该条规定过于原则，有必要予以细化，以便实践中执行。结合检察机关开展执行监督工作的实践经验，从便利执行监督案件的办理和有利于优化检察机关办案结构等方面综合考虑，《民事诉讼监督规则》确定此类案件由执行法院所在地同级人民检察院管辖。这里的"执行法院"既包括作出执行裁定、决定等执行法律文书的法院，也包括采取具体执行措施的法院。在委托执行程序中，委托法院和受托法院都是执行法院。如果申请人对委托法院作出的执行法律文书申请监督，由委托法院所在地的同级人民检察院管辖；如果申请人对受托法院的执行行为申请监督，由受托法院所在地的同级人民检察院管辖。

三、特殊管辖

（一）移送管辖

人民检察院受理案件后，如果发现案件不属于本院管辖，应当及时移送有管辖权的人民检察院。为了避免相互推诿或者争夺管辖权，保证检察机关依法及时履行监督职能，《民事诉讼监督规则》第14条规定："人民检察院发现受理的民事诉讼监督案件不属于本院管辖的，应当移送有管辖权的人民检察院，受移送的人民检察院应当受理。受移送的人民检察院认为不属于本院管辖的，应当报请上级人民检察院指定管辖，不得再自行移送。"根据该条规定，人民检察院移送案件应当具备三个条件：（1）移送案件的人民检察院对该民事诉讼监督案件没有管辖权；（2）受移送的人民检察院对该案件有管辖权；（3）该案件此前未经移送，否则不得再次移送，只能报请上级人民检察院指定管辖。

（二）指定管辖

如果有管辖权的人民检察院与案件有利害关系，或者因某些不利于案件办理的特殊情况等不宜行使管辖权的情形，应当变更管辖案件的人民检察院，以利于排除干扰，公正办案。为了更好地应对上述情况，《民事诉讼监督规则》第15条设置了指定管辖制度，该条规定："有管辖权的人民检察院由于特殊原因，不能行使管辖权的，由上级人民检察院指定管辖。人民检察院之间因管辖权发生争议，由争议双方协商解决；协商不能解决的，报请其共同上级人民检察院指定管辖。"

从《民事诉讼监督规则》的规定来看，指定管辖主要适用于以下三种情形：（1）受移送的人民检察院认为民事诉讼监督案件不属于本院管辖的，报请上级人民检察院指定管辖；（2）有管辖权的人民检察院由于特殊原因，不能行使管辖权的，由上级人民检察院指定管辖；（3）人民检察院之间因管辖权争议，无法协商解决的，报请共同的上级人民检察院指定管辖。报请上级人民检察院指定管辖，应当逐级层报。如果分属不同省级辖区的人民检察院发生管辖权争议，应当报送最高人民检察院指定管辖。

（三）管辖权转移

管辖权转移是对一般管辖的变通和补充，主要是为了解决有管辖权的人民检察院由于特殊原因不能或者不宜行使管辖权的问题。管辖权转移实质上是一种案件提办制度，不受级别管辖和地域管辖的限制，上提的案件，可以是上一级，也可以是上几级。例如，最高人民检察院认为有必要时，可以直接办理基层检察院有管辖权的案件。

《民事诉讼监督规则》第16条规定："上级人民检察院认为确有必要的，可以办理下级人民检察院管辖的民事诉讼监督案件。下级人民检察院对有管辖权的民事诉讼监督案件，认为需要由上级人民检察院办理的，可以报请上级人民检察院办理。"根据该条规定，上级人民检察院办理下级人民检察院管辖的民事诉讼监督案件，主要有两种情形：（1）上级人民检察院认为确有必要的，可以办理下级人民检察院管辖的民事诉讼监督案件。实践中，如果上级人民检察院认为案件重大、复杂，下级人民检察院办理该案件存在较大困难，或者有其他该下级人民检察院不适宜办理的情形，上级人民检察院可将该案件提级办理。（2）下级人民检察院对有管辖权的民事诉讼监督案件，认为需要由上级人民检察院办理的，可以报请上级人民检察院办理。这里的"需要"，可以是指基于案件本身的需要，如案情疑难复杂、具有较大的社会影响，下级人民检察院办理确有困难的；也可以是由于某些其他特殊原因，下级人民检察院难以办理的。下级人民检察院报请上级人民检察院办理自己有管辖权的民事诉讼监督案件时，应当取得上级人民检察院同意。上级人民检察院认为案件应当由下级人民检察院办理的，下级人民检察院应当服从上级人民检察院的决定。

(四) 专门管辖

专门管辖是指专门人民检察院对民事诉讼监督案件的管辖。根据《民事诉讼监督规则》第17条的规定，军事检察院等专门人民检察院对民事诉讼监督案件的管辖，依照有关法律和最高人民检察院的相关文件确定。

第二节 民事诉讼监督案件的受理

一、案件来源

民事诉讼法第208条规定："最高人民检察院对各级人民法院已经发生法律效力的判决、裁定，上级人民检察院对下级人民法院已经发生法律效力的判决、裁定，发现有本法第二百条规定情形之一的，或者发现调解书损害国家利益、社会公共利益的，应当提出抗诉。地方各级人民检察院对同级人民法院已经发生法律效力的判决、裁定，发现有本法第二百条规定情形之一的，或者发现调解书损害国家利益、社会公共利益的，可以向同级人民法院提出检察建议，并报上级人民检察院备案；也可以提请上级人民检察院向同级人民法院提出抗诉。各级人民检察院对审判监督程序以外的其他审判程序中审判人员的违法行为，有权向同级人民法院提出检察建议。"

该条规定中的"发现"，既包括因受理第209条"当事人申请"而发现，也包括人民检察院依职权发现。《民事诉讼监督规则》第23条具体规定了人民检察院"发现"案件的三种途径，即三种案件来源：一是当事人向人民检察院申请监督，这是人民检察院发现案件的最主要来源。[①] 二是当事人以外的公民、法人和其他组织向人民检察院控告、举报。修改后民事诉讼法增加和明

---

① 在检察机关以往的司法文件以及工作文件中，使用的是"申诉"一词。民事诉讼法上"申诉"一词一般仅是指不服人民法院生效裁判向人民法院提出的再审申请。此次《民事诉讼监督规则》没有使用"申诉"一词，主要有以下原因：一是人民检察院民事检察监督的本质是对人民法院公权力行使是否正当的监督，因此以往使用过的"申诉"一词与监督属性不符；二是人民检察院民事检察监督是法律规定的法律监督程序，与当事人"信访申诉"的程序不同，使用"申诉"一词容易引起混淆，甚至可能异化民事检察监督的功能；三是对当事人反映审判人员和执行人员的违法行为，不存在申诉的问题，也不适宜用"申诉"一词，因此《民事诉讼监督规则》中统称"申请监督"。

确了检察机关对审判人员违法行为及执行违法行为的监督，这两类监督案件的线索来源涉及控告、举报。案件当事人认为人民法院的审判权或执行权行使不当，向检察机关控告、举报审判人员或者执行人员，此类"控告、举报"可以归入"当事人申请监督"。当事人以外的公民、法人和其他组织认为审判人员、执行人员存在违法行为，向人民检察院控告、举报，也是人民检察院发现案件线索的重要渠道之一。在实践中，要注意严格把握此类案件来源的范围，当事人以外的公民、法人和其他组织向人民检察院控告、举报的，通常是针对审判人员或执行人员违法行为提出，而不能针对生效判决、裁定或调解书本身提出。三是人民检察院依职权发现。实践中，除申请监督、控告、举报以外，人民检察院还可能通过新闻报道、网络媒介等途径发现需要监督的案件线索，也属于民事诉讼法第208条规定的"发现"内容。一直以来，依职权发现都是民事诉讼监督案件的来源之一，但实践中应当审慎运用，否则可能会违背民事诉讼规律，甚至影响人民法院审判权和执行权的正常行使。

二、申请监督条件

（一）申请监督案件类型

民事诉讼法的修改在监督范围、监督方式以及监督手段上全面强化了检察监督职能，其中监督范围从过去民事审判活动扩大到整个民事诉讼领域，包括对民事执行和审判人员违法行为的监督。《民事诉讼监督规则》第24条从当事人申请监督的角度对案件类型进行了列举，规定当事人可以向检察机关申请监督的案件具体类型，包括：一是对生效民事判决、裁定和调解书的监督；二是对民事审判程序中审判人员违法行为的监督；三是对执行活动存在违法行为的监督。

在实践中，应注意以下几个问题：

1. 对生效判决书、裁定书、调解书申请监督必须符合民事诉讼法第209条第1款的规定。只有在人民法院裁定驳回再审申请、人民法院逾期未对再审申请作出裁定和再审判决、裁定有明显错误三种情形下，当事人才可以向人民检察院申请监督。

2. 对民事审判程序中审判人员违法行为申请监督的，适用于所有适用民事诉讼法的审判程序。民事诉讼法第208条第3款规定："各级人民检察院对审判监督程序以外的其他审判程序中审判人员的违法行为，有权向同级人民法院提出检察建议。"该条表述为"审判监督程序以外的其他审判程序"，其目的在于强调检察建议除可以在审判监督程序中发挥作用外，还可以适用于对审判程序中违法行为的监督。在实践中应当注意，当事人认为调解书违反自愿原则或调解内容违法而申请监督，或者认为民事审判程序中审判人员有违法行为而申请监督，都不适用修改后民事诉讼法第 209 条第 1 款的规定。

3. 认为民事执行活动存在违法情形的。民事诉讼法第 235 条规定，人民检察院有权对民事执行活动实行法律监督，将民事诉讼监督范围扩充至人民法院的执行活动。人民法院的执行活动包括执行审查行为和执行实施行为，不论是哪种行为，当事人认为人民法院存在违法情形的，均可以向人民检察院申请监督。对民事执行活动申请监督亦不属民事诉讼法第 209 条第 1 款调整的范围，但民事诉讼法对许多执行活动都设立了异议、复议、提起诉讼等救济程序，当事人申请监督之前，应当按照法律的规定先行提出异议、复议或提起诉讼。

(二) 申请监督应具备的条件

当事人申请检察监督是法律规定的检察监督案件来源。不同于信访或反映情况等申诉程序，当事人申请监督的权利应当得到充分的保护。人民检察院在受理环节的审查是形式审查，审查内容是当事人的监督申请是否符合受理条件。对于符合规定的监督申请，人民检察院应予受理。

1. **主体条件**：申请监督人是案件的当事人。

这一条件指作为当事人的公民、法人和其他组织认为人民法院对其作出的生效判决、裁定或调解书有错误，或者人民法院在处理与其有关的案件中存在审判权或执行权行使不当的情形时，可以依法以自己的名义，申请检察机关予以监督。申请监督人应当是原诉讼案件、执行案件的当事人。当事人以外的其他人认为审判权或执行权行使不当的，可以向人民检察院控告、举报，但不得按照民事诉讼法第 209 条第 1 款的规定申请监督。

申请监督既包括申请对生效裁判、调解书提出抗诉、再审检察建议，也包括申请对审判人员违法行为、执行活动提出检察建议等。检察机关针对当事人的申请，经过受理、审查后认为应当采取监督措施的，应当按照《民事诉讼监督规则》的有关规定，采用适合案件需要的监督方式予以监督。

2. **管辖条件**：申请监督应向有管辖权的人民检察院提出。

民事诉讼法对不同类型案件确定了不同的监督方式，并对检察监督明确了不同级别的管辖权，当事人申请监督应当向有管辖权的人民检察院提出。

3. **形式条件**：提交的相关材料齐备并符合规定。

当事人申请监督，应当提交相关材料。当事人提交的材料应当包括监督申请书、身份证明、相关法律文书和证据材料，并且符合《民事诉讼监督规则》的相关规定。

4. **排除否定性条件**：不存在不予受理的情形。

民事诉讼法虽然强化了检察机关的法律监督职能,但人民法院的自我纠错功能也同步加强,因此人民检察院履行监督职能时,应当遵循人民法院自我纠错优先的原则。依据法理和民事诉讼法的规定,《民事诉讼监督规则》针对当事人申请监督时,人民检察院不予受理的若干情形,进行了详细列举,在民事行政检察监督实践中应当严格执行。

三、申请监督的受理程序

受理是指人民检察院对当事人的监督申请,认为符合法定受理条件,正式决定接收并登记的行为。受理是人民检察院办理民事行政检察监督案件的第一环节,只有决定受理的案件才能进入实体审查。

(一)监督申请的受理部门

1. 本院办理案件。根据受审分离的原则,控告检察部门是检察机关受理当事人申请监督案件的部门。控告检察部门接收申请监督材料后应当根据《民事诉讼监督规则》关于受理条件的规定对当事人提交的材料进行形式审查。其审查的内容是申请人提交的材料是否齐备和是否属于本院受理案件的范围,审查后应当对当事人的申请作出相应的处理。《民事诉讼监督规则》第36条规定了控告检察部门对监督申请的四种处理结果:一是对符合受理条件的,控告检察部门应当作出受理的决定;二是本院对当事人申请不具有管辖权的,控告检察部门应当告知申请人向有管辖权的人民检察院提出申请;三是当事人申请的事项不属于人民检察院主管范围的,应当告知申请人向相应的主管机关反映;四是当事人申请不符合受理条件,经告知后申请人拒不撤回监督申请的,控告检察部门应当不予受理。

此外,当事人申请监督的案件,按照《民事诉讼监督规则》的相关规定应当由下级人民检察院受理的,如果当事人通过邮寄等方式向上级人民检察院提出了申请的,为最大程度保护当事人利益,减少当事人诉累,上级人民检察院应当在7日内将监督申请书及相关材料移交下级人民检察院。

2. 下级院提抗案件。下级人民检察院提请抗诉以及其他提请监督案件,属于上下级检察机关内部移送的案件,由案件管理部门受理更便于管理。因此,《民事诉讼监督规则》规定了该类案件由上一级人民检察院案件管理部门受理。

3. 依职权发现的案件。由于该类案件没有经过控告检察部门的受理程序,但案件管理部门也需要进行相应的监督和规范,因此民事检察部门应当直接到案件管理部门对此类案件进行受理登记。

（二）监督申请受理的层级

1. 对生效民事判决、裁定、调解书申请监督案件的受理人民检察院。

对生效民事判决、裁定、调解书的申请监督案件，《民事诉讼监督规则》确立了同级受理的案件受理模式。其意义在于：一是根据民事诉讼法第208条的规定，作出生效判决、裁定、调解书的人民法院的同级人民检察院既可以提出检察建议，也可以提请上级人民检察院抗诉，因此，规定同级人民检察院受理当事人的监督申请，符合民事诉讼法的规定。二是实践中经常出现同一当事人就同一案件既向同级人民检察院申请检察建议，又向上级人民检察院申请抗诉的现象，这种重复申请往往在上下级检察机关作出决定后才被发现，造成司法资源的浪费，也不利于进行有效监督。实行同级受理的案件受理模式，一定程度上能有效避免这种现象的发生。三是民事诉讼法规定了检察建议的监督方式，同级人民检察院在受理案件后，对适合运用检察建议的案件，运用检察建议进行监督，对适合运用提请抗诉方式监督的案件，提请上级人民检察院抗诉，能够提高监督效率，提升监督效果。

2. 对审判人员违法行为申请监督的受理检察院。

根据民事诉讼法第208条第3款的规定："各级人民检察院对审判监督程序以外的其他审判程序中审判人员的违法行为，有权向同级人民法院提出检察建议。"对于审判人员违法行为监督案件的级别管辖，这里没有特别要求，因此，违法的审判人员所在人民法院的同级人民检察院有权进行监督，《民事诉讼监督规则》也明确规定应当由同级人民检察院受理。

3. 对执行活动违反法律规定申请监督的案件受理检察院。

民事诉讼法第235条规定，人民检察院有权对民事执行活动实行法律监督。对人民检察院的受理程序、监督方式等，并未作出明确的规定。结合执行监督工作的实践与经验，建议由同级人民检察院以检察建议的方式进行监督。其主要理由是：第一，民事诉讼法规定检察机关实行法律监督的方式，包括抗诉和检察建议两种。人民法院的执行活动与审判活动不同，不论是执行裁定、决定，还是执行措施，都不适用再审程序，因此对人民法院执行活动的监督不能使用"抗诉"的方式，而应当采用检察建议的方式。第二，依照民事诉讼法确定的原则，检察建议应当由被监督人民法院的同级人民检察院发出，因此对执行活动进行监督应当由同级人民检察院受理。第三，人民法院执行活动一般是由基层法院或中级法院进行，数量大、情况复杂，由作出执行活动的人民法院的同级人民检察院进行监督，可以更好地发挥人民检察院整体监督合力，强化监督效果。

四、对民事案件申请监督的限制

(一) 对生效裁判案件申请监督的限制

当事人对生效判决、裁定和调解书不服，申请人民检察院监督的，要受到民事诉讼法第 209 条规定的限制。《民事诉讼监督规则》第 31 条根据民事诉讼法第 209 条第 1 款和第 2 款的规定及其他相关条文规定，详细列举了人民检察院不应当受理的情形。

1. 当事人未向人民法院申请再审或者申请再审超过法律规定的期限。

实践中，有的当事人对发生法律效力的同一判决、裁定、调解书同时向人民法院申请再审和向人民检察院申请监督，导致人民法院和人民检察院重复审查，浪费了宝贵的司法资源。因此，民事诉讼法第 209 条第 1 款明确规定，当事人对于已经发生法律效力的判决、裁定、调解书，应当首先依法向人民法院申请再审，只有在人民法院驳回再审申请、人民法院逾期未对再审申请作出裁定或再审判决、裁定有明显错误三种情况下，才能向人民检察院申请监督。因此，当事人未向人民法院申请再审而直接向人民检察院申请监督的，人民检察院不予受理。

民事诉讼法第 205 条规定："当事人申请再审，应当在判决、裁定发生法律效力后六个月内提出；有本法第二百条第一项、第三项、第十二项、第十三项规定情形的，自知道或者应当知道之日起六个月内提出。"依照该条规定，不论申请再审期间的起算点是从判决、裁定发生法律效力时开始，还是具有该条所列举的四种例外情况，自知道或者应当知道之日起开始计算，申请再审的 6 个月限制期间均为不变期间，不存在中断或中止的情况。当事人向人民检察院申请监督，首先应当向人民法院申请再审，超过申请再审期间后向人民检察院申请监督的，人民检察院也不应当受理，否则将会违背民事诉讼法第 209 条规定的立法目的。

2. 人民法院已经受理再审申请，但超过 3 个月未对再审申请作出裁定的除外。

为避免重复审查，对于人民法院正在对再审申请进行审查的案件，检察机关不予受理。依照民事诉讼法第 209 条第 1 款第 2 项的规定，人民法院逾期未对再审申请作出裁定的，可以向人民检察院申请检察建议或者抗诉。该规定并未明确人民法院逾期的具体期间。《民事诉讼监督规则》按照民事诉讼法第 204 条的规定，即"人民法院应当自收到再审申请书之日起三个月内审查，符合本法规定的，裁定再审；不符合本法规定的，裁定驳回申请"，确定人民法院无正当理由，超过 3 个月未对再审申请作出裁定的，即为逾期。

3. 人民法院已经裁定再审且尚未审结。

《民事诉讼监督规则》第75条规定，对人民法院已经裁定再审的案件，检察机关如已受理，应当终结审查；相应地，如果尚未受理，也不应再予受理。

4. 判决、调解解除婚姻关系的，但对财产分割部分不服的除外。

人民法院作出解除婚姻关系的判决或者调解书，一旦发生法律效力，任何一方都可以与他人建立婚姻关系；如果双方自愿恢复夫妻关系，可以按照《中华人民共和国婚姻法》第35条的规定，到婚姻登记机关进行复婚登记，对解除婚姻关系的裁判文书进行监督没有实际意义。民事诉讼法第202条规定，当事人对已经发生法律效力的解除婚姻关系的判决、调解书，不得申请再审。该条增加了当事人对解除婚姻关系的调解书也不得申请再审的规定。因为在实践中，许多离婚案件是通过调解解除婚姻关系的，而调解书与判决书具有同等法律效力。《民事诉讼监督规则》亦根据民事诉讼法的新规定，相应增加了对解除婚姻关系的调解书也不得申请监督的规定，但可以对离婚判决或者离婚调解书中的财产分割问题申请检察监督。

5. 人民检察院已经审查终结作出决定的。

依照民事诉讼法第209条第2款的规定，人民检察院对当事人的申请应当在3个月内进行审查，作出提出或者不予提出检察建议或者抗诉的决定，当事人不得再次向人民检察院申请检察建议或者抗诉。在司法实践中，一些当事人缠诉，因此，当事人向人民检察院申请监督需遵循"一次申请"的原则，对人民检察院已经审查终结作出决定的案件，不论是提出抗诉或检察建议，还是不提出抗诉或检察建议，当事人再次申请的，人民检察院应当不予受理。

6. 民事判决、裁定、调解书是人民法院根据人民检察院的抗诉或者再审检察建议再审后作出的。

人民检察院提出抗诉或者再审检察建议的法律后果就是促使人民法院启动再审程序，人民法院在再审后应当依法作出民事判决、裁定或调解书。对于此类再审民事判决、裁定或调解书，如果允许再一次申请监督，就会使民事诉讼法第209条第2款关于当事人一次申请原则的规定落空。因此，《民事诉讼监督规则》第31条明确规定：当事人对人民法院根据人民检察院的抗诉或者再审检察建议所作出的再审民事判决、裁定或调解书向人民检察院申请监督的，人民检察院不予受理。在实践中，要注意以下几种情况：一是人民检察院的民事诉讼监督与人民法院处理当事人之间纠纷不同，其本质是对公权力的监督，因此民事诉讼法确立的"一次申请"原则是针对案件而言的，并非是指各方当事人均有权提出一次申请。换句话说，同一申请人不得再次申请，案件的其他当事人也不能再次申请。二是在人民检察院提出检察建议或者抗诉后，人民法院再审判决、裁定仍有明显错误的，人民检察院可以依照民事诉讼法第208条及《民事诉讼监督规则》的有关规定，依职权对该案件进行跟进监督。

7. 其他不应受理的情形。

除以上六种情形外，可能还会出现一些人民检察院不应当受理的情形，立法不能一一列举穷尽。因此《民事诉讼监督规则》第31条设置了兜底条款，保证规定的周延性。

（二）对一审生效裁判案件实行有限监督

为引导当事人正确行使诉讼权利，真正落实民事诉讼法二审终审制，结合检察工作实际，最高人民法院、最高人民检察院《关于对民事审判活动和行政诉讼实行法律监督的若干意见（试行）》（以下简称《民行监督意见》）中确立了对一审生效裁判的有限监督原则。《民行监督意见》第4条规定："当事人在一审判决、裁定生效前向人民检察院申请抗诉的，人民检察院应当告知其依照法律规定提出上诉。当事人对可以上诉的一审判决、裁定在发生法律效力后提出申诉的，应当说明未提出上诉的理由；没有正当理由的，不予受理。"《民事诉讼监督规则》第32条进一步细化了该原则，明确了人民检察院可以受理的七种例外情形。

1. 据以作出原判决、裁定的法律文书被撤销或者变更的。

因生效裁判本身的依据发生变化，生效裁判明显错误，当事人不具有过错，人民检察院应当受理当事人的监督申请。

2. 审判人员有贪污受贿、徇私舞弊、枉法裁判等严重违法行为的。

这种情况下，生效裁判本身不具有合法性基础，不受当事人是否提出上诉的影响，人民检察院应当受理当事人的监督申请。

3. 人民法院送达法律文书违反法律规定，影响当事人行使上诉权的。

该情形属于人民法院公权力行使不当导致的当事人不能正当行使上诉权。在实践中，人民法院在可以直接送达、邮寄送达的情况下，采取公告送达的方式属于送达法律文书违反法律规定，影响当事人行使上诉权；人民法院公告送达判决书、裁定书的，应说明裁判主要内容，属于一审的，如果没有说明上诉权利、上诉期限和上诉的人民法院，亦属于送达法律文书违反法律规定。当事人对此没有过错，人民检察院应当受理当事人的监督申请。

4. 当事人因自然灾害等不可抗力无法行使上诉权的。

当事人由于自然灾害等不可抗力原因无法行使上诉权的，属因不可归责于当事人的原因而没有提出上诉的情形，当事人对此不存在过错，检察机关应当受理其监督申请。

5. 当事人因人身自由被剥夺、限制，或者因严重疾病等客观原因不能行使上诉权的。

当事人在诉讼过程中人身自由因合法或非法原因发生改变，例如当事人受到逮捕、非法拘禁等情形，无法正常行使上诉权的，因而在一审裁定、判决生效后，向人民检察院申请监督的，人民检察院应当予以受理。此外，当事人因为严重疾病影响正常行使上诉权，在一审裁判生效后向人民检察院申请监督的，人民检察院应当受理。在实践中应当注意，影响当事人上诉权的"严重疾病"主要是指可能影响其正常行使上诉权的疾病，其他疾病不能适用这一规定。

6. 有证据证明他人以暴力、胁迫、欺诈等方式阻止当事人行使上诉权的。

在司法实践中，有个别案件当事人会受到其他个人、单位以各种非法手段阻止其行使上诉权，例如当事人或其家人受到他人殴打、人身安全受到威胁等，因而无法行使或被迫放弃行使上诉权。对于此类情况下的监督申请，检察机关应予受理。

7. 因其他不可归责于当事人的原因没有提出上诉的。

当事人因客观原因不能行使上诉权的情形，不能一一列举穷尽，因此《民事诉讼监督规则》第32条设立了兜底条款。在实践中，应当正确把握"不可归责于当事人原因"的原则，对当事人未能正常提出上诉的原因进行审查。

在实践中，应当注意以下两个问题：（1）本条只对当事人向检察机关申请监督作了限制，对涉及国家利益、社会公共利益的一审生效裁判，检察机关在必要时可以依职权启动监督程序。（2）对满足上述7种例外情形的监督申请，仍然需要符合民事诉讼法第209条第1款的规定，即只有在人民法院裁定驳回再审、人民法院逾期未作出再审裁定或者再审判决、裁定有明显错误的情况下，人民检察院才应当予以受理。

（三）对审判人员违法行为和执行活动违法情形申请监督的限制

当事人认为民事审判程序中审判人员存在违法行为或者民事执行活动存在违法情形，向人民检察院申请监督，有下列情形之一的，人民检察院不予受理：

1. 依照民事诉讼法的相关规定可以提出异议、申请复议或者提起诉讼，当事人在没有行使这些救济权利的情况下即向检察机关申请监督的。此种情形会影响人民法院自我纠错制度功能的发挥，有违立法精神，检察机关不宜受理其监督申请。同时，考虑到可能存在一些特殊情况，人民法院自我纠错制度的功能已经丧失或者无法起到作用时，人民检察院可以受理，因此《民事诉讼监督规则》第 33 条第 1 项规定了"有正当理由的除外"。

2. 人民法院受理当事人的有关异议或者复议申请后作出审查处理意见前，为了避免重复审查，检察机关不宜受理当事人的监督申请。但人民法院超过法定期间未作出处理时，当事人向人民检察院申请监督的，人民检察院应当受理。

3. 考虑到实践中情况较为复杂，《民事诉讼监督规则》第 33 条第 3 项设置了兜底条款以应对将来可能发生的变化。

思考题

1. 如何理解民事诉讼监督案件的一般管辖？
2. 如何理解当事人申请检察监督的条件？
3. 如何理解检察机关受理当事人对一审生效裁判申请监督的限制情形？

第三章 民事诉讼监督案件审查

第一节 审查概述

对民事诉讼监督案件进行审查，是民事诉讼监督的核心内容，是作出监督结论的前提和基础。

一、审查的概念

民事诉讼监督案件的审查，从广义上看，既包括控告检察部门在受理环节的形式审查，也包括民事行政检察部门在受理后的实体审查。民事诉讼监督案件的形式审查，是指在案件受理环节审查当事人的监督申请是否符合受理条件。民事诉讼监督案件的实体审查，是指人民检察院对民事案件审判程序、执行程序的事实和证据、法律关系、适用法律等进行全面审查，以决定是否对申请监督案件提请抗诉或提出抗诉、检察建议的活动。

《民事诉讼监督规则》第5条明确确立了受审管相分离的原则，因此控告检察部门对民事诉讼监督案件进行受理，民事行政检察部门对民事诉讼监督案件进行审查；控告检察部门进行的是形式审查，而民事行政检察部门依照《民事诉讼监督规则》第44条规定，进行的是实体审查。本章所指的审查，是民事行政检察部门所进行的实体审查。

二、审查的目的

审查主要有两个目的：一是通过阅卷、调查核实等多种方式的综合运用查明案件事实，即查明民事诉讼中是否确有需要监督的违法问题，证实或排除发现的违法嫌疑；二是根据查明的案件事实，决定案件的结案方式，包括在查明确有需要监督的违法问题时决定提出抗诉、检察建议等，在查明没有需要监督的违法问题时决定不支持当事人的监督申请，以及按照规定决定终结审查。

第二节 审查的内容

检察监督是对公权力的监督，民事检察案件的范围不仅包括当事人申请监督请求中所涉问题，也包括检察机关发现的其他违法行为，审查对象是人民法院的民事诉讼活动是否符合法律规定，即是对人民法院诉讼活动合法性的审查。在案件审查过程中，如果申请人以外的其他当事人也提出监督申请，为了简化程序，提高效率，不需再次经过受理程序，可以直接对其申请请求一并审查。因此，《民事诉讼监督规则》第 47 条规定："人民检察院审查民事诉讼监督案件，应当围绕申请人的申请监督请求以及发现的其他情形，对人民法院民事诉讼活动是否合法进行审查。其他当事人也申请监督的，应当将其列为申请人，对其申请监督请求一并审查。"

具体来说审查的内容主要包括以下几个方面：

一、审查案件的事实和证据

对一个民事案件的审查，最基础的工作就是对案件的事实和证据进行审查，确定该案件的事实认定是否清楚，认定事实的证据是否充分，证据和证据之间，证据和判决、裁定认定的事实之间，是否有矛盾。如果存在矛盾，这种矛盾是否可以合理地排除。

1. 审查或者复核单个证据。对案件事实和证据的审查，首先要进行单个证据的审查，对单个证据是否真实，作出判断。在这种审查中，要仔细分析每一个证据的来源、性质、形式、具体的内容、提供的方法等，对每一个证据的真实性作出判断。

2. 综合审查全部证据。在单个证据进行审查之后，要对案件的全部证据进行综合审查判断，进一步分析、判断单个证据在证据链条中的真实性，考察单个证据在证据链条中的地位和作用，分析整个证据链条的完整性和真实性。

3. 分析整个证据链条的完整性和真实性。在审查证据的最后阶段，就是对案件证据链条的完整性和真实性作最后的判断。在这种审查判断中，要把案件证据连成环，在整个的链条环中，分析其是否有缺失，连接的是否合理、自然，有没有生硬、矛盾之处，如果有，能不能合理地解释和排除。矛盾之处如果能够合理地解释和排除，可以认定证据充分，如果不能合理解释和排除，则可以断定认定案件事实的证据不足。

4. 分析事实和证据的关联。在对案件证据作出完整的审查判断以后，要分析证据与案件事实之间的关系。在这种审查中，办案人员对案件的事实不能先入为主。一定要在前面所讲的审查证据的步骤中，按照证据规则建立自己对案件事实的确信，然后再根据自己对案件事实的确信，对照判决书或者裁定书认定的事实，注意发现问题。

二、审查案件的法律关系

1. 法律关系性质的审查。对案件法律关系性质的审查，就是对民事案件定性。民事案件所体现的法律关系是民事法律关系，这种法律关系的基本性质与行政法律关系截然不同。而民事法律关系又可以分成物权关系、债权关系、侵权关系、亲属关系、人身权关系等。在这些关系之下，还要分成具体的法律关系，如债权关系分为合同关系、不当得利关系、无因管理关系，合同关系又分为买卖合同、赠与合同、借贷合同、借用合同等。对民事案件的定性，不仅要将其基本性质确定准确，而且必须将其具体性质确定准确。

2. 法院判决、裁定认定的案件性质的审查。在审查民事诉讼监督案件时，通过审查已经发生法律效力的裁判对案件定性是否正确，确定其在适用法律上是否有错误。第一，审查案件的基本法律关系的定性，以确定法院裁判是否符合法律规定的主管范围。第二，审查案件的具体法律关系定性是否正确，确认其适用法律是否有错误。第三，如果一个案件有几个法律关系，应当以案件的主要法律关系认定案件性质。

3. 法律关系主体的审查。对法律关系主体的审查，主要是审查当事人是不是法律关系的合格当事人，即是否为适格的法律关系主体。在审查中，要注意分析案件的特定法律关系是在谁与谁之间发生，争议发生的当事人是不是适格的主体。

4. 法律关系内容和客体的审查。在民事法律关系中，民事主体之间的权利义务关系，是民事法律关系的主要部分。在审查民事案件的时候，主要是审查当事人之间权利义务关系的真实情况，以及法院对这种权利义务关系的认定是否正确。这种审查，是在法律关系的性质已经正确认定的基础上进行的。在这种情况下，就要根据法律规定和当事人的约定，判断这种权利义务关系的认定是否正确。

判断当事人之间的权利义务认定是否正确，一般根据以下几点进行：第一，以法律的规定为标准。在民商法中，有两种法律规范，一种是强制性规范，另一种是任意性规范。对强制性的民商法规范，当事人在实施民事法律行为的时候是不能违背的，否则该民事行为无效。审查当事人之间的权利义务，就是要首先判断当事人对权利义务的约定是不是违反强制性法律规定。第二，以当事人的约定为标准。在民商事法律的规定中，绝大多数是任意性规范，属于示范性的法律规范。当事人设立、变更、消灭民事法律关系，在没有强制性规范的时候，可以参照任意性的规范进行，也可以不依照示范性的规范进行，而是依照自己的合意进行；就是在法律没有作出明确规定的情况下，当事人可以依照自己的合意，设立、变更或者消灭他们之间的法律关系。在这种情况下，当事人之间设立、变更、消灭权利义务关系的合意，应当认为是有效的，任何人不能任意进行变更。

三、审查案件的法律适用

在审查法律适用的问题上，要按照法律适用的基本原则要求，来审查法院的判决、裁定在适用法律上是否有错误。审查法律适用的原则主要有四项：一是单行法服从基本法原则；二是特别法优于普通法原则；三是新法优于旧法原则；四是综合平衡原则。

1. 审查法律规范的适用。法律规范分强制性法律规范和任意性法律规范。强制性法律规范，也叫做强行法，是必须适用的，不能做出变通。在民商法中，大多数的法律规范是任意性的，强制性的规范是少数。凡是强制性的法律规范，都必须严格适用。

2. 审查法律的时效性。对法律时效性的审查，就是审查法院的判决或者裁定所适用的法律，在时效上是否正确。这种审查，主要是对所适用的法律是否已经生效，法院的判决或者裁定适用了没有生效或者已经失效的法律，是适用法律错误；在对同一个问题上，不同的法律有不同的规定，这些规定互相冲突，应当按照法律适用原则进行选择；如果适用一个规定，选择错误，法院的判决裁定在适用法律上就有错误。

3. 审查人民法院对法律规范内容的理解和解释是否正确。在适用法律规范的过程中，人民法院不可避免地对法律条文要进行理解，也会运用法律逻辑对法律规范的适用条件进行解释，但这种理解和解释可能并不符合法律规范的本意、法律实践的实际或者是立法的基本精神，进而造成了案件裁判的错误。

四、审查案件的审判程序

对于审判程序的审查，主要是审查人民法院是否严格按照法律规定的程序进行审理。审查审判程序，应当区分情况，不同对待：

1. 对于违反法律规定，应当组成合议庭却独任审判、应当开庭审判却径行判决或裁定、应该回避没有回避的，以及其他严重违反审判程序的审判活动，应当提出抗诉。

2. 对于一般的违反程序问题，没有影响案件正确处理的，可以不采取监督措施，但可以依据案件的具体情况向法院提出工作建议。

第三节 听　　证

人民检察院审查民事检察案件，一般实行书面审查，书面听取当事人的意见。但对于一些事实较为复杂的案件，为了正确认定案件事实，除采取相应的调查核实措施以外，有必要听取当事人陈述和意见，因此《民事诉讼监督规则》设置了听证程序。需要指出的是，并非所有案件都必须经过听证程序，只有人民检察院认为确有必要时，才组织当事人进行听证。

一、听证的概念

《民事诉讼监督规则》规定的听证是检察人员当面听取申请人和其他当事人的陈述和答辩，是查明案件相关事实的辅助性审查方式。听证的核心内涵是听取当事人陈述和申辩，其理论依据可追溯到自然法中的自然公正原则，该原则包括公正程序的两项根本规则：一是一个人不能在自己的案件中做法官；二是人们的抗辩必须公正地听取。后者正是听证制度的理论起源。任何权力必须公正行使，对当事人不利的决定必须听取他的意见。原则上，公共机构作出影响他人利益的决定，都应当听证。[1] 人民检察院受理监督申诉案件后，同样应当听取各方当事人的意见。但人民检察院监督的对象是已经发生效力的人民法院裁判文书，经过了人民法院一、二审开庭审理，因此，人民检察院听取意见的方式，主要是听取各方当事人的书面意见，对申诉书、答辩状、原审裁判文书、在原审中提交的证据、庭审笔录等进行书面审查。

书面阅卷审查是检察监督最基本的审查方式，只是在特殊情况下，须辅之以必要的听证审查方式，当面听取当事人的陈述和申辩，特别是当面听取其他当事人的答辩意见，可以更好地保证检察人员正确把握监督事由，有利于避免检察机关成为一方当事人代理人的负面影响，提高民行检察工作人员的司法素养。

二、听证案件范围和参加听证人员

人民检察院审查民事检察案件，经阅卷审查，认为确有必要时可组织当事人进行听证。需要听证的案件一般是当事人提供了新证据、可能推翻原审裁判或检察院依职权调查获取了新证据的案件，或者案件案情重大、复杂，检察官

---

[1] 参见何海波：《英国行政法上的听证》，载《中国法学》2006 年第 4 期；王名扬：《美国行政法》，中国法制出版社 1995 年版，第 379 页。

认为有必要进行听证的案件,但对涉及国家秘密、个人隐私的案件,则不应进行公开听证。对于涉及财产分割纠纷的离婚案件、商业秘密案件,检察机关如认为有必要进行公开听证,应征得各方当事人同意。

参加民事监督申诉案件听证的人员包括:听证主持人、书记员、监督申请人及其委托代理人、其他当事人及其委托代理人。

依《民事诉讼监督规则》规定,可以邀请与案件没有利害关系的人大代表、政协委员、人民监督员、特约检察员、专家咨询委员、人民调解员或者当事人所在单位、居住地的居民委员会委员以及专家、学者等其他社会人士参加听证,这对保证办案公正性,加强对办案活动的监督具有十分重要的意义。

三、听证主持人和听证场所

听证主持人为承办该案件的检察人员。听证主持人在听证过程中起着关键性的作用,是整个听证活动的组织者、掌控者,掌握听证的进程,引导申请人和其他当事人围绕申请人请求中涉及的事项,以及检察人员认为有必要查明的事项进行陈述、发表意见,防止听证过程出现离题或延滞的情况。听证主持人应树立客观、公正、公平的良好形象,听取当事人的陈述、申辩时不偏听偏信、先入为主和主观臆断,不使用倾向性、诱导性发问,不对案件性质、是非责任发表意见,不与各方当事人进行争执辩论。

为了保证听证程序顺利进行,保证参加听证人员的安全,听证应当在人民检察院专门听证场所内进行,并配备相应的安全保卫设施和人员,在条件许可的情况下,听证场所应配有摄像监控设备。

四、听证前通知和听证当事人无正当理由缺席或未经许可中途退出的后果

人民检察院在听证3日前应采取适当方式,按照申请人确认的有效联系方式,向参加听证的当事人告知听证的时间和地点。

听证为当事人提供了申辩与质证的机会,人民检察院确定参加听证的人员,应按照指定的时间和地点参加听证。当事人一方无正当理由缺席或者未经许可中途退席,视为其放弃听证权利,人民检察院可以听取其他当事人对案件的意见。应注意《民事诉讼监督规则》的规定与最高人民法院《关于受理审查民事申请再审案件的若干意见》的相关规定有所不同。后者第21条规定:申请再审人经传票传唤,无正当理由拒不参加询问、听证或未经许可中途退出的,裁定按撤回再审申请处理。其他当事人及原审其他当事人不参加询问、听证或未经许可中途退出的,视为放弃在询问、听证过程中陈述意见的权利。向人民法院申请再审的申请人无正当理由拒不参加听证或未经许可中途退出的,

人民法院按撤回再审申请处理。《民事诉讼监督规则》没有根据参加听证者身份的不同作出不同的规定，均视为放弃陈述的权利。

五、听证内容和顺序

（一）听证内容

听证应当围绕民事诉讼监督案件中的事实认定和法律适用等问题进行。民事检察监督的对象是人民法院的裁判结果和审判、执行活动，听证应当围绕人民法院对案件事实的认定是否正确、适用法律是否正确和诉讼程序是否合法进行。审判人员在审理案件时是否存在贪污受贿、徇私舞弊、枉法裁判行为，审判人员是否存在接受当事人及其委托代理人请客送礼或者违反规定会见当事人及其委托代理人的违法行为，均不作为听证内容。

（二）听证顺序

根据《民事诉讼监督规则》第62条规定，听证按下列顺序进行：

1. 申请人陈述申请监督请求、事实和理由。由申请人口头陈述或宣读监督申请书，讲明申请监督的具体事实和理由。

2. 其他当事人发表意见。其他当事人发表对申请人申请监督事由提出异议、反驳的答辩意见。

申请人和其他当事人陈述完毕后，听证主持人应归纳听证的重点问题，并征求当事人意见。

3. 申请人和其他当事人提交新证据的，应当出示证据并予以说明。

4. 人民检察院通过调查取得了新证据的，应出示调查取得的新证据，说明调查核实证据的相关情况，如调查主体、证据来源、内容、形式等。

5. 案件各方当事人陈述对听证中所出示证据的意见。主持人可以就相关问题进行询问，双方当事人就新证据可以进行质证，有证人的经主持人准许可以向证人发问。主持人引导各方当事人围绕监督理由所涉的事实、程序和法律问题进行发言，不能随意剥夺其发言权。

6. 申请人和其他当事人发表最后意见。主持人认为各方当事人已进行了充分陈述、充分发表意见后，征询申请人和其他当事人的最后意见，听证程序结束。听证主持人在听证过程中和结束时均不得对案件事实和处理发表任何倾向性意见。

六、听证笔录

听证笔录是书记员如实记载的听证活动的书面载体，听证笔录应全面客观准确记载听证会参加人员、听证时间、地点和经过。当事人可以对笔录进行校阅，如认为自己的陈述记录有遗漏或差错的，有权申请补正。当事人拒绝签名盖章的，记明情况入卷。

七、对违反听证秩序行为的处理

《民事诉讼监督规则》明确规定了违反听证秩序的两种处理方式，即训诫和责令退出听证场所，不得适用拘传、罚款和拘留的民事强制措施。

八、实践中应注意的问题

1. 听证前的准备工作。听证前应以适当方式向申请人、其他当事人送交对方的书面意见副本，申请人提出新证据的，应将新证据复印件一并送交其他当事人一方。

2. 听证主持人和书记员应遵循回避原则。听证开始时，主持人宣布主持人和书记员名单后，应询问当事人是否提出回避申请。根据《民事诉讼监督规则》第 20 条规定，当事人申请回避的时间应在人民检察院提出抗诉或检察建议等决定作出前。检察机关如果无法立即作出是否回避的决定，或决定应当回避但一时无法重新指定主持人或书记员的，应重新指定听证时间。

第四节 调查核实

调查核实是修改后民事诉讼法赋予检察机关的一项重要监督手段，运用好调查核实权，是检察机关做好监督工作的前提和保障，为此，《民事诉讼监督规则》对调查核实作出了详细的规定。

一、检察机关调查权必要性的理论依据

为了使检察机关正确及时地监督诉讼活动，需要强化监督手段。[①] 在 2012 年民事诉讼法修改之前，法律虽然规定了检察机关对诉讼活动的监督权，但检察机关对这一权力的行使缺乏具体的保障措施。2012 年修改增加规定调查核实权，人民检察院因履行法律监督职责提出检察建议或者抗诉的需要，可以向当事人或案外人调查核实相关情况。其理论依据在于：检察机关对检察权所及范围内的事项进行调查，以便了解事实真相，是行使检察权的先决条件。法律

---

① 参见王胜明主编：《中华人民共和国民事诉讼法释义》，中国法制出版社 2012 年版，第 26 页。

赋予检察机关的调查权,也就因此成为检察权的一个基本构成因素。①

二、检察机关调查核实的对象和范围

(一) 调查核实的对象

民事诉讼法第 210 条规定:"人民检察院因履行法律监督职责提出检察建议或者抗诉的需要,可以向当事人或者案外人调查核实有关情况。"对于案件情况最为了解的,首先是当事人掌握着有关信息,其次是案件之外的其他人。人民检察院为了正确履行法律监督职责,可能需要对相关情况向有关人士进行调查了解。当事人和案外人应当支持人民检察院依法履行职责,如实提供有关信息。② 因此,案件当事人和案外人均可作为调查核实对象。对"案外人"如何理解?民事诉讼法此条规定是将《民行监督意见》第 3 条规定的立法化,在后者的起草过程中,将调查对象限定为"当事人或者案外人",其目的是明确排除法官作为调查对象。③ 因此,除了人民法院的法官,未卷入纠纷、了解情况的"案外人"包括:证人、鉴定机构、鉴定人、审计机构、审计人、评估机构、评估人,非人民法院法官的勘验人,还包括在诉讼过程中出庭就鉴定意见或者专业问题提出意见的专家辅助人等,人民检察院可以对以上了解案情的人和相关机构进行调查核实。法官不能作为诉讼当事人争议事实的证人,但对于审判活动的实际情况最为了解,因此,检察机关为查明审判活动的相关情况,可以在必要时向原审法官了解情况。

(二) 调查核实权的范围

检察机关行使调查核实权的范围,要受到法律规定的严格限制,检察机关只能在法律规定的范围内行使调查核实权,而不能逾越。调查核实权"不应超出为了对生效判决、裁定、调解书提出检察建议或者抗诉需要了解情况的具体范围,更不能理解为类似刑事诉讼中的侦查权"④。检察机关调查核实的不是当事人诉争案件的基本事实,而是案件中是否存在需要监督的事实,即人民法院在审判和执行活动中是否存在违反法律规定的情形。《民事诉讼监督规则》第 65 条根据民事诉讼法相关规定,进一步细化规定了人民检察院因履行

---

① 参见张智辉:《论检察机关的调查权》,载《国家检察官学院学报》2006 年第 4 期。

② 参见王胜明主编:《中华人民共和国民事诉讼法释义》,中国法制出版社 2012 年版,第 507 页。

③ 参见孙加瑞:《民事检察制度新论》,中国检察出版社 2013 年版,第 191 页。

④ 王胜明主编:《中华人民共和国民事诉讼法释义》,中国法制出版社 2012 年版,第 507 页。

法律监督职责进行调查核实的范围：

1. 民事判决、裁定、调解书可能存在法律规定需要监督的情形，但仅通过阅卷及审查现有材料难以认定时，检察机关可进行调查核实。

《民事诉讼监督规则》明确规定对民事裁判和调解的检察监督启动调查核实权的前提是，经过书面审查仍不能认定民事判决、裁定、调解书是否存在民事诉讼法规定的检察监督事由，以避免调查核实权滥用。调查的目的是核实原裁判是否违法、是否存在民事监督事由所指向的情形，因此对于不服生效裁判的检察监督，调查核实内容为是否存在民事诉讼法第200条列举的13项再审事由。

民事诉讼法第200条规定的13项再审事由，既包含实体性事由，又包含程序性事由和审判人员违法事由，涵盖生效裁判的证据采信、事实认定、法律适用、审判组织以及审判程序各方面，人民检察院进行调查核实应围绕民事诉讼法列举的13项再审事由进行，不能超出此范围进行。

2. 民事审判程序中审判人员可能存在违法行为的调查核实。

2012年修改后的民事诉讼法规定，各级人民检察院对审判程序中审判人员的违法行为可以提出检察建议。对于人民法院审判人员是否有违法行为，往往通过阅卷和书面审查难以确认，需要进行调查核实。

检察机关进行调查的违法行为包括：民事诉讼法规定的，审判人员接受当事人及其委托代理人请客送礼或者违反规定会见当事人及其委托代理人的违法行为，《民事诉讼监督规则》第99条规定的审判人员实施或者指使、支持、授意他人实施妨害民事诉讼行为，尚未构成犯罪的行为，也包括最高人民法院、最高人民检察院、公安部、国家安全部、司法部《关于对司法工作人员在诉讼活动中的渎职行为加强法律监督的若干规定（试行）》（以下简称《渎职监督规定》）第3条规定的相关违法行为，[①] 如审判人员在诉讼过程中侵吞或者违法处置被查封、扣押、冻结的款物的行为，收受或索取当事人及其近亲属或者其委托的人等的贿赂的等违法行为。

3. 民事执行活动可能存在违法情形的调查核实。

民事诉讼法第235条规定："人民检察院有权对民事执行活动实行法律监督。"对民事执行活动中违法情形进行调查核实的内容包括：

（1）最高人民法院、最高人民检察院《关于在部分地方开展民事执行活动法律监督试点工作的通知》（以下简称《试点通知》）第2条中列举的五种违法情形：人民法院收到执行案款后超过规定期限未将案款支付给申请执行人

[①] 参见郑新俭：《民事诉讼法修改对民行检察工作的影响及应对》，载《人民检察》2012年第19期。

的，有正当理由的除外；当事人、利害关系人依据民事诉讼法第202条之规定向人民法院提出书面异议或者复议申请，人民法院在收到书面异议、复议申请后，无正当理由未在法定期限内作出裁定的；人民法院自立案之日起超过两年未采取适当执行措施，且无正当理由的；被执行人提供了足以保障执行的款物，并经申请执行人认可后，人民法院无正当理由仍然执行被执行人其他财产，严重损害当事人合法权益的；人民法院的执行行为严重损害国家利益、社会公共利益的。

（2）《渎职监督规定》第3条规定的违法情形：执行人员侵吞或者违法处置被查封、扣押、冻结款物的行为；执行判决、裁定活动中严重不负责任或者滥用职权，不依法采取诉讼保全措施、不履行法定执行职责，或者违法采取诉讼保全措施、强制执行措施，致使当事人或者其他人的合法利益遭受损害的；执行人员收受或者索取当事人及其近亲属或者其委托的人等的贿赂的。

对法院执行活动进行检察监督，检察机关进行调查核实的工作更为重要。民事执行活动与民事审判活动不同，前者具有单向性、强制性，在当事人启动程序后多采职权进行主义。[①] 因此，对于法院依职权主动行使的执行活动的合法性进行监督，当事人的举证能力明显不足，更多依靠检察机关公权力去调查执行活动是否合法。

4. 其他需要调查核实的情形。

人民检察院在履行民事行政检察监督职责的过程中，需要调查核实的情况比较复杂，《民事诉讼监督规则》设置了兜底条款。检察机关对于严重违反民事诉讼法、不依法履行职务，影响公正司法的诉讼违法行为可以进行调查核实，如执行人员挪用执行款的；执行人员强迫执行当事人和解的；超标的执行；超期冻结、查封；执行案外人财产，执行人员与评估、拍卖机构、人员串通共谋，故意低评或高估执行财产；执行人员利用职务之便自己或者安排自己的亲属买受执行财产等违法情形。

三、调查核实的一般程序要求

1. 内部审批程序。由案件承办人提出调查的书面意见，经检察长或检察长授权的民事行政检察部门负责人批准后方可进行。根据《渎职监督规定》第4条规定，对司法工作人员在诉讼活动中涉嫌渎职的调查核实，应报经检察长批准。

---

① 参见杨与龄编著：《强制执行法论》，中国政法大学出版社2002年版，第20~21页。

2. 调查人员。检察院调查核实，由2人以上共同进行，不能由一名检察人员单独进行。《民事诉讼监督规则》规定受诉人民检察院除自行调查以外，还可以指定下级人民检察院或委托其他检察院进行调查。

3. 调查笔录。调查核实应当制作调查笔录，调查笔录中应当记明调查人、被调查人、调查事项、调查时间、地点、记录人等相关情况。调查笔录经被调查人校阅后，由被调查人、调查人签名或者盖章。被调查人拒绝签名盖章的，应当记明情况。

调查人员调取书证、物证或者计算机数据或录音、录像等视听资料的，应当通过调查笔录或者其他适当方式，说明证据来源、调取过程等情况。

四、检察机关调查核实措施

人民检察院民事诉讼监督案件的调查核实措施包括以下几项：

（一）查询、调取、复制相关证据材料

人民检察院在办理案件过程中，因履行法律监督职责的需要，向有关单位或个人查询有关情况，如相关文件资料、有关会计凭证、账簿等证据资料，也包括向金融机构、邮电机构等依法查询存款、汇款、债券、股票、基金份额等财产情况。

调查人员进行查询时，应出示本人的工作证件和人民检察院《协助调查函》或《协助查询存款、债券、股票、基金份额通知书》。人民检察院经查询，认为需要调取相关物品或文件等证据资料时，应制作调取证据通知书。将调取的物品或文件退还原持有人时，应使用退还调取证据决定书。如因保管、保密等原因不能调取相关资料原件的，调查人员应对原件进行抄录、复制，并经持有或保管该文件、资料的人或相关档案管理部门、金融机构、邮电机构等单位盖章确认。

（二）询问当事人或者案外人

人民检察院可以对当事人和案外人进行询问，被询问人不得拒绝。询问的目的是准确认定原审裁判、调解和执行行为是否存在违法情形。如人民检察院可以询问当事人、证人，就鉴定过程、方法和鉴定意见作出依据等相关问题对鉴定人进行询问，向勘验人了解现场勘验相关情况等。

（三）咨询专业人员、相关部门或者行业协会等对专门问题的意见

人民检察院可以向专业人员和专业机构进行咨询，这也是调查核实的措施之一。随着生产力的发展和科学技术的突飞猛进，民事案件日益复杂，一些问题涉及某一专门领域的专门知识，但又无须通过鉴定解决，如建筑、机械、金融、生物科学、计算机、网络技术等领域中某一专业术语如何正确理解，检察

民事诉讼法第 79 条规定,"确立了我国民事诉讼中鉴定人与专家辅助人并存的'双层'专家证据制度"。① 专家辅助人,是指由当事人聘请,帮助当事人向审判人员说明案件事实中的专门性问题,并协助当事人对案件中的专门性问题进行质证的人。② 其特点主要有:专家辅助人基于当事人聘请、委托咨询参与到民事诉讼中,有关费用和报酬由聘请、委托的当事人负担,并不作为诉讼费用在当事人之间分担;专家辅助人能否参与到法庭审理,取决于人民法院的决定,其诉讼地位是诉讼辅助人,在法庭上的位置与当事人及其诉讼代理人保持一致;专家辅助人在法庭上的活动限于与专门性问题相关的范围,在此范围内,专家辅助人可以代表当事人提出对鉴定意见的意见、经人民法院许可对鉴定人进行询问、与对方的专家辅助人对质、在案件没有委托鉴定时就专门性的问题发表意见等。

民事诉讼监督与民事审判活动存在本质的不同,"专家辅助人"在两个程序中的作用也有所区别。本条规定对民事诉讼监督案件适用"专家辅助人"制度进行了相应的细化和限制。在实践中,应当注意把握以下几点:

1. 专门人员的范围包括专业人员、相关部门以及行业协会等。从民事监督案件的现状来看,涉及的专门性问题既包括医疗、网络、生物等专业领域,还包括如建筑、进出口、行业生产等行业的通用规则,以及金融管制、证券期货等与行政管理职能相关的内容。因此,《民事诉讼监督规则》第 67 条明确了可以向专业人员、相关部门或者行业协会咨询专门性问题。在实践中,应当注意以下问题:第一,把握专门知识和专门性问题的范围。专门知识必须是在特定领域的人员才知悉或者只在一定范围的专家掌握的知识,应当排除普通知识。第二,本条规定的专门知识应当是无法或者无须通过鉴定解决,但对于审理案件、认定事实具有一定甚至决定性作用。第三,应当遵循民事诉讼监督的规律,从公权力监督的本质属性出发,人民检察院咨询的专门性问题应当是对判断人民法院审判行为、执行行为是否符合法律规定的有必要的问题。

2. 调查核实的方式。人民检察院民事诉讼监督与人民法院审判活动不同,并无庭审程序,因此《民事诉讼监督规则》规定人民检察院可以就专门性问题书面或者口头咨询有关专业人员、相关部门或者行业协会的意见。咨询可以书面咨询也可以口头咨询,如案件适用听证程序的,也可以邀请接受咨询的专

---

① 奚晓明、张卫平主编:《民事诉讼法新制度讲义》,人民法院出版社 2012 年版,第 134 页。

② 参见江伟主编:《民事诉讼法》,中国人民大学出版社 2008 年版,第 186 页。

业人员、相关部门或行业协会的相关人员参加听证；接受邀请的人拒绝参加听证的，不影响人民检察院综合案件调查情况，决定是否采信相关的咨询意见。

3. 当事人在原审过程中放弃了聘请委托专家辅助人的诉讼权利，法院采信了不利于其利益主张的鉴定意见，该当事人在申请监督阶段又提出申请的，人民检察院一般不应同意其请求。

（四）委托鉴定（评估、审计）

检察机关在审查案件过程中，对于一些专门性问题，需要通过专业的机构鉴定（评估、审计）的方式查明。

1. 鉴定的目的。鉴定是为了解决案件中的某些专业性问题，由鉴定人运用自己的专门知识和技能，或者利用现代科技手段，对某些专门性的事实问题作出的分析、判断性意见。[①] 鉴定涉及某些专业领域的知识，如医学鉴定、产品质量鉴定、工程质量鉴定、会计鉴定、文书鉴定等，但《民事诉讼监督规则》规定的鉴定与审判阶段进行鉴定的目的是不同的。《民事诉讼监督规则》规定的鉴定主要是针对合法性的问题作出的，目的是解决民事诉讼中相关问题的合法性；审判阶段的鉴定意见是针对诉讼中当事人之间的争议事实，其目的是为了解决双方当事人的争议。

值得注意的是，《民事诉讼监督规则》明确规定，在诉讼过程中已就争议事实进行过鉴定、评估、审计的，一般不再委托鉴定、评估、审计。如有证据证明鉴定意见存在鉴定人违反程序、鉴定依据错误等情况，检察机关可直接提出抗诉或再审检察建议，不需再行委托鉴定。

2. 鉴定机构确定的方式。依当事人申请启动的鉴定，可以由双方当事人协商确定有资质的鉴定机构；协商不成的，由人民检察院指定。人民检察院依职权进行的鉴定，由人民检察院确定有资质的鉴定机构进行。

3. 鉴定的程序要求。人民检察院应明确提出需鉴定解决的问题，向鉴定人提交所需的资料，说明相关案情。检察人员不得干扰鉴定人的正常工作，不得暗示或诱导鉴定人作出某种鉴定意见。一经发现，须严肃处理。

4. 鉴定人出席听证接受各方当事人询问的问题。人民检察院依当事人申请或依职权进行的鉴定，鉴定意见属于新证据，在听证时应按规定出示并予以说明。人民检察院听取当事人双方意见后，对鉴定意见进行审查判断，决定是否采纳该鉴定意见。

5. 鉴定人出席再审法庭作证的问题。进入再审程序后，关于鉴定人的出庭问题，适用民事诉讼法第 78 条的规定。人民法院再审时，如当事人对鉴定

---

① 参见江伟主编：《民事诉讼法》，中国人民大学出版社 2008 年版，第 185 页。

意见有异议或者人民法院认为鉴定人有必要出庭的，鉴定人应当出庭作证。经人民法院通知，鉴定人拒不出庭作证的，鉴定意见不得作为人民法院认定事实的根据。

（五）勘验物证、现场

对现场、物品进行勘查、检验，是检察机关调查核实证据的重要方法，也是保全和固定证据的重要手段。勘验时应当按照规定制作笔录。

1. 勘验程序。勘验人应出示人民检察院的证件，并邀请当地基层组织或者当事人所在单位派人参加。当事人或者当事人的成年家属应当到场，拒不到场的，不影响勘验的进行。

2. 勘验笔录。对物证和现场进行现场勘查、检验后，应对勘验情况和勘验结果制作笔录。勘验笔录由勘验人、当事人和被邀参加人签名或者盖章。勘验笔录记录勘验的时间、地点、勘验人、在场人、勘验的经过、结果，由勘验人、在场人签名或者盖章。绘制现场图时，应当注明绘制的时间、方位、测绘人姓名、身份等内容。

在勘验时，应当注意以下问题：（1）勘验笔录的文字、图片记载的内容，是对物证和现场情况的客观再现，必须保持客观真实，不能掺入制作人的任何主观推测和分析判断。（2）笔录用语必须确切肯定，不能模棱两可、含混不清，不能使用"大概"、"可能"、"较高"、"较远"等不确定的词句。（3）笔录必须是在勘验过程中当场制作，不能事后制作。如对某个物证或现场进行了多次勘验，应分别制作每次的笔录，不能在原笔录上补充修改。

（六）其他调查核实措施

除了以上几类调查核实措施，《民事诉讼监督规则》规定人民检察院可以依法采取其他调查核实措施，如拍照、录音、录像等办法，但不能采取限制人身自由和查封、扣押、冻结财产等强制措施。既不得限制当事人或案外人的人身自由，也不得变相限制其人身自由；不得查封、扣押当事人或案外人的财物，也不得查封、扣押证据材料，例如书证、电子数据以及录音、录像等视听资料，更不得对当事人或案外人采取侦查措施，包括监听、技术追踪等技术侦查措施。

五、被调查人的配合义务和对妨碍检察调查的处理措施

调查权作为一种权力，与被调查者的义务是紧密相连的。没有被调查者的接受与配合，调查行为难以有效地进行。民事诉讼法规定了检察机关有调查核实权，被调查人应负有协助调查的义务。《民事诉讼监督规则》规定了被调查人的协助义务，其表述为"应当配合"，与民事诉讼法第 67 条第 1 款规定的

"人民法院有权向有关单位和个人调查取证，有关单位和个人不得拒绝"略有区别。对于拒绝或者妨碍人民检察院调查核实的，按照《民事诉讼监督规则》第73条的规定处理，即人民检察院应当根据相应的情形，提出检察建议，责令纠正；对隐匿、毁灭证据等行为涉嫌犯罪的，应当移送有关部门处理。

六、检察机关行使调查核实权应注意的问题

（一）严格遵守调查核实的法定权限和程序要求

调查权是我国检察机关民事诉讼监督权的基本构成要素，检察机关行使调查核实权的权限和范围是依法设定、明确有限的，检察机关进行调查核实应围绕法定监督事由进行，并严格遵守相关的程序要求。

（二）检察人员应客观公正地进行调查核实

检察监督是对公权力的监督，不得偏向一方而为证据调查，更不得先入为主。调查核实的任务是查明人民法院是否存在民事诉讼法规定的违法的事实，不考虑对申请人有利或不利，也不考虑对其他当事人有利或不利。检察机关不能以自己的取证代替当事人的举证，不能滥用调查权，成为一方当事人的代理人。

（三）调查核实与初查的关系

《人民检察院刑事诉讼规则（试行）》（以下简称《刑诉规则》）规定的初查，是指在立案前对犯罪线索材料进行的必要的调查活动。检察院自侦案件立案前，对举报材料本身进行书面审查的工作由举报中心负责，对举报材料所反映的事实进行调查的工作由侦查部门负责。初查的主要内容包括调查被控告人、被举报人的基本情况，调查被控告、被举报事实的基本情况。[①]《刑诉规则》第169条规定："初查由侦查部门负责，在刑罚执行和监管活动中发现的应当由人民检察院直接立案侦查的案件线索，由监所检察部门负责初查。对于重大、复杂的案件线索，监所检察部门可以商请侦查部门协助初查；必要时也可以报检察长批准后，移送侦查部门初查，监所检察部门予以配合。"因此，人民检察院民事行政检察部门没有进行初查的权限，不能采取侦查措施，民事行政检察部门对当事人和案外人进行调查后，如认为相关人员有犯罪嫌疑的，应将相关犯罪线索移送自侦部门。

（四）调查人员的保密义务

检察人员应当对调查过程中知悉的国家秘密、商业秘密及个人隐私保密。

[①] 参见孙谦主编：《〈人民检察院刑事诉讼规则（试行）〉理解与适用》，中国检察出版社2012年版，第134~136页。

"国家秘密"是指关系到国家安全和利益,依照法定程序确定,在一定时间内只限一定范围的人员知悉的事项。"商业秘密"是不为公众所知悉,能为权利人带来经济利益,具有实用性并经权利人采取保密措施的技术信息和经营信息。"个人隐私"是指不愿让他人知道的属于个人生活的秘密,我国公民享有不公开个人隐私的权利。检察机关及其工作人员在调查核实过程中接触到的涉及国家秘密、商业秘密和个人隐私的证据,应当妥善保管,不得遗失、泄露,更不得扩散。

(五)调查核实取得的证据的效力

检察机关调查收集证据,其基本任务是查明涉嫌违法的相关诉讼活动的事实,以便检察机关对是否采取监督措施作出判断。因此,检察机关调查收集的证据,是一种监督证据,是用来支持检察机关作出检察决定的。但是,这些证据也可能被用来证明当事人之间的争议事实,成为诉讼证据。作为诉讼证据时,适用审判程序中关于证据采信的相关规定。例如,我国民事诉讼法第63条第2款规定:"证据必须查证属实,才能作为认定事实的根据。"检察机关调取的证据被用作诉讼证据时,同样适用这一规定。在再审开庭时,检察人员在庭审中应当向法庭出示并就调查收集证据的情况予以说明,新证据经再审法庭进行质证后,才能认定其证据效力。

第五节 中止审查和终结审查

一、中止审查

中止审查,是指人民检察院受理民事监督案件后,由于某些特定事由的出现,使审查无法继续进行,暂时中止审查程序,待引起中止的原因消除后再恢复审查的制度。

(一)中止审查适用的情形

根据《民事诉讼监督规则》第74条规定,有下列情形之一的,可以中止审查:

1. 申请监督的自然人死亡,需要等待继承人表明是否继续申请监督的。当事人向人民检察院申请监督,如果作为申请人的自然人死亡,应尊重其权利义务继承人的处分权,在其继承人表明继续申请监督前,可中止审查。

2. 申请监督的法人或者其他组织终止,尚未确定权利义务承受人的。申请监督人是法人或其他组织的,因合并或分立而终止,其权利义务由合并或分立后的新法人或其他组织承受;因其他原因终止的,尚未确定权利义务承受人的,可暂时中止审查。

3. 本案必须以另一案的处理结果为依据，而另一案尚未审结的。在审查过程中，如果本案的处理结果必须以另一案的审理结果为依据，而另一案尚未审结的，应中止审查，待另一案审结后再恢复审查。需要等待的另一案件可能是民商事案件，也可能是刑事或行政案件。

4. 其他可以中止审查的情形。这是一项兜底条款，除上述情形外，人民检察院根据案件审查中出现的具体情况，认为审查程序不能继续进行，需要中止的，也可决定暂时中止审查。该条款是为了解决实践中出现上列三种中止情形之外的特殊情况，但检察人员在掌握时不能随意，必须符合中止审查的基本条件，即因为该情形的出现客观上使审查暂时不能进行。

（二）中止审查的方式

在审查过程中出现以上情形，人民检察院认为需要中止审查的，应当制作《中止审查决定书》，并发送当事人。人民检察院决定中止审查后，应停止对本案的审查。中止审查原因消除后，可由监督申请人的权利义务继受人申请恢复审查，或人民检察院依职权恢复审查。

（三）实践中应注意的问题

1. "可以"中止不同于"必须"或"应当"中止审查，以上情形发生后并不必然导致审查无法继续进行，是否中止由人民检察院根据具体案情决定。

2. 《民事诉讼监督规则》没有明确规定中止审批程序，但规定了应当制作《中止审查决定书》，实践中应由民事行政检察部门负责人根据案情决定，报分管检察长批准。

3. 恢复审查后，审查期限继续计算，而不是重新计算。

二、终结审查

终结审查，是指人民检察院受理民事监督申诉案件后，由于某种特定事由的出现，使审查程序无法继续且没有监督必要，或是人民检察院依职权发现的民事监督案件，经审查认为不需要采取监督措施，人民检察院决定终结本案审查程序的制度。中止审查与终结审查的根本区别在于，终结审查导致本案的审查程序永久性结束，不存在恢复审查的问题；而中止审查只是监督审查程序的暂时停止，一旦中止审查的事由消除，即应恢复审查。

（一）终结审查适用的情形

根据《民事诉讼监督规则》第75条的规定，出现以下几种情形时应当终结审查。

1. 人民法院已经裁定再审或者已经纠正违法行为的。

人民检察院受理民事监督案件后，人民法院裁定再审，启动了再审程序，由人民法院自行纠错,人民检察院应终结审查。人民法院已经纠正违法行为的,检察监督的目的已经达到,也应终结审查。

2. 申请人撤回监督申请或者当事人达成和解协议,且不损害国家利益、社会公共利益或者他人合法权益的。

申请人撤回监督申请,是对其诉讼权的处分;当事人达成和解协议,是其意思自治的体现,双方经协商形成和解。在这两种情形下,检察机关没有继续进行审查的必要,但申请人撤回监督申请或双方达成的和解协议损害国家利益、社会公共利益或者他人合法权益的,不能终结审查,应当继续监督。

3. 申请监督的自然人死亡,没有继承人或者继承人放弃申请,且没有发现其他应当监督的违法情形的。

申请监督自然人死亡,没有继承人,没有实体权利主张者,审查无法继续,或者继承人放弃申请,放弃诉讼权利,应尊重其处分权。但基于检察监督权是对审判权的监督,还应审查有无其他应当监督的违法情形,如没有发现,应终结审查程序。

4. 申请监督的法人或者其他组织终止,没有权利义务承受人或者权利义务承受人放弃申请,且没有发现其他应当监督的违法情形的。

申请监督的法人或者其他组织终止,没有权利义务承受人或者权利义务承受人放弃申请的,应尊重其处分权,但基于检察监督权是对审判权的监督,还应审查有无其他应当监督的违法情形;如没有发现,应终结审查程序。

5. 发现已经受理的案件不符合受理条件的。

受理民事监督申诉案件后,检察院经审查发现该案不符合立法规定的受理条件,不应当受理的,以终结审查方式结案。

以上五种情形是人民检察院对出现某种特定事由,使审查程序无法继续且无监督必要的,申请监督案件终结审查。

6. 人民检察院依职权发现的案件,经审查不需要采取监督措施的。

检察机关依职权发现的案件,经审查后认为不需要采取监督措施的,不宜采用不支持监督申请的结案方式,因此将终结审查作为此类案件的结案方式。

7. 其他应当终结审查的情形。

本条是兜底条款,除上述情形外,受理的人民检察院根据案件审查中出现的具体情况,认为审查程序无法继续进行,且没有监督需要的,也可决定终结审查。

(二) 终结审查的方式

终结审查的,应当制作《终结审查决定书》。除人民检察院依职权发现的案件外,应将《终结审查决定书》发送当事人。

(三) 实践中应注意的问题

审查终结是监督程序的结束。《民事诉讼监督规则》第 31 条规定，人民检察院不予受理的情形之一是"人民检察院已经审查终结作出决定的"案件，因此，人民检察院已作出终结审查决定的案件，当事人不得再次提出申诉。终结审查决定一旦作出，排除了当事人的再次申诉，其适用必须严格限制。实践中应注意以下三点：

1. 因当事人达成和解协议，人民检察院作出终结审查决定的，一方不履行或不完全履行和解协议，另一方再向检察院申诉时，检察院不应再次受理，当事人可依据民事诉讼法第 230 条第 2 款"申请执行人因受欺诈、胁迫与被执行人达成和解协议，或者当事人不履行和解协议的，人民法院可以根据当事人的申请，恢复对原生效法律文书的执行"的规定向人民法院申请恢复原生效法律文书的执行。

2. 兜底条款的严格适用。审查终结程序关系到当事人申请检察监督的权利能否得到充分保障，实践中应严格掌握，依法进行，不得滥用终结审查程序损害当事人的合法权益。

3. 《民事诉讼监督规则》规定的终结审查适用情形与最高人民法院《关于适用〈中华人民共和国民事诉讼法〉审判监督程序若干问题的解释》（以下简称《高法民事审判监督解释》）第 25 条规定的人民法院终结审查的四种情形的关系。《高法民事审判监督解释》第 25 条规定的终结审查情形为：（1）申请再审人死亡或终止，无权利义务承受人或者权利义务承受人声明放弃再审申请的；（2）给付之诉中，负有给付义务的其他当事人死亡或者终止，无可供执行的财产，也没有应当承担义务的人的；（3）当事人达成和解协议且已履行完毕的，但当事人在执行和解中声明不放弃申请再审权利的除外；（4）当事人之间的争议可以另案解决的。该司法解释第 1 项情形与《民事诉讼监督规则》第 3 项、第 4 项一致，即申请再审主体和申请监督主体死亡或终止，无权利义务继受人或权利义务继受人放弃申请的情形；第 3 项情形与《民事诉讼监督规则》第 2 项基本一致。

《民事诉讼监督规则》并未将最高人民法院规定的第 2 项和第 4 项终结审查的情形列入检察机关终结审查的情形。未规定第 2 项的原因主要是考虑到民事检察与民事审判相比有着不同的任务，民事检察是解决民事诉讼的合法性问题，而非解决当事人之间的争议。因此，这种情况不一定导致终结审查，例如针对审判人员和执行人员的违法行为的监督，就不应终结审查。未规定第 4 项的原因是，检察机关的监督是公权力监督，其监督的行为是人民法院民事诉讼活动的合法性，不是解决当事人之间的争议，因此在检察实践中，检察机关不能以"当事人之间的争议可以另案解决"为由终结审查。

第六节 审查后的处理决定

民事诉讼监督案件审查后的处理决定，应当依照法律规定进行规范，不能随意创设。《民事诉讼监督规则》第 54 条对检察机关审查后处理决定的方式进行了规定。

1. **提出再审检察建议**。依据民事诉讼法的规定，检察建议成为民事检察的法定监督方式。检察建议可以分为纠正违法检察建议、改进工作检察建议和再审检察建议三种类型。再审检察建议适用于对生效裁定、判决、调解书进行监督的案件，是民事诉讼法新增加的监督方式；与抗诉相比，更有利于实现同级监督，提高监督效率。从有利于实现民事诉讼法立法目的、有利于缓解上级检察机关的办案压力等方面考虑，《民事诉讼监督规则》对适用再审检察建议和抗诉的案件范围进行了引导性区分，对民事诉讼法第 200 条规定的情形，属于情节较轻或错误比较明显且易于认定的，可以适用再审检察建议的方式进行监督。

2. **提请抗诉**。这是指地方各级人民检察院对同级人民检察院已经发生法律效力的裁定、判决或调解书存在错误，提请上级人民检察院向同级人民法院提出抗诉的行为。由于民事抗诉实行"上级抗"的原则，地方各级人民检察院认为同级人民法院的民事裁判违法符合抗诉条件的，应当提请上级人民检察院抗诉，这虽然不是对案件的最终处理结果，但也是地方各级人民检察院履行法律监督职责的重要方式，因此在本条中把提请抗诉和提出抗诉分别列明。

3. **提出抗诉**。抗诉是指人民检察院认为人民法院作出的判决、裁定、调解书确有错误，依法向人民法院提出启动再审程序要求的法律监督行为，人民法院应当在收到抗诉书之日起 30 日内作出再审的裁定。

4. **提出检察建议**。依照民事诉讼法第 208 条第 3 款和检察实践，对审判人员违法行为和对人民法院民事执行活动的监督采用检察建议的监督方式，因此，《民事诉讼监督规则》明确把检察建议作为结案方式。

在实践中应当注意，改进工作检察建议可以独立提出，也可以在个案处理时提出，但不能以改进工作检察建议作为民事诉讼监督案件的结案方式单独使用。在具体案件的办理中，人民检察院应当对人民法院诉讼活动是否违反法律规定作出判断，并作出是否采取监督措施的决定，而改进工作的检察建议是对人民法院改进工作、完善制度等提出的意见建议，不能代替个案决定。

5. **终结审查**。终结审查是指人民检察院在审查民事诉讼监督案件过程中，由于出现特定情形，造成审查程序不能继续进行下去或者失去了继续进行的意义，从而结束审查程序的决定。与民事诉讼案件一样，民事诉讼监督案件也会在审查过程中出现特殊客观情况而不能继续审查，比如申请监督的自然人死亡，没有继承人或者继承人放弃申请等。但民事诉讼监督的本质是对公权力监督，决定了民事诉讼监督程序与民事诉讼程序本质上的差异，前者是人民检察院依照法律规定对人民法院的诉讼活动是否符合法律规定的审查，后者是人民法院依照法律规定对当事人之间的纠纷依法审理和解决的活动，因此相较人民法院终结诉讼的条件，人民检察院终结审查的条件还应当增加"没有发现其他应当监督的违法情形"作为条件，这就是说，即使原审查程序不能继续进行下去或者失去了继续进行的意义，但若已经发现人民法院有其他应当监督的情形，人民检察院仍然不能终结审查，应当对另发现的违法情形进行监督。

此外，依照《民事诉讼监督规则》第75条的规定，人民检察院发现已经受理的案件不符合受理条件，或者人民检察院依职权发现的案件经审查不需要采取监督措施的，也应采用终结审查的方式结案。

6. 不支持监督申请。依照民事诉讼法的规定，检察机关应当对当事人申请监督案件及时作出决定。检察机关的监督方式包括抗诉、检察建议，因此对不符合监督条件的案件，检察机关作出的不予监督的决定应当包含不提出抗诉、不提出检察建议和不提请抗诉等各种情况，所以《民事诉讼监督规则》综合各种情况，统一设立了"不支持监督申请"这一决定形式，适用于当事人申请监督案件中不提出检察建议、不提请抗诉、不抗诉等情形。

思考题
1. 民事行政检察部门与控告申诉部门关于审查的区别有哪些？
2. 民事诉讼监督案件实体审查的范围和对象有哪些？
3. 民事诉讼监督案件实体审查的具体内容是什么？
4. 应当如何正确采取调查核实措施？

第四章 对生效民事判决、裁定、调解书的监督

第一节 民事抗诉

一、民事抗诉的概念及法律特征

民事诉讼法第208条第1款规定:"最高人民检察院对各级人民法院已经发生法律效力的判决、裁定,上级人民检察院对下级人民法院已经发生法律效力的判决、裁定,发现有本法第二百条规定情形之一的,或者发现调解书损害国家利益、社会公共利益的,应当提出抗诉。"

民事诉讼中的抗诉是指人民检察院发现人民法院已经发生法律效力的民事判决、裁定、调解书符合法律规定的抗诉条件,依法要求人民法院对案件进行重新审理的诉讼活动。其法律特征表现为:(1)提出抗诉的主体是作出生效判决、裁定、调解书的人民法院的上级人民检察院。唯一的例外是对最高人民法院的生效判决、裁定、调解书,应当由最高人民检察院提出抗诉。(2)接受抗诉的主体是提出抗诉的人民检察院的同级人民法院。(3)抗诉的对象是可以适用再审程序的已经发生法律效力的民事判决、裁定、调解书。(4)提出抗诉的条件必须符合法律规定的情形。(5)抗诉后果具有法定性,人民检察院提出抗诉的案件,人民法院必须再审。[①]

二、对生效民事判决、裁定的抗诉

(一)抗诉的条件

提出抗诉的条件必须符合法律规定的情形,即民事诉讼法第200条的规定。具体而言,检察机关的抗诉申请符合下列情形之一的,人民法院应当再审:

1. 有新的证据,足以推翻原判决、裁定的。

《民事诉讼监督规则》第78条,对"新的证据"作出了列举式解释,主

---

① 参见郑新俭主编:《〈人民检察院民事诉讼监督规则(试行)〉条文释义及民事诉讼监督法律文书制作》,中国检察出版社2014年版,第97页。

要包括：

（1）原审庭审结束前已客观存在但庭审结束后新发现的证据。这是指新发现的原先就形成的证据，有人称为"新发现的旧证据"。

（2）原审庭审结束前已经发现，但因客观原因无法取得或在规定的期限内不能提供的证据。这主要是指在正常情况下当事人即使知道该证据存在，也无法获得该证据，比如在一般民事案件中，因持有重要书证的人出国或其他原因，当事人在原审中无法联系上该人致使无法举证，但原审审理完毕后联系到该人，找到所持证据的。又如人身损害赔偿案件中，当事人明知有路人目击，但一时无法找到该证人，而在原审审理完毕后找到，证人对重要事实作证的情形。

（3）原审庭审结束后原作出鉴定意见、勘验笔录者重新鉴定、勘验，推翻原意见的证据。这是指同一鉴定意见、勘验笔录者根据同样的检材，重新作出鉴定意见、勘验笔录，推翻自己原先作出的鉴定意见、勘验笔录的情形。

（4）当事人在原审中提供的，原审未予质证、认证，但足以推翻原判决、裁定的主要证据。在司法实践中，一种情况是，当事人在超出举证期限后提出的证据，另一方当事人往往以超过举证时限不予质证，故原审在未质证的情况下，不将该证据作为认定事实的依据，但如果该证据足以证明作出的判决、裁定存在错误，当事人可依据该证据提出再审申请。另一种情况是，有的案件当事人在原审期间已经提交了重要证据，但是由于承办法官的业务能力或者故意隐藏证据等原因，未对该证据予以审理认定，在法律文书中也未提及，如果对这类证据不作为再审"新的证据"解释，将严重影响当事人合法权益的保障以及司法公正的实现。因此，在现阶段可以将这种情形视作再审"新的证据"的适度扩张。即是说，若原审法院均未对当事人提出的该重要证据予以审核认定，当事人在申请再审时又提出的，可以视为新的证据。

2. 原判决、裁定认定的基本事实缺乏证据证明的。

《民事诉讼监督规则》第 79 条规定，有下列情形之一的，应当认定为民事诉讼法第 200 条第 2 项规定的"认定的基本事实缺乏证据证明"：

（1）认定的基本事实没有证据支持，或者认定的基本事实所依据的证据虚假、缺乏证明力。"认定的基本事实没有证据支持"，是指对案件基本事实的认定缺少基本的、必要的证据支持或者认定基本事实所依据的证据没有达到"高度盖然性"的证明标准；"认定的基本事实所依据的证据虚假、缺乏证明力"，是指认定基本事实所依据的证据不具有真实性以及与案件待证事实缺乏关联性。

（2）认定的基本事实所依据的证据不合法，是指认定基本事实所依据的证据本身违反法律规定，即该证据不具有合法性。

（3）对基本事实的认定违反逻辑推理或者日常生活法则，是指法官对认定基本事实的证据有无证明力和证明力大小的判断违背逻辑推理和日常生活经验。

（4）认定的基本事实缺乏证据证明的其他情形。为了避免列举疏漏，立法设置了兜底条款。

检察机关在实践中应当注意以下问题：

（1）如何把握民事诉讼法第 200 条第 2 项的"基本事实"。"基本事实"即对原判决、裁定结果有实质影响，用以确定当事人主体资格、案件性质、具体权利义务和民事责任等主要内容所依据的事实。

（2）如何把握"缺乏证据"的标准。"缺乏证据"是指缺乏认定案件基本事实的"主要证据"，即认定案件事实必不可少的证据。"缺乏证据证明"应当理解为如果缺少了该证据，对案件事实的认定就不能达到"高度盖然性"的证明标准。

3. 原判决、裁定认定事实的主要证据是伪造的。

人民法院对争议中的案件事实必须通过证据来认定，如果主要证据本身存在重大问题，正确认定事实将失去基础。因此，判决生效后当事人如发现并能证明作为裁判基础的主要证据是伪造（包括变造）的，例如鉴定人依据虚假的财务报表作出了鉴定或者对鉴定意见作了虚假的陈述，证人作了伪证等，即构成再审的充分理由。

在司法实践中应当注意：（1）当事人以本项理由申请抗诉时应当提供相应的证据材料，且能够证明伪造的是认定基本事实的主要证据，而不是其他事实、次要证据。检察机关应当对证据材料作认真审查，以决定是否提出抗诉。（2）形式审查标准是人民检察院受理案件的标准，不是抗诉标准，抗诉前的证据审查还是应当审核证据的三性（客观性、关联性、合法性）。

4. 原判决、裁定认定事实的主要证据未经质证的。

质证是指诉讼当事人、诉讼代理人在法庭的主持下，对所提供的证据进行宣读、展示、辨认、质疑、说明、辩驳等活动。质证既是当事人、诉讼代理人之间相互审验对方提供的证据，又是帮助法庭鉴别、判断证据。质证既是当事人的一项重要诉讼权利，又是民事诉讼活动中的一个关键环节。民事诉讼法第 68 条明确规定：证据应当在法庭上出示，并由当事人互相质证。

在司法实践中需要注意以下两种情形：

（1）无须质证的情形。①当事人在证据交换过程中认可并记录在卷的证据，不需要在法庭上进一步质证，经审判人员在庭审中说明后，可以作为认定案件事实的依据。庭前的证据交换是提高庭审效率,避免审判突袭的重要手段。②在自认的情况下,同样免除了当事人的质证责任。对该证据可以不经过质证而作为认定案件事实的根据。

(2) 不得公开质证的情形。民事诉讼法第 68 条规定:对涉及国家秘密、商业秘密和个人隐私的证据应当保密,需要在法庭出示的,不得在公开开庭时出示。应当注意,对于上述三类证据并非不需要进行质证,只是不得在公开开庭时出示,在不公开开庭时仍然可以出示。同时要注意界定三类证据的内涵和外延。

5. 对审理案件需要的主要证据,当事人因客观原因不能自行收集,书面申请人民法院调查收集,人民法院未调查收集的。

"对审理案件需要的主要证据"主要包括:(1) 申请调查收集的证据属于国家有关部门保存并须人民法院依职权调取的档案材料;(2) 涉及国家秘密、商业秘密、个人隐私的材料;(3) 当事人及其诉讼代理人确因客观原因不能自行收集的其他材料。

司法实践中应当注意以下几个方面:

(1) 关于当事人因客观原因不能自行收集。这里的客观原因是指当事人及诉讼代理人意志以外的原因。强调客观原因主要是试图划清当事人有能力、有条件收集而不去收集与因受到客观条件的限制确实无力收集的界限,并以此来分清人民法院依职权应当取证、可以依当事人申请调查收集证据、当事人及其诉讼代理人应当承担的收集证据责任的标准。认定当事人因客观原因不能自行收集时,主要应当考虑的因素有:①因证据本身的特点和性质致使其无法收集。这一点可以反向判断,即如果不借助法院的职权,在同一条件下其他人可以取得证据的,则可以不予调取。②因对方当事人或者第三人的妨碍行为致使一方当事人无法收集。③因存在特殊情况无法收集或者难以收集。

(2) 关于当事人申请人民法院调查收集证据。最高人民法院《关于民事诉讼证据的若干规定》(以下简称《高法民事证据规定》)第 17 条规定:"符合下列条件之一的,当事人及其诉讼代理人可以申请人民法院调查收集证据:(一) 申请调查收集的证据属于国家有关部门保存并须人民法院依职权调取的档案材料;(二) 涉及国家秘密、商业秘密、个人隐私的材料;(三) 当事人及其诉讼代理人确因客观原因不能自行收集的其他材料。"当事人因客观原因不能自行收集时可以申请人民法院调查收集的情形,主要包括前两项内容,第三项是一个弹性条款,实际是除前两种情况以外的兜底条款。对该兜底情形的掌握,必须仅限于确因客观原因不能自行收集的其他情形,比如当事人年老体衰、因病住院等自身存在的特殊情形。

6. 原判决、裁定适用法律确有错误的。

《民事诉讼监督规则》第 80 条规定：有下列情形之一的，应当认定为民事诉讼法第 200 条第 6 项规定的"适用法律确有错误"：

（1）适用的法律与案件性质明显不符，主要是指判决、裁定确定了错误的案由，进而导致适用了与案件性质不相符的法律条文。如将侵权法律适用于合同关系的案件。

（2）认定法律关系主体、性质或者法律行为效力错误。"认定法律关系主体错误"，包括与案件无关的人被错误认定为法律关系主体以及对真正的法律关系主体未予认定两种情形。"认定法律关系性质错误"是指误将当事人之间存在的 A 法律关系性质认定为 B 法律关系性质。"认定法律行为的效力错误"是指对法律行为效力的认定违反有关法律关于法律行为效力的规定。

（3）确定民事责任明显违背当事人有效约定或者法律规定，是指在当事人之间有合法约定或者法律有明确规定的情况下，原判决、裁定未依照当事人的约定或者法律规定确定义务人应承担的法律责任。

（4）适用的法律已经失效或者尚未施行，是指法律已经被明文废止后或者在确定的法律生效时间以前适用该法律的情形。

（5）违反法律溯及力规定，是指适用了没有溯及力的法律规定或者对有溯及力的法律规定而未适用的情形。

（6）违反法律适用规则，主要是指违反立法法中关于上位法与下位法、新法与旧法、特别法与一般法等法律适用规则的情形。

（7）适用法律明显违背立法本意，主要表现为从法律条文的字面含义机械地理解和适用法律，而未能关注法律条文的立法目的和精神实质。

（8）适用诉讼时效规定错误，是指违反法律和司法解释关于诉讼时效的规定，错误认定当事人的请求是否超过诉讼时效的情形。

（9）适用法律错误的其他情形。为了避免列举疏漏，立法设置了该兜底条款。

实践中应当注意，民事诉讼法第 200 条第 6 项"适用法律确有错误"中"法律"的范围应当作广义理解，既包括全国人大及其常委会制定的法律，也包括国务院制定的行政法规和最高人民法院、最高人民检察院制定的司法解释。

7. 审判组织的组成不合法或者依法应当回避的审判人员没有回避的。

《民事诉讼监督规则》第 81 条规定，有下列情形之一的，应当认定为民事诉讼法第 200 条第 7 项规定的"审判组织的组成不合法"：

（1）应当组成合议庭审理的案件独任审判，是指对应当组成合议庭审理的案件由审判员一人独任审理。对于下列案件，人民法院采取独任制进行审理：一是适用简易程序审理的案件；二是适用特别程序审理的案件，但选民资格案件或者重大、疑难的案件除外；三是适用督促程序审理的案件。另外，适用公示催告程序审理的案件，可以由审判员一人独任审理；但判决宣告票据无效的，应当组成合议庭审理。除以上几类适用独任制审判的案件外，人民法院审理民事案件，都应当采取合议制组成合议庭进行审理。

（2）人民陪审员参与第二审案件审理。根据民事诉讼法的有关规定，第一审程序中合议庭可以由审判员和人民陪审员组成；第二审程序中合议庭必须全部由审判员组成，不能吸收人民陪审员组成。依照审判监督程序再审的案件，如果原来是第一审的，应当按照第一审程序另行组成合议庭，可以吸收人民陪审员组成；如果原来是第二审的或者是上级人民法院提审的，应当按照第二审程序另行组成合议庭，不能吸收人民陪审员组成。

（3）再审、发回重审的案件没有另行组成合议庭，是指依照审判监督程序进行再审和第二审发回重审的案件，人民法院没有另行组成合议庭进行审理。另外，对于再审和发回重审的案件，即使原来适用独任审判，再审和重审时也必须组成合议庭审理。

（4）合议庭组成人员不具有审判资格，是指组成合议庭的人员中有未依照法定程序被任命为法官或者人民陪审员的人员。

（5）为了避免列举疏漏，本条设置了兜底条款，适用于除上述四种情形以外的审判组织或者人员不合法的情形。

8. 无诉讼行为能力人未经法定代理人代为诉讼或者应当参加诉讼的当事人，因不能归责于本人或者其诉讼代理人的事由，未参加诉讼的。

本项事由包括两种情形：

（1）无诉讼行为能力人未经法定代理人代为诉讼。民事诉讼法第57条规定：无诉讼行为能力人由他的监护人作为法定代理人代为诉讼。如果某一案件的当事人是无诉讼行为能力人，法官没有按照规定通知其法定代理人就进行审理，则成为对该案生效裁判的再审事由，检察机关在审查过程中查明属实的，应当提出抗诉。

（2）应当参加诉讼的当事人，因不能归责于本人或者其诉讼代理人的事由，未参加诉讼的。这里的"不能归责于本人或者其诉讼代理人的事由"，主要是指地震、洪水、车祸等不可抗力，应当参加诉讼的当事人因不知情等因素造成未参加诉讼的情形，这里强调的是客观因素。

9. 违反法律规定，剥夺当事人辩论权利的。

《民事诉讼监督规则》第82条规定，有下列情形之一的，应当认定为民事诉讼法第 200 条第 9 项规定的"违反法律规定,剥夺当事人辩论权利":(1)不允许或者严重限制当事人行使辩论权利的;(2)应当开庭审理而未开庭审理的;(3)违反法律规定送达起诉状副本或者上诉状副本,致使当事人无法行使辩论权利的;(4)违法剥夺当事人辩论权利的其他情形。

在司法实践中应当注意以下几个方面:

(1)关于原审开庭时不允许当事人行使辩论权利。庭审辩论是当事人行使辩论权的集中体现,故法院应当按照规定向当事人送达传票,通知当事人出庭参加诉讼,并主持、引导当事人双方围绕案件的事实和争议问题充分地发表辩论意见。如果原审开庭时审判人员不允许当事人行使辩论权利,查清案件事实、正确适用法律就失去了基本的保障,裁判的公正性便大受质疑。对于经传票合法传唤,依法缺席审理的情形,以及第二审程序中经过阅卷和调查,询问当事人,在事实核对清楚后,合议庭认为不需要开庭审理,依法径行判决、裁定的情形,则不属于剥夺当事人辩论权利。

(2)关于以不送达起诉书副本或上诉状副本等其他方式剥夺辩论权的问题。应诉和答辩是行使辩论权的基础,被告或被上诉人的答辩也可以理解为通过书面的形式行使辩论权,是当事人辩论权的表现。因此,法院依法向被告或被上诉人送达起诉状或上诉状副本,也是保障当事人辩论权的要求。法院未向被告或被上诉人送达起诉状或上诉状副本,必然严重侵犯当事人的辩论权利。

(3)关于依法径行判决、裁定。这主要是指二审程序中不需要开庭审理的情形。根据民事诉讼法第 169 条第 1 款的规定,第二审人民法院对上诉案件,应当组成合议庭,开庭审理;经过阅卷、调查和询问当事人,对没有提出新的事实、证据或者理由,合议庭认为不需要开庭审理的,可以不开庭审理。

10. 未经传票传唤,缺席判决的。

根据民事诉讼法第 136 条和第 174 条的规定,人民法院审理民事案件,应当在开庭 3 日前通知当事人和其他诉讼参与人。根据第 144 条规定,被告经传票传唤,无正当理由拒不到庭的,或者未经法庭许可中途退庭的,可以缺席判决。

需要注意的事项:(1)原告经传票传唤,无正当理由拒不到庭的,或者未经法庭许可中途退庭的,可以按撤诉处理;被告反诉的,可以缺席判决。(2)人民法院裁定不准许撤诉的,原告经传票传唤,无正当理由拒不到庭的,可以缺席判决。(3)在简易程序中,简单的民事案件由审判员一人独任审理,并不受民事诉讼法第 136 条规定的限制。(4)第二审人民法院对上诉案件,应当组成合议庭,开庭审理。经过阅卷、调查和询问当事人,对没有提出新的事实、证据或者理由的,合议庭认为不需要开庭审理的,可以不开庭审理。

11. 原判决、裁定遗漏或者超出诉讼请求的。

民事诉讼法第 13 条第 2 款规定：当事人有权在法律规定的范围内处分自己的民事权利和诉讼权利，这是民事诉讼法规定的处分原则。在诉讼中提出何种诉讼请求，以及是否放弃、变更所提出的诉讼请求，都是处分原则的体现。原判决、裁定遗漏或者超出诉讼请求的，就违反了民事诉讼中的当事人处分原则。

12. 据以作出原判决、裁定的法律文书被撤销或者变更的。

因该事由提出抗诉须同时符合两个条件：一是原判决、裁定认定的案件基本事实和案件性质系根据其他法律文书作出的；二是该其他法律文书被撤销或变更，即作为原判决、裁定裁判基础或依据的判决书、裁定书、调解书、行政决定和仲裁裁决书等法律文书，依法被撤销或变更。

司法实践中应注意以下两个问题：

（1）当事人以这一事由申请再审的，不受 6 个月申请再审时限的限制。但是，当事人超过 6 个月申请再审的，受 3 个月的相对期间的限制，3 个月的起算点从知道或者应当知道出现该事由之日开始。

（2）据以作出原判决、裁定的法律文书被变更时，只有原判决、裁定认定的案件基本事实和案件性质所依据的内容发生变更，才适用本情形。

13. 审判人员审理该案件时有贪污受贿，徇私舞弊，枉法裁判行为的。

应当注意，"审判人员审理该案件时有贪污受贿，徇私舞弊，枉法裁判行为"，通常是指该行为已经由相关刑事法律文书或者纪律处分决定确认的情形。

该再审事由包括以下两项内容：

（1）有贪污受贿、徇私舞弊、枉法裁判行为。这里的贪污受贿主要偏重于受贿行为，是指审判人员利用审理案件职务上的便利，索取当事人财物，或者非法收受当事人的财物，为该当事人谋取利益的行为。徇私舞弊是指审理该案件的审判人员为徇私情、私利而滥用审判权的行为。枉法裁判是指审理该案件的审判人员故意违背事实和法律，在民事审判活动中违法裁判的行为。

（2）上述行为在审理该案件中发生且与该案件有关。贪污受贿、徇私舞弊、枉法裁判行为是审判人员在审理该案件中发生且与该案件有关的行为。审判人员在审理其他案件中发生的上述行为，不能引发再审事由。

在司法实践中应当注意的是，当事人以"审判人员审理该案件时有贪污受贿，徇私舞弊，枉法裁判行为的"申请再审，不受 6 个月申请再审时限的限制。但当事人超过 6 个月申请再审的，受 3 个月的相对申请再审期间的限制，3 个月的起算点是从知道或者应当知道出现该事由之日开始。

（二）抗诉的程序

根据民事诉讼法第 212 条的规定，人民检察院决定对人民法院的判决、裁定、调解书提出抗诉的，应当制作抗诉书。《民事诉讼监督规则》第 92 条则进一步规定：人民检察院提出抗诉，应当制作《抗诉书》，在决定抗诉之日起 15 日内将《抗诉书》连同案件卷宗移送同级人民法院，并制作决定抗诉的《通知书》，发送当事人。应当注意，这里的"决定提出抗诉之日"是指检察长对案件签批的日期，如果案件经过检察委员会讨论，则是指检察委员会讨论决定提出抗诉的日期。

当然，如果人民检察院认为当事人的监督申请不符合抗诉条件的，则应当作出不支持监督申请的决定，并在决定之日起 15 日内制作《不支持监督申请决定书》，发送当事人。对于下级人民检察院提请抗诉的案件，上级人民检察院可以委托提请抗诉的人民检察院将《不支持监督申请决定书》发送当事人。对于人民检察院依职权监督的案件，人民检察院经审查认为不符合抗诉条件的，决定终结审查；需要通知当事人的，发送当事人。

三、对生效民事调解书的抗诉

民事调解，是指在民事诉讼中，在法院审判人员的主持下，双方当事人就发生争议的民事权利义务关系自愿、平等地进行协商，达成协议，解决纠纷的诉讼活动。[①] 民事调解是在诉讼中进行的，所以又称为诉讼中的调解。民事调解是以当事人行使诉权为基础、以当事人意思自治为条件、以当事人依法行使处分权为内容的一项诉讼制度。

（一）抗诉的条件

根据民事诉讼法第 208 条第 1 款、第 2 款的规定，人民检察院发现人民法院已经发生法律效力的调解书损害国家利益、社会公共利益的，应当提出抗诉，也就是说，对生效民事调解书抗诉的法定条件是调解书损害国家利益或社会公共利益。

民事诉讼法的这一规定，完全采纳了《民行监督意见》第 6 条的规定，将对民事调解书的抗诉条件限定于损害国家利益、社会公共利益（"两益"）。对于违法的调解，如果符合民事诉讼法第 209 条的规定，当事人向检察机关申请监督的，检察机关可以受理，在审查中发现调解书损害"两益"的，应当提出抗诉；如果审查认为调解书不损害"两益"，但是调解违法，可以用检察建议等方式进行监督。《民事诉讼监督规则》第 77 条对调解监督作了一般规

[①] 参见李浩：《民事诉讼法学》，法律出版社 2011 年版，第 283 页。

定,即"人民检察院发现民事调解书损害国家利益、社会公共利益的,依法向人民法院提出再审检察建议或者抗诉"。

(二) 民事调解检察监督的范围

检察机关除了对损害国家利益、社会公共利益的调解书能够进行监督之外,对于其他的违法调解也有权进行监督。

2012年修改后的民事诉讼法对于法院民事调解的规定主要有如下几条:第9条规定:"人民法院审理民事案件,应当根据自愿和合法的原则进行调解;调解不成的,应当及时判决。"第93条规定:"人民法院审理民事案件,根据当事人自愿的原则,在事实清楚的基础上,分清是非,进行调解。"第96条规定:"调解达成协议,必须双方自愿,不得强迫。调解协议的内容不得违反法律规定。"从这几条规定看,法院的民事调解活动,既强调程序要求,即必须根据双方当事人自愿的原则,不得强迫当事人进行调解;又强调实体合法,即调解必须遵循合法的原则,在事实清楚、分清是非的基础上进行调解,调解协议的内容不得违反法律规定。检察机关对于民事诉讼的监督职责,包括了对民事调解活动合法性的监督;因此,调解违反自愿原则、调解协议内容违法,也在民事检察的监督范围内。

民事诉讼法第201条规定,当事人对已经发生法律效力的调解书,提出证据证明调解违反自愿原则或者调解协议的内容违反法律,向人民法院申请再审后,又向检察机关申请监督,符合民事诉讼法第209条第1款规定的,检察机关应当受理。检察机关经审查后如果认为调解书损害国家利益、社会公共利益的,应当提出抗诉;经审查认为调解书不损害"两益",但是调解违反自愿原则或者调解协议的内容违反法律的,检察机关也应当以检察建议等方式进行监督。

违法的民事调解,主要表现在以下方面:

1. 调解违反自愿原则。包括法院强迫调解或变相强迫调解、欺骗调解、虚假调解、无权代理的调解及其他违反当事人自愿原则的行为。

2. 调解违反法律规定。包括:(1) 调解协议的内容违反法律、行政法规的强制性规定。(2) 双方当事人为规避法律义务或为了谋取非法利益,相互勾结串通,在调解协议中损害了国家利益、社会公共利益或他人合法权益,处分了他人的权利。(3) 法律明确规定不能以调解方式结案的,人民法院以调解方式结案并制作了调解书的。(4) 人民法院未严格遵守法律规定,调解程序违法的。(5) 法官在调解中有贪污受贿、徇私舞弊、枉法调解行为的。

(三) 抗诉的程序

检察机关对生效民事调解书提出抗诉的程序与对生效判决、裁定提出抗诉的程序相同,在此不再重复论述。

第二节 再审检察建议

一、再审检察建议的概念及法律特征

再审检察建议是指地方各级人民检察院对同级人民法院已经发生法律效力的判决、裁定,认为确有错误,或者发现调解书有损害国家利益、社会公共利益的,依法向同级人民法院提出检察建议,要求其启动再审程序的一种监督方式。再审检察建议的法律特征表现为:

1. 方式的法定性。再审检察建议是由民事诉讼法明确规定的监督方式,其与抗诉一样都是民事检察部门行使民事诉讼监督权的法定监督手段,具有相应的法律地位。

2. 权属的监督性。再审检察建议是检察机关在法律规定不完备、单一抗诉方式不能满足民事检察监督需要的历史背景下,立足检察机关的法律监督职能,在实践中创新探索、并最终得到立法认可的一种民事检察监督方式。再审检察建议源于宪法对检察机关作为法律监督机关的职能定位,目的是强化民事检察监督,具有法律监督属性。

3. 效力的参考性。再审检察建议通过人民检察院向人民法院提出监督意见,将检察监督这种民事审判活动的外部监督转化为法院的内部监督,以引起法院内部监督程序的发生。人民法院是否启动再审程序,由人民法院自行决定,人民检察院的再审检察建议对法院再审程序的启动不具有强制性,只具有建议性、参考性。

二、再审检察建议的适用条件

(一)再审检察建议适用对象

民事诉讼法第 208 条第 2 款规定的再审检察建议适用的对象与抗诉对象相同,即已经发生法律效力的判决、裁定及调解书。

(二)再审检察建议适用事由

1. 民事诉讼法及《民事诉讼监督规则》对再审检察建议适用事由的规定。

对同级人民法院已经发生法律效力的民事裁定、判决书、调解书,地方人民检察院认为确有错误的,可以提出再审检察建议或提请抗诉。但何种情形下应该适用再审检察建议,何种情形下应当提请抗诉,是实践中应当注意的问题。《民事诉讼监督规则》第 83 条规定了适用再审检察建议的 11 种情形,与

民事诉讼法第 200 条规定的 13 种再审事由相比,只有两种再审事由不能适用于再审检察建议,即第 6 项"原判决、裁定适用法律确有错误的"和第 13 项"审判人员审理该案件时有贪污受贿,徇私舞弊,枉法裁判行为的"。《民事诉讼监督规则》中第 1 项至第 5 项事由主要涉及证据采信问题,因原审人民法院在查清事实方面更具有优势,因此由原作出终审判决的法院另行组成合议庭进行再审更有利于节省司法成本;第 6 项至第 9 项涉及当事人在民事诉讼中享有的程序权利,由原审人民法院自行纠正更符合诉讼经济原则;第 10 项"原判决、裁定遗漏或者超出诉讼请求的"错误,相较事实认定及法律适用错误来说是更容易得到纠正,通过再审检察建议方式由原审法院再审更为合适;第 11 项"据以作出原判决、裁定的法律文书被撤销或者变更的"不涉及原审法院裁判中的错误,原审法院对再审检察建议不会存在抵触情绪,也会更易于接受监督意见。

2. 《民事诉讼监督规则》对再审检察建议适用范围的排除规定。

《民事诉讼监督规则》第 84 条规定:符合本规则第 83 条规定的案件有下列情形之一的,地方各级人民检察院应当提请上一级人民检察院抗诉:(1)判决、裁定是经同级人民法院再审后作出的;(2)判决、裁定是经同级人民法院审判委员会讨论作出的;(3)其他不适宜由同级人民法院再审纠正的。据此,即使符合第 83 条规定的案件,如果有该三种情形之一,由原审人民法院再审纠正原判决、裁定错误的难度也较大,故不能适用再审检察建议,而应当向上级人民检察院提请抗诉。

三、再审检察建议的适用程序

《民行监督意见》第 7 条、《民事诉讼监督规则》第 88 条对再审检察建议的适用程序作出了规定。人民检察院向人民法院提出再审检察建议,除适用民事抗诉案件的受理、审查、决定程序外,还应适用以下法律程序:

1. 检察委员会决定。《民行监督意见》第 7 条第 1 款及《民事诉讼监督规则》第 88 条第 2 款规定,地方各级人民检察院提出再审检察建议,应当经本院检察委员会决定。

2. 报请上级人民检察院备案。《民事诉讼监督规则》第 88 条第 2 款规定,下级人民检察院提出再审检察建议需报上一级人民检察院备案。备案制度便于上级检察机关对案件的指导,若上级人民检察院发现再审检察建议有错误的,可以及时纠正。

3. 送达程序。《民事诉讼监督规则》第 88 条第 1 款规定,人民检察院提出再审检察建议,应当制作《再审检察建议书》,在决定提出再审检察建议之日起15日内将《再审检察建议书》连同案件卷宗移送同级人民法院,并制作决定提出再审检察建议的《通知书》,发送当事人。此处需要注意的是,《再审检察建议书》的主送机关是人民法院,因此不需要送达当事人,只需通知即可。

四、再审检察建议的法律效果

1. 启动再审审查程序。民事诉讼法对再审检察建议的法律效力没有作出明确规定。《民行监督意见》第7条第2款规定,人民法院收到再审检察建议书后,认为需要再审的,应当通知当事人。可见,再审检察建议不是必然引起再审程序,其只是法院发现生效裁判、调解书错误的来源之一。因此再审检察建议"只能引起法院的再审审查程序,法院经过再审后认为需要再审的,才会裁定再审;认为不需要再审的,则裁定不予再审",[①]因此再审检察建议缺乏强制性效力。

2. 人民法院必须进行审查和回复。《民行监督意见》第7条第2款规定,人民法院收到再审检察建议后,应当在3个月内进行审查并将审查结果书面回复人民检察院。若人民法院决定再审,则按照审判监督程序启动再审程序;若对再审检察建议不予采纳,需书面说明不予采纳的理由。

五、再审检察建议与提请抗诉的衔接

1. 人民法院不予采纳再审检察建议不当的,应当提请抗诉。按照民事诉讼法的规定,对于可以提出再审检察建议的案件,地方各级人民检察院也可以提请抗诉,但从切实发挥再审检察建议的同级监督作用看,对于可以适用再审检察建议的案件,下级人民检察院应优先考虑提出再审检察建议,以缩短诉讼周期,节约司法资源。人民法院对再审检察建议不予采纳的,根据《民行监督意见》第7条第2款的规定,人民检察院认为人民法院不予再审的决定不当的,应当提请上级人民检察院抗诉。因此,抗诉监督是再审检察建议的保障方式。实务中,应注意将提请抗诉程序与再审检察建议程序有效衔接,对于再审检察建议不被采纳,且符合抗诉条件的案件,提出再审检察建议的检察机关应该及时提请抗诉,"以彰显再审检察建议与抗诉互为补充、刚柔相济的监督态势"[②]。但此种规定并不意味着再审检察建议是提请抗诉的前置程序,只是在

---

① 孙加瑞:《民事检察制度新论》,中国检察出版社2013年版,第299页。
② 李新生主编:《民事行政检察工作重点与案件审查实务》,中国检察出版社2012年版,第90页。

再审检察建议可以适用的范围内，应该最大限度地发挥其同级监督的作用，实现监督的灵活高效。

2. 对人民法院已经采纳再审检察建议启动再审程序的案件，原则上不得再提请抗诉。《民事诉讼监督规则》第 87 条规定："对人民法院已经采纳再审检察建议进行再审的案件，提出再审检察建议的人民检察院一般不得再向上级人民检察院提请抗诉。"据此，人民法院因人民检察院的再审检察建议而再审，无论再审结果是否采纳了监督意见，提出再审检察建议的人民检察院原则上不得再将该案提请上级人民检察院抗诉。这项规定也体现了再审检察建议作为法定的监督方式，有其独立适用空间和存在价值，不是提请抗诉的前置程序。当然，如果人民法院生效裁判错误明显，确有必要采用提请抗诉的，在提出再审检察建议后仍然可以提请抗诉。

第三节 提请抗诉

一、提请抗诉的概念

提请抗诉是指地方各级人民检察院对同级人民法院已经发生法律效力的判决、裁定，认为存在再审事由，或者发现调解书损害国家利益、社会公共利益的，依法提请上级人民检察院向同级人民法院提出抗诉的程序。上级人民检察院对下级人民检察院提请抗诉的案件必须进行审查。提请抗诉是检察机关上下级之间的内部工作程序，并非案件的最终处理决定。

二、提请抗诉的适用条件

（一）提请抗诉的对象

根据民事诉讼法第 208 条第 2 款的规定，提请抗诉的对象与抗诉对象完全一致，都是已经发生法律效力的判决、裁定及损害了国家利益、社会公共利益的调解书。

（二）提请抗诉的事由

1. 生效裁判的提请抗诉事由。民事诉讼法第 208 条第 2 款规定的提请抗诉的事由与抗诉案件完全相同，都是民事诉讼法第 200 条规定的再审事由。

《民事诉讼监督规则》第 83 条至第 85 条对于提请抗诉和再审检察建议的事由作了进一步区分，地方各级人民检察院发现同级人民法院已经发生法律效力的民事判决、裁定具有下列情形之一的，应当提请上一级人民检察院抗诉：（1）原判决、裁定适用法律确有错误的。（2）审判人员在审理该案件时有贪污受贿、徇私舞弊、枉法裁判行为的。（3）其他不适宜由同级人民法院再审纠正的。

2. 调解书的提请抗诉事由。对调解书的提请抗诉条件与抗诉条件相同，都是损害国家利益及社会公共利益。

三、提请抗诉的程序

1. 提出提请抗诉的意见。承办人审查民事检察案件终结的，按照规定制作审查终结报告；符合提请抗诉条件的，提出提请抗诉的意见。

2. 批准。《民事诉讼监督规则》第53条规定，案件应当经集体讨论，集体讨论形成的处理意见，由民事检察部门负责人提出审核意见后报检察长批准，检察长认为必要的，可以提请检察委员会讨论决定。

3. 制作《提请抗诉报告书》。经检察长批准或者检察委员会决定提请抗诉的案件，承办人应当制作《提请抗诉报告书》。《提请抗诉报告书》应当载明：案件来源、基本案情、人民法院审理情况、申诉理由及提请抗诉理由。其他当事人提交答辩状的，《提请抗诉报告书》中还应包括答辩意见。《提请抗诉报告书》由检察长签发，加盖人民检察院印章。

4. 向上一级检察院移送《提请抗诉报告书》、提请抗诉案卷材料。《民事诉讼监督规则》第89条规定，下级人民检察院应在决定提请抗诉之日起15日内将《提请抗诉报告书》连同案件卷宗报送上一级人民检察院。

5. 通知当事人。人民检察院应在决定提请抗诉之日起15日内制作决定提请抗诉的通知书，发送当事人。提请抗诉为检察系统的内部工作程序，并不是对案件的最终处理决定，决定提请抗诉的检察机关只需以通知书的形式告知当事人案件已经提请抗诉，不能将《提请抗诉报告书》发送当事人。

四、提请抗诉的法律效果

1. 提请抗诉不是最终的处理结果，不能直接启动再审程序。提请抗诉的基本功能是引起上级检察院的抗诉审查程序，由上级人民检察院决定是否提出抗诉。提请抗诉是检察机关内部的工作程序，不是案件最终的处理决定，也不是民事申诉案件的必经程序，因此，提请抗诉决定对外不产生直接的法律效果。

2. 提请抗诉不是必经的检察监督程序。人民检察院在依法审查受理的民事申诉案件后，若发现申请抗诉的理由不成立，该案件不符合民事诉讼法第200条规定的抗诉情形的，可直接作出不支持监督申请决定；认为可以通过再审检察建议的方式进行监督的，可以决定提出再审检察建议。

3. 对下级人民检察院作出的不提请抗诉决定，上级人民检察院认为该决定有错误的，有权予以撤销或者变更，或要求下级人民检察院纠正。

第四节　后续监督

检察机关提出监督意见后，按照规定将监督文书移送人民法院，人民法院应当依法予以受理、处理。检察机关对于人民法院的受理、处理活动是否合法进行监督，是谓后续监督。[①] 后续监督是为了达到预期的监督效果，确保监督案件能够被公平、公正、合法、合理的处理。

一、检察机关移送抗诉案件

检察机关决定抗诉后，应当按照规定制作抗诉书，移送至与其同级的人民法院，并同时移送抗诉案件的检察卷宗。

二、人民法院受理抗诉案件

（一）人民法院在受理中的形式审查

民事诉讼法第211条规定："人民检察院提出抗诉的案件，接受抗诉的人民法院应当自收到抗诉书之日起三十日内作出再审的裁定；有本法第二百条第一项至第五项规定情形之一的，可以交下一级人民法院再审，但经该下一级人民法院再审的除外。"依据该条规定，抗诉必然引起人民法院的再审程序。检察机关只要向法院提交了抗诉书，人民法院即应裁定再审，不得以"缺乏当事人申请书及相关证据材料"为由拒绝受理，否则就是违法。

人民法院收到抗诉书后，可以进行形式审查，即抗诉对象是否属于已经生效的判决、裁定、调解，该抗诉对象是否适用再审程序，抗诉理由是否属于法定的抗诉事由。人民法院经审查发现抗诉对象不是判决、裁定、调解或者尚未生效、已经被撤销，或者不适用再审程序的，或者未指明法定抗诉事由的，应当告知检察机关撤回抗诉。

最高人民法院组织撰写的贯彻实施修改后民事诉讼法系列文章之八——《关于检察监督制度的理解与适用》中认为"人民法院对抗诉案件的审查程序应当是形式性审查"，并提出："经形式审查，发现材料不符合要求的，人民法院首先要与检察机关沟通，要求其撤回或补正；检察机关坚持不予撤回或补正的，才可以裁定不予受理。""对于符合形式要件的抗诉，人民法院应在三

---

① 参见孙加瑞：《民事检察制度新论》，中国检察出版社2013年版，第397页。

十日内作出再审裁定。对不符合形式要件的，人民法院应当要求人民检察院予以补正或撤回抗诉……"①

（二）形式审查不应涉及实质内容

人民法院在受理抗诉中只能进行形式审查，不应涉及实质审查，"人民法院对抗诉案件的审查程序应当是形式性审查，至于抗诉理由是否应当支持，应是裁定再审之后再审的任务"，②可以审查是否载明有法定的抗诉理由，不应审查抗诉理由是否成立、对抗诉事由的理解是否正确。

人民法院和检察机关应当按照法律规定分工负责，既不能缺位，也不能越位。检察机关的法定职责是正确行使检察权，追查和检控违法，因此判断案件是否符合抗诉条件属于检察职责范围；法院的职责是正确行使审判权，依法审理抗诉案件和其他案件，因此决定如何判决、裁定属于审判职责范围。检察机关依法独立办案，其他任何单位和个人不得非法干预，人民法院也不得超越审判权干预检察权的行使。人民法院如果对抗诉理由进行审查，认为抗诉理由不适当时不予受理，就超出了审判职权，是对检察权的非法干预，属于滥用职权，应当追究有关人员的法律责任。

（三）民事诉讼法第 209 条第 1 款的适用

民事诉讼法第 209 条第 1 款的原文是"有下列情形之一的，当事人可以向人民检察院申请检察建议或者抗诉：……"该款的规范对象是当事人申诉活动，并非检察机关抗诉活动；检察机关仅在受理申诉时适用该款规定，在提出抗诉时则适用第 208 条第 1 款的规定。因此，不能用针对当事人活动的第 209 条第 1 款的规定来要求检察机关的抗诉工作。

三、人民法院审理抗诉案件

（一）管辖法院

抗诉案件原则上应当由接受抗诉的人民法院直接受理。在符合规定条件的情况下，接受抗诉的人民法院也可以交由下一级人民法院审理。民事诉讼法进一步完善了向下级院交办抗诉案件的条件，其第 211 条规定，"……有本法第二百条第一项至第五项规定情形之一的，可以交下一级人民法院再审，但经该下一级人民法院再审的除外"。

---

① 高民智：《关于检察监督制度的理解与适用》，载《人民法院报》2012 年 12 月 31 日，第 4 版。

② 高民智：《关于检察监督制度的理解与适用》，载《人民法院报》2012 年 12 月 13 日，第 4 版。

（二）审理范围

抗诉案件属于民事案件，应当遵守审理民事案件的一般规定；抗诉案件的再审程序是检察机关依职权决定启动的，因此又不同于普通的民事案件，不能仅仅适用审理民事案件的一般规定。抗诉案件的双重属性决定了审理范围的双重性：人民法院既要审理当事人之间的民事争议（例如再审请求），定分止争；又要充分考虑抗诉中提到的可能影响裁判结果的问题，并予以回应，接受监督。

（三）审理程序

关于法院裁定再审后的审理程序，应适用民事诉讼法关于再审程序的规定，即民事诉讼法第207条的规定："人民法院按照审判监督程序再审的案件，发生法律效力的判决、裁定是由第一审法院作出的，按照第一审程序审理，所作的判决、裁定，当事人可以上诉；发生法律效力的判决、裁定是由第二审法院作出的，按照第二审程序审理，所作的判决、裁定，是发生法律效力的判决、裁定；上级人民法院按照审判监督程序提审的，按照第二审程序审理，所作的判决、裁定是发生法律效力的判决、裁定。人民法院审理再审案件，应当另行组成合议庭。"

（四）出席再审法庭

民事诉讼法第213条规定："人民检察院提出抗诉的案件，人民法院再审时，应当通知人民检察院派员出席法庭。"因此，对于检察机关而言，出庭既是权利又是义务。在民事抗诉案件中，因案件是平等主体之间的权利义务纠纷，检察机关是中立者身份，为了保证案件公平、公正的处理，检察机关不宜过多参与庭审活动。按照规定，检察人员的出庭任务包括：宣读抗诉书；对检察机关依职权调查的证据在庭审中出示说明（不是接受法院对检察机关调查收集的证据的质询或质证）；发现庭审活动违法时，待休庭或庭审结束后向再审法院提出检察建议。

四、加强对抗诉案件的后续监督，确保有效监督

检察机关作出抗诉决定后，应加强后续监督，对人民法院受理、处理抗诉案件的情况跟踪监督，确保程序合法、结果公正，有责必罚，有错必纠，实现有效监督。

1. 检察机关向人民法院提出抗诉后，应对人民法院违法不受理、拖延受理或者违法交下级人民法院办理的情况进行监督。

2. 法院裁定再审后，对于法院审理活动进行监督。法院审理抗诉案件，适用二审程序时无正当理由超过3个月未审结的，适用一审程序时无正当理由超过 6 个月未审结的，或者在审理过程中有其他违法情形的，检察机关应当予以监督。

3. 法院开庭再审时，检察机关按照规定派员出席再审法庭。人民法院审理抗诉案件，应当按照法律规定通知检察机关出庭；检察机关按照规定派员出庭，发现庭审活动违法的，按照《民行监督意见》第 13 条的规定提出意见。

4. 执行检察长列席审判委员会制度，促进人民法院依法审判，在研究案件中以事实为根据，以法律为准绳，公正、合法地作出处理决定。

5. 发现再审程序中审判人员有违法行为的，按照民事诉讼法和《渎职监督规定》进行监督。

6. 加强沟通交流，确保有错必纠。建立适合工作需要的协调机制，加强沟通交流，及时发现意见分歧所在，使人民法院准确地把握案件情况，正确妥当作出裁判，实现有错必纠。

五、对再审检察建议的后续监督

再审检察建议必然引起法院的再审审查程序，但不能必然引起再审审理程序。为有效发挥再审检察建议的作用，检察机关应做好以下工作：

1. 对再审检察建议严格把关。对于不符合抗诉条件的，应当不提出再审检察建议。

2. 对于法院决定不予再审的案件，如经审查认为再审检察建议正确、法院决定错误的，应按照规定提请上级检察机关抗诉。

思考题

1. 如何理解民事诉讼中的抗诉内涵及其法律特征？
2. 如何理解抗诉与再审检察建议的异同及其选择标准？
3. 检察机关如何把握民事调解书的监督条件？
4. 检察人员出席抗诉案件再审法庭的主要任务及实践中需要注意的问题有哪些？

第五章　对民事审判人员违法行为的监督

第一节　对民事审判人员违法行为检察监督概述

一、对民事审判人员违法行为进行监督的基本概念

民事诉讼法第 208 条第 3 款规定："各级人民检察院对审判监督程序以外的其他审判程序中审判人员的违法行为，有权向同级人民法院提出检察建议。"该款明确了检察机关对审判人员违法行为的监督职责，简称为对审判人员的监督。据此，检察机关发现审判人员违法时，有提请人民法院追究其违法责任的权力。

《民事诉讼监督规则》第七章细化规定了对审判人员监督的内容，同时还明确了对审判程序的监督职责，这就是第 99 条第 1~10 项的内容。据此，检察机关发现民事审判程序违法时，按照规定提请人民法院予以纠正。对于审判程序的监督和对审判结果监督的基本功能，都是纠正违法行为，都属于对事监督。

民事检察是对民事诉讼中违法行为的法律监督，对审判程序和审判结果的监督则是对这些审判活动中违法行为的监督。审判程序中的违法行为，通常都是因审判人员违法而产生的，审判人员的违法行为通常也导致了审判程序和审判结果违法，相互间有着密切联系。因此，检察机关把对审判结果、审判程序以及审判人员的监督结合起来，可以有效地发挥民事检察职能，履行监督职责。

二、对民事审判人员违法行为进行监督的基本内容

民事诉讼法第 208 条第 3 款关于对审判人员违法行为的监督内容，涉及几个基本概念：审判人员、审判程序、违法行为、检察建议等。其中审判人员和审判程序又是最为基本的概念。

（一）关于"审判人员"的范围

人民法院组织法第 34 条第 1 款规定的审判人员，包括人民法院院长、副

院长、庭长、副庭长、审判员和助理审判员。依据《中华人民共和国法官法》（以下简称法官法）第 2 条的规定，法官不但包括这些审判人员，还包括审判委员会委员。

人民法院组织法第 37 条第 2 款规定，人民陪审员在人民法院执行职务期间，是他所参加的审判庭的组成人员，同审判员有同等权利。因此，民事诉讼法第 208 条第 3 款关于对审判人员监督的规定适用于人民陪审员。

人民法院组织法规定，各级人民法院设书记员，担任审判庭的记录工作并办理有关审判的其他事项（第 39 条）。《人民法院书记员管理办法（试行）》第 1 条规定："书记员是审判工作的事务性辅助人员，在法官指导下工作。"可见，书记员是从事司法辅助业务的工作人员，参与审判活动。因此，民事诉讼法第 208 条第 3 款关于对审判人员监督的规定也适用于书记员。

（二）关于"审判程序"的范围

民事诉讼法第 208 条第 3 款规定的监督范围是"对审判监督程序以外的其他审判程序中审判人员的违法行为"。据立法部门的解释，对于审判监督程序中审判人员的违法行为，检察机关当然可以监督；对于其他审判程序中审判人员的违法行为，检察机关也应当予以监督。[①] 因此，对于全部民事审判程序中审判人员的违法行为，检察机关都应当按照本款规定进行监督。

《民事诉讼监督规则》第 97 条列举了九类审判程序，作为对民事诉讼法第 208 条第 3 款中需要监督的审判程序的细化解释。在这九类审判程序中，前七项属于民事诉讼法第二编"审判程序"中明确规定的各类民事审判程序，分别是：（1）第一审普通程序；（2）简易程序；（3）第二审程序；（4）特别程序；（5）审判监督程序；[②]（6）督促程序；（7）公示催告程序。后两类审

---

① 修改后民事诉讼法第 208 条第 3 款规定，各级人民检察院对审判监督程序以外的其他审判程序中审判人员的违法行为，有权向同级人民法院提出检察建议。将检察院的法律监督覆盖到整个诉讼程序。检察建议比抗诉的适用范围更广，除了在审判监督程序中发挥作用外，检察建议还可以用于帮助人民法院发现其他审判程序中审判人员的违法行为，及时纠正失误。参见扈纪华：《民事诉讼中的检察监督张弛有度》，载《检察日报》2012 年 9 月 14 日。最高人民检察院在制定《民事诉讼监督规则》时，全国人大法工委也持同一意见。

② 人们一般认为，所谓审判监督程序就是再审程序，或者认为审判监督程序是再审程序的一部分（启动程序）。但准确地讲，审判监督程序包括再审程序，但不限于再审程序；除了再审程序外，二审程序、复议程序、异议程序等复审程序也是审判监督程序。关于审判监督程序概念的详细论述，可参见孙加瑞：《民事检察制度新论》，中国检察出版社 2013 年版，第七章第二节"检察建议案件的审理程序——对审判监督程序的再认识"。

判程序，则是海事诉讼特别程序和破产程序，属于特殊的民事审判程序。

第二节 对审判程序中的违法行为的检察监督

一、概述

（一）对审判程序违法的判断标准

关于审判程序合法性的判断标准，是一种客观标准（结果标准），只要该程序性行为在客观上违反了法律的相关规定，或者说该行为在结果上确实错误，就可以认定该审判程序违法、错误。至于审判人员在决定、实施该行为时是否有主观过错（故意或过失），则在所不问。例如，审判人员作出裁定、决定的依据，如果是当事人提供的伪证或虚假陈述，或者是不相关的法律规定，则该裁定、决定违法、错误；至于审判人员在作出该裁定、决定时是否有过错，均不影响这一认定。因此，在审判程序确实违法的情况下，审判人员主观上是否有过错，检察机关均应依法提请法院纠正该违法的审判程序（启动纠正违法行为的程序）；其差别仅在于：如果审判人员在审判程序中已尽必要的注意义务，没有过错，检察机关仅需提请法院纠正该违法的程序即可；如果审判人员在该违法的审判程序中确有过错，检察机关还应同时提请追究审判人员的违法责任（启动制裁违法人员的程序）。

（二）审判程序违法的表现形式

民事诉讼中的程序性行为，通常可以分为文书行为和具体行为（包括作为和不作为）。这种划分的基本意义，在于人民法院对两种行为的纠正方式有别：对于文书行为，如需撤销或变更，应以新的审判文书替代之；如需维持，通常亦需以文书形式声明之，例如裁定维持原裁定。对于其他的具体行为，则不存在以新的审判文书替代原文书的问题，但可以用审判文书声明其相应的纠正意见或认为该行为合法正确的意见。《民事诉讼监督规则》第99条第1~10项列举了10类程序违法行为，其中4项主要属于文书行为，其他6项主要属于具体行为。

二、对文书行为的监督

《民事诉讼监督规则》第99条规定的对审判程序的监督对象中，涉及文书行为的内容主要有4项，分别是第1项（判决、裁定）、第2项（调解）、第6项（支付令）和第9项（决定）。

（一）对判决的监督

民事判决属于典型的审判结果，不属于审判程序，因而对民事判决的监督应当属于对审判结果的监督。不过，按照现行法律、司法解释和规范性意见，某些生效民事判决不能适用再审程序，例如解除婚姻关系的判决、除权判决和依特别程序作出的判决，不准离婚的判决也不宜适用再审程序。因此，检察机关对于这些判决的监督职责，需要在对审判程序的监督中一并考虑。基于这一原因，《民事诉讼监督规则》第99条第1项规定的程序违法情形，就是"判决确有错误，但不适用再审程序纠正的"。

（二）对裁定的监督

民事诉讼程序中的裁定种类比较多。对于司法解释和规范性文件已经明确规定可以适用再审程序的裁定，例如驳回起诉裁定、不予受理裁定，检察机关可以按照规定提出抗诉，属于对审判结果的监督；对于已经明确规定不能适用再审程序的裁定，检察机关应当按照《民事诉讼监督规则》第99条第1项的规定，通过提出检察建议进行监督，属于对审判程序的监督。目前，已经明确规定不能适用再审程序的裁定主要有：执行程序中的裁定、先予执行的裁定、债权人优先受偿的裁定、破产程序终结的裁定、诉前保全裁定、诉讼费负担裁定、撤销或者不撤销仲裁的裁定、终结诉讼裁定、不予执行仲裁裁决的裁定、驳回撤销仲裁裁决申请的裁定。①

此外的一些裁定，现行司法解释、规范性文件尚未明确其能否适用再审程序。实务中，检法两院如均认为对某类裁定可以适用再审程序，检察机关可以通过抗诉进行监督；如尚有不同意见，检察机关可以使用检察建议进行监督。

人民法院对于审判程序中相关问题的司法决定，多以裁定方式体现出来，因此，《民事诉讼监督规则》第99条中关于审判程序监督的一些内容，例如第3项对立案活动的监督、第5项对保全活动或者先予执行活动的监督、第7项对诉讼中止或者诉讼终结活动的监督，都涉及对裁定书的监督问题。

（三）对调解的监督

调解书的效力与判决书相同，当事人不服调解书时可以向法院申请再审，也可以向检察机关申请监督，因此检察机关对于调解书的监督属于对审判结果的监督。不过，民事诉讼法第208条第1款规定的对生效调解的抗诉条件是"损害国家利益、社会公共利益"，并未明确规定调解书违反自愿原则、合法原则时能否抗诉。为了解决这一问题，《民事诉讼监督规则》第99条第2项

---

① 某些不能适用再审程序的民事裁定，例如终结诉讼裁定，本身具有终结民事诉讼程序的效力，从这个意义上讲也是一种审判结果。但是，此类民事裁定的实质意义是：人民法院认为此案无须继续审理，因而中途结束审理，这种民事裁定并非对案件的审理结果；从而，对于此类民事裁定的监督亦非对审判结果的监督，只能是对于审判程序的监督。

规定:"调解违反自愿原则或者调解协议的内容违反法律的。"检察机关可以将之作为审判程序违法的情形,进行监督。

(四) 对支付令的监督

民事诉讼法第十七章对督促程序作了比较明确详细的规定。人民法院发现支付令确有错误需要纠正的,不适用再审程序。关于这一问题,1992年最高人民法院《关于支付令生效后发现确有错误应当如何处理给山东省高级人民法院的复函》(法函〔1992〕98号)中已予明确:"人民法院院长对本院已经发生法律效力的支付令,发现确有错误,认为需要撤销的,应当提交审判委员会讨论通过后,裁定撤销原支付令,驳回债权人的申请。"2001年最高人民法院《关于适用督促程序若干问题的规定》第11条重申了这一精神。因此,检察机关对支付令不能使用抗诉方式进行监督,此类监督不属于对审判结果的监督;检察机关发现支付令违法的,只能使用其他监督方式,属于对审判程序的监督。[①] 基于这一原因,《民事诉讼监督规则》第99条第6项明确规定,审判程序违法的情形之一就是"支付令违反法律规定"。

(五) 对决定的监督

人民法院在民事诉讼中的决定,一是广义的、实质意义上的决定,即人民法院在民事诉讼中的司法决断;二是狭义的、形式意义上的决定,即人民法院在决定书中体现的司法决断,这就是各类决定书。作为文书行为中的决定,是指狭义的、形式意义上的决定,即决定书中所体现的审判意志。

依据民事诉讼法的规定,民事诉讼中的决定种类主要有:(1) 回避决定。(2) 顺延期限的决定。(3) 罚款、拘留决定。民事诉讼法及相关的司法解释对于各类决定的适用条件都作了相应规定,人民法院的决定违反这些规定的,检察机关应当予以监督。

对于民事决定不能适用再审程序,检察机关发现民事决定确有错误的,也不能提出抗诉,只能适用对审判程序的监督程序。因此,《民事诉讼监督规则》第99条第9项规定:人民检察院发现同级人民法院民事审判程序中"对当事人采取罚款、拘留等妨害民事诉讼的强制措施违反法律规定的",应当向

[①] 发出支付令是人民法院结束督促程序的标志之一,从这个意义上讲,似宜将支付令作为审判结果对待,而非审判程序中的问题。不过,按照民事诉讼法的规定,当事人申请支付令的基本条件之一是"债权人与债务人没有其他债务纠纷",人民法院在督促程序中并不审理当事人之间的实体争议,例如无须答辩程序和开庭审理程序;人民法院作出支付令后收到债务人提出的书面异议的,经审查认为异议成立的,也即发现当事人之间存在实体争议的,应当裁定终结督促程序,支付令自行失效。可见,从这个意义上讲,支付令并非对案件审理的结果。

同级人民法院提出检察建议。

（六）对其他文书行为的监督

对于强制措施的决定，检察机关可以依照《民事诉讼监督规则》第99条第9项的规定进行监督；检察机关发现人民法院的其他决定违法，需要监督时，其依据就是该条第13项的规定，是对"其他违反法律规定的情形"的监督。

通知的基本功能是告知，通知书是一种特殊的诉讼文书。实践中，有的人民法院以通知书的方式作出处理决定，甚至以通知书为当事人设立权利义务，这些行为都是违法的。检察机关发现人民法院的通知书的制作、送达等活动不符合相关规定的，亦应当依据《民事诉讼监督规则》第99条第13项的规定进行监督。

三、对程序行为的监督

关于民事审判程序的基本环节与内容，民事诉讼法在第十二章"第一审普通程序"中作了基本规定，分别是：起诉和受理；审理前的准备；开庭审理；诉讼中止和终结；判决和裁定。其中，在审理前的准备阶段中，主要内容有管辖权异议、调查取证、通知必须共同进行诉讼的当事人参加诉讼、程序选择；在开庭审理阶段中，主要内容又有选择开庭方式（公开审理与不公开审理、巡回审理）、通知出庭、庭审程序、延期审理与审理期限、缺席判决与宣判等。至于民事诉讼法第九章的"保全和先予执行"部分，虽然不是民事诉讼的必有环节，但仍是民事诉讼的重要环节。另外，第十五章"特别程序"还有一些具体的程序性规定。

《民事诉讼监督规则》第99条列举了主要的需要检察监督的程序性行为，分别是：第3项的立案活动、第4项的程序选择活动、第5项的保全和先予执行活动、第7项的诉讼中止和诉讼终结活动、第8项的拖延审理活动和第10项的送达活动。

（一）对立案活动的监督

立案是民事诉讼程序开始的标志，没有立案就没有后续的诉讼活动，也就没有对于当事人合法权利的司法保护，对于立案活动的监督是程序监督的重要内容之一。因此，《民事诉讼监督规则》第99条第3项明确规定，人民检察院发现同级人民法院民事审判程序中"符合法律规定的起诉和受理条件，应当立案而不立案的"，应当向同级人民法院提出检察建议。

人民法院在立案活动中的问题主要有三个：一是起诉不符合法定条件时，不应当立案而立案；二是应当立案而不立案，对符合起诉条件的案件裁定不予受理或者驳回起诉；三是拒绝接收起诉状，或者收到起诉状后既不决定立案，也不裁定不予受理。对于第一种情况，因为已经进入诉讼程序，在后续的诉讼程序中多有相应的解决途径，因此不属于本项规定的监督内容。对于第二种情况，原告对裁定不服时可以提出上诉，已经有了法定的救济途径，检察机关认为该裁定违法时也可以按照规定提出抗诉，因此也不属于本项规定的内容。在第三种情况中，对于法院的违法不作为导致原告在诉讼程序上缺乏救济途径而陷入困境，检察机关也无法按照抗诉程序进行监督，只能按照对审判程序的监督方式进行监督，这正是本项规定需要解决的问题。

（二）对程序选择活动的监督

民事诉讼法第133条规定，人民法院受理案件后，应当根据案件的具体情况，确定需要适用的审判程序，即：（1）当事人没有争议，符合督促程序规定条件的，可以转入督促程序；（2）根据案件情况，确定适用简易程序或者普通程序。正确选择案件所适用的程序类型，是人民法院正确审理案件的基础。因此《民事诉讼监督规则》第99条第4项规定，人民检察院发现同级人民法院民事审判程序中"审理案件适用审判程序错误的"，应当向同级人民法院提出检察建议。检察机关发现人民法院违反规定采用或者不采用督促程序的，或者违反规定适用或者不适用简易程序的，应当按照该项规定进行监督。

（三）对保全活动的监督

民事诉讼中的保全制度包括证据保全、财产保全和行为保全，民事诉讼法及相关司法解释对于各类保全活动均有相应的规范性要求。实践中，人民法院在保全活动中的违法问题可以分为三大类：一是作出保全裁定违法，例如决定保全的范围违反规定，在缺乏必要担保时裁定保全，违法依职权决定保全。二是在保全活动中违法作为，例如对申请人提出不合理的担保要求，或者违反规定解除保全措施。三是在保全程序中违法不作为，例如不受理当事人的保全申请、复议申请，在受理当事人的申请后不予及时处理，或者违法决定不予保全的。第一种情况中的监督事由属于"裁定确有错误"，应当适用第99条第1项的规定；后两类情况则属于第99条第5项的规范对象，即人民检察院发现同级人民法院民事审判程序中"保全和先予执行违反法律规定的"，应当向同级人民法院提出检察建议。

（四）对先予执行活动的监督

关于民事诉讼中的先予执行制度，在民事诉讼法第106条至第108条以及相关的司法解释中均有比较明确的规定。实践中，人民法院先予执行活动的违法问题可以分为三大类：一是先予执行裁定违法，例如裁定先予执行的案件类型不符合规定，裁定先予执行的事由不符合法定条件，裁定先予执行违反关于担保的规定。二是在先予执行活动中违法作为，例如对申请人提出不合理的担保要求。三是在先予执行活动中违法不作为，例如不受理当事人的先予执行申请、复议申请，或者在受理申请后拖延处理、不予处理的。① 第一种情况属于"裁定确有错误"，检察机关在监督时应当适用《民事诉讼监督规则》第99条第1项的规定；对于后两种情况的监督，则应当适用第99条第5项的规定，即人民检察院发现同级人民法院民事审判程序中"先予执行违反法律规定的"，应当向同级人民法院提出检察建议。

（五）对中止诉讼活动的监督

关于中止诉讼制度，民事诉讼法第150条及相关的司法解释已有明确的规定。人民法院在中止诉讼活动中的违法问题，可以分为两大类：一是中止诉讼裁定违法，例如裁定中止诉讼的事由不属于法定的中止诉讼情形之一。二是在中止诉讼活动中违法作为或不作为，例如在中止诉讼的原因消除后，不按照民事诉讼法第150条第2款的规定恢复诉讼。第一种情况属于"裁定确有错误"，检察机关在监督时应当适用《民事诉讼监督规则》第99条第1项的规定。检察机关对于第二种情况的监督，则应适用第99条第7项的规定，即人民检察院发现同级人民法院民事审判程序中"诉讼中止违反法律规定的"，应当向同级人民法院提出检察建议。

（六）对终结诉讼活动的监督

关于终结诉讼制度，民事诉讼法第151条及相关的司法解释已有比较明确的规定。人民法院在终结诉讼程序中的违法问题，可以分为两大类：一是终结诉讼裁定违法。例如裁定终结诉讼的基础事实不属于法定的终结诉讼事由之一。二是在终结诉讼中有违法作为或不作为。第一种情况属于《民事诉讼监督规则》第99条第1项规定的"裁定确有错误"，检察机关对之监督时应适用该项规定。对于第二种情况的监督，则应适用第99条第7项的规定，即人民检察院发现同级人民法院民事审判程序中"诉讼终结违反法律规定的"，应当向同级人民法院提出检察建议。

（七）对拖延审理活动的监督

人民法院的工作主题是公正与效率。为了提高法院的办案效率，民事诉讼法对于不同类型案件的审理期限分别作出了规定。检察机关发现人民法院拖延

---

① 现有规定虽未明确处理申请、复议的期限要求，但人民法院仍应尽快处理，例如最高人民法院《关于适用〈中华人民共和国民事诉讼法〉若干问题的意见》第110条规定：对当事人不服先予执行裁定提出的复议申请，人民法院应及时审查。裁定正确的，通知驳回当事人的申请；裁定不当的，作出新的裁定变更或者撤销原裁定。

审理，违反关于审理期限规定的，应当依法监督，因此《民事诉讼监督规则》第 99 条第 8 项对此专门作出了规定。鉴于民事诉讼法关于审理期限的规定多有延长的规定，检察机关对于涉嫌超期审理的案件进行监督时，宜先向该人民法院了解是否有延期审理情况，提示、督促人民法院遵守关于审理期限的规定；经提示、督促后，人民法院及时恢复了长久搁置案件的审理工作，加快了逾期案件的审理工作，即已完成了有效监督的任务。

（八）对送达活动的监督

民事诉讼法第七章第二节关于送达制度的规定共 9 条，其中第 84 条规定了送达回证制度，第 85 条至第 92 条规定了不同的送达方式，包括直接送达、留置送达、委托送达、邮寄送达、转交送达和公告送达；第二十五章"送达、期间"还专门规定了涉外程序中的送达方式。送达制度的主要情况是送达方式，违反送达制度也主要表现为送达方式违法，特别是违法公告送达；此外，违法送达的情况还有应当送达而未送达、逾期送达等。送达程序违法可能严重影响当事人的诉讼权利，损害审判程序的公正性与合法性，因此，第 99 条第 10 项明确规定了对送达程序的监督要求：人民检察院发现同级人民法院民事审判程序中"违反法律规定送达的"，应当向同级人民法院提出检察建议。

（九）对其他违反法律规定行为的监督

《民事诉讼监督规则》第 99 条第 1 项至第 10 项列举了诉讼程序中主要的违法情形，此外还有其他多种审判程序违法的行为，例如调查活动违法、通知程序违法、庭审活动违法等。因此，《民事诉讼监督规则》第 99 条第 13 项明确规定：人民检察院发现同级人民法院民事审判程序中有"其他违反法律规定的情形"的，应当向同级人民法院提出检察建议。

第三节　对审判人员的违法行为的检察监督

一、概述

（一）审判人员违法行为的认定标准

检察机关对审判人员的监督任务，是发现审判人员有违法行为时提请法院追究其法律责任。为此，检察机关首先需要认定审判人员有违法行为，才能提请予以制裁。在对审判程序的监督中，对违法行为的认定只有一个判断标准，就是客观标准，或称结果标准；在对审判人员的监督中，对审判人员违法的认定则涉及两个判断标准：首先需要认定有违法行为的存在，此时的认定标准是客观标准。这种认定的基本要求，就是审判人员的行为在客观上确实违反了相关规定，在结果上确有错误。其次需要认定审判人员有过错，此时的认定标准是主观标准，即审判人员对于该违法行为在主观上有故意或过失。如果审判人员的行为仅在客观上、结果上违法，但在主观上并无过错，检察机关就不得提请追究审判人员的法律责任。因此，关于是否符合监督条件的判断标准，在对审判人员的监督中和对审判结果、审判程序的监督中是有差别的。

(二) 审判人员违法的表现形式

在民事诉讼中，审判人员应当遵守三个方面的规范要求。第一，民事诉讼程序的有关规定。例如民事诉讼法、企业破产法、海事诉讼特别程序法等民事诉讼法律以及相关司法解释中的规定。第二，民事实体法律的有关规定。例如《中华人民共和国民法通则》（以下简称《民法通则》）、《中华人民共和国合同法》（以下简称合同法）、《中华人民共和国物权法》（以下简称物权法）、《中华人民共和国侵权责任法》等法律以及相关司法解释的规定。第三，审判纪律和廉政纪律的规定。民事诉讼法第43条、第44条对此作了部分规定，《中华人民共和国公务员法》和法官法的一些规定也涉及了审判工作中的要求；此外，《中国共产党党员领导干部廉洁从政若干准则》、最高人民法院《关于人民法院落实廉政准则防止利益冲突的若干规定》和《法院处分条例》等也有相关规定。审判人员在民事诉讼中故意或过失违反这些规定，检察机关应当提请追究其法律责任；构成犯罪的，还应依法追究其刑事责任。

相应地，审判人员的违法行为可以分为两大类：一是违反办案职责的行为，包括违反民事程序法和民事实体法的规定；二是违反办案纪律、廉政纪律的行为。

二、审判人员违反审判程序的行为

《民事诉讼监督规则》第99条第1项至第10项列举了十类程序违法行为，主要用于规范对审判程序的监督工作。检察机关在对审判程序的监督工作中，发现审判人员对这些违法行为负有过错的，即审判人员故意或过失地实施了这些违法行为的，应当在提请法院纠正违法行为的同时，提请人民法院处分违法人员。

三、审判人员违反办案纪律、廉政纪律的行为

审判人员违反办案纪律、廉政纪律的行为，涉及内容比较多，例如《法院处分条例》关于违反办案纪律的行为的规定有22条，关于违反廉政规定行为的有11条。《民事诉讼监督规则》第99条摘其要者，规定了两类审判人员违反办案纪律、廉政纪律的行为。

1. 民事诉讼法第 43 条规定,审判人员不得接受当事人及其诉讼代理人请客送礼;第 44 条规定,审判人员接受当事人、诉讼代理人请客送礼,或者违反规定会见当事人、诉讼代理人的,应当依法追究法律责任。《民事诉讼监督规则》第 99 条第 11 项照搬了这一规定:人民检察院发现同级人民法院民事审判程序中"审判人员接受当事人及其委托代理人请客送礼或者违反规定会见当事人及其委托代理人的",应当向同级人民法院提出检察建议。

2. 妨害民事诉讼的行为扰乱诉讼秩序,影响司法公正。为保障民事诉讼的正常进行,民事诉讼法专门规定了针对妨害民事诉讼行为的强制措施制度。实践中,有的审判人员参与虚假诉讼,直接实施或者指使、支持、授意他人制造、使用伪证,或者实施其他妨害民事诉讼的行为,严重影响了司法公正。因此,《民事诉讼监督规则》第 99 条第 12 项规定,人民检察院发现同级人民法院民事审判程序中"审判人员实施或者指使、支持、授意他人实施妨害民事诉讼行为,尚未构成犯罪的",应当向同级人民法院提出检察建议。

第四节 监督程序

一、基本程序

民事检察程序分为受理(立案)、调查取证和审查决定三个阶段,对审判人员(审判程序)的监督程序也不例外。不过,与抗诉案件相比,办理此类监督案件的受理、调查和决定程序有着自己的特点。

在抗诉案件中,检察机关查明案件事实的基本方式是阅卷,调查取证属于例外。在对审判人员(审判程序)的监督中,检察机关为查明案件事实,阅卷方式虽然也很重要,但调查取证的方式或更为重要。例如,审判人员通常不会把自己有违法行为的证据在卷中留存,检察机关为查明审判人员的违法行为,将更多地需要依靠调查取证的方式。

《民事诉讼监督规则》第 52 条、第 53 条规定的审查决定程序是:承办人提出处理建议;集体讨论;部门负责人提出审核意见;检察长批准或检察委员会决定。各类民事检察案件均适用这一程序。《民事诉讼监督规则》同时要求,检察机关在对审判结果的监督案件中提出再审检察建议的,或者在执行监督程序中提出检察建议的,应经检察委员会讨论决定;但这一要求并不适用于对审判人员(审判程序)的监督案件。

二、监督措施

（一）概述

民事检察的监督措施有广义与狭义之分。检察机关依法履行民事检察职责，首先应当调查取证，查明民事诉讼中涉嫌违法的相关事实；然后审查决定是否采取检控措施，例如提出抗诉、检察建议，以启动相应的纠正违法和制裁违法的程序。从这个意义上讲，调查措施和检控措施（包括抗诉、检察建议等）都是监督措施，属于广义上的监督措施。

所有民事检察案件的调查措施都是相同的，但不同类型的民事检察案件有着不同的检控措施，例如对于审判结果的监督案件的基本检控措施是抗诉，其他的民事检察案件的检控措施则是检察建议、纠正违法通知等。我们在讨论民事检察案件的不同监督措施时，通常亦仅指检控措施。因此，狭义上的监督措施仅指检控措施，不包括调查措施。

（二）监督措施的种类

民事诉讼法第208条和《民事诉讼监督规则》第99条均明确规定，对审判人员（审判程序）的监督措施是检察建议。检察机关经调查、审查，发现审判程序违法的，其检察建议的内容是提请纠正该违法的审判程序（对事监督措施）；发现审判人员有违法行为但未构成犯罪的，其检察建议的内容是提请处分违法的审判人员（对人监督措施）。

最高人民检察院《科学发展意见》第17条规定："对下列影响公正司法的诉讼违法行为，尚未构成犯罪的，检察机关可以依照《渎职监督规定》，以纠正违法通知书的形式进行监督：在审判活动中故意违背事实和法律作枉法裁判，在执行判决、裁定活动中严重不负责任或者滥用职权，不依法采取保全措施、不履行法定执行职责，或者违法采取保全措施、强制执行措施等，致使当事人或者其他人合法权益遭受损害的；收受或者索取当事人及其近亲属或者其委托的人贿赂的；其他严重违反民事诉讼法、行政诉讼法规定，不依法履行职责，损害当事人合法权益的行为。"因此，检察机关对于民事审判人员的违法行为，除了依据《民事诉讼监督规则》第99条提出检察建议外，对于审判人员的其他违法行为，还可以按照该规定发出纠正违法通知。这也是对审判人员违法行为的监督措施。

民事诉讼法第208条第3款规定，在对审判人员违法行为的监督中，检察机关"有权向同级人民法院提出检察建议"。相对于审判人员所在的人民法院来说，同级检察机关进行监督时，只能向该人民法院提出检察建议，不能向其上级人民法院提出检察建议；上级检察机关进行监督时，只能向该人民法院的上级人民法院提出检察建议，不能直接向该人民法院提出检察建议。

（三）监督措施的效力

在对审判人员（审判程序）的监督中，关于检察机关提出的检察建议的效力，在民事诉讼法和《民事诉讼监督规则》中均未明确规定。

《民事诉讼监督规则》中对审判程序监督的检察建议制度，吸收了《民行监督意见》第9条、第10条中对审判程序的检察建议制度。《民行监督意见》第10条第1款规定的检察建议效力是："人民检察院提出检察建议的，人民法院应当在一个月内作出处理并将处理情况书面回复人民检察院。"据此，人民法院收到检察机关针对审判程序提出的检察建议后，应立即启动相应的复查程序，依法纠正违法的审判程序。

《渎职监督规定》第13条第1款规定了纠正违法通知的效力，即："人民检察院提出纠正违法意见或者更换办案人建议的，有关机关应当在十五日内作出处理并将处理情况书面回复人民检察院。对于人民检察院的纠正违法通知书和更换办案人建议书，有关机关应当存入诉讼卷宗备查。"据此，人民法院收到检察机关提出的纠正违法意见后，应立即启动相应的处理程序，依法纠正违法行为，制裁违法人员。

《人民检察院检察建议工作规定（试行）》（以下简称《检察建议规定》）第5条第4项规定了检察机关提请给予处分的检察建议，第8条还规定，"被建议单位对检察建议没有正当理由不予采纳的，人民检察院可以向其上级主管机关反映有关情况"。这说明，人民法院收到检察机关提请追究审判人员违法责任的检察建议书后，应当启动相应的处理程序，并依法处理。这是提请制裁违法人员检察建议的效力，也符合检察权可以启动相应处理程序的一般规则。

思考题

1. 如何理解检察机关对民事审判程序的监督？
2. 检察机关对审判人员违法行为的监督措施有哪些？

第六章　对民事执行活动的监督

2012年修改后民事诉讼法第14条规定："人民检察院有权对民事诉讼实行法律监督。"第235条规定："人民检察院有权对民事执行活动实行法律监督。"明确了检察机关对民事执行活动的监督权，彻底终结了理论界和实务界旷日持久的关于检察机关能否对民事执行活动进行监督的争论，标志着民事执行检察监督工作进入全面开展的新阶段。贯彻落实民事诉讼法的规定，加强民事执行检察监督工作，关键是正确理解和把握民事执行检察监督原则、监督对象、监督方式和程序等基本问题。

第一节　民事执行检察监督概念

民事执行检察监督是民事检察监督的重要组成部分，是检察机关运用检察权对民事执行活动实施的法律监督。其监督主体是检察机关，监督对象是人民法院的民事执行活动，监督内容是民事执行活动的合法性。

正确理解民事执行检察监督，需要厘清民事执行检察监督与执行检察监督、执行监督之间的关系。民事执行检察监督是执行检察监督的重要组成部分。执行检察监督是检察机关依法运用检察权对执行活动的法律监督，包括民事执行检察监督、行政执行检察监督以及刑事执行检察监督。通常所说的执行检察监督主要是指民事执行检察监督与行政执行检察监督，刑事执行检察监督主要是监所检察。民事执行检察监督与行政执行检察监督是民事行政检察工作的重要组成部分，目前主要由民事行政检察部门实施，其他各相关职能部门根据履行监督职责的需要予以密切配合。

执行监督包括执行检察监督，但不限于执行检察监督。依监督主体的不同，执行监督主要包括党的领导和监督、人大监督、检察监督、法院内部监督以及社会监督。相较于其他监督，检察监督是专门的法律监督，具有法律强制力，检察机关提出监督意见的，被监督者应当依法启动相应的程序。

第二节　民事执行检察监督范围和对象

修改后民事诉讼法第235条规定："人民检察院有权对民事执行活动实行

法律监督。"将民事执行检察监督范围和对象明确为"民事执行活动"。《民事诉讼监督规则》第 102 条规定:"人民检察院对人民法院在民事执行活动中违反法律规定的情形实行法律监督。"对监督的范围和对象作了进一步明确。

一、民事执行检察监督对象是民事执行活动

广义的民事执行活动既包括人民法院的执行活动,也包括执行当事人及其他参与人的执行活动。狭义的民事执行活动仅指人民法院的民事执行活动。民事检察监督的核心是对公权力的监督,这一属性决定了民事执行检察监督的对象是人民法院的民事执行活动,即狭义上的民事执行活动。

狭义的民事执行活动是指人民法院行使执行权执行生效民事判决、裁定、调解书、支付令、仲裁裁决以及公证债权文书等法律文书的活动,涵盖执行权行使的全部活动,贯穿执行程序始终。既包括财产调查、控制、处分、交付和分配以及罚款、拘留措施等执行实施活动,也包括审查和处理执行异议、复议、申诉以及决定执行管辖权的转移等执行审查活动[①];既包括执行裁定、决定等法律文书,也包括具体执行行为;既包括积极行使执行权的行为,也包括消极执行、怠于履行执行职责的行为。民事执行活动的范围清楚明确,不应再作扩大或限缩解释。

实践中,各地可结合本地工作实际,着重对确有错误的涉及当事人实体权益的执行裁决,明显违法的执行实施行为,以及执行人员贪污受贿、徇私舞弊、枉法裁判等三种情形开展检察监督,突出执行检察监督实效。待积累一定经验后,再逐步全面推开民事执行检察监督工作。

二、关于民事执行检察监督范围需澄清的几个问题

(一)关于案外人异议的监督问题

修改后民事诉讼法第 227 条规定了案外人异议制度。有观点认为,由于法律赋予当事人、案外人两条救济途径,即依照审判监督程序办理或者自裁定送达之日起 15 日内向人民法院提起诉讼,无论是走审判监督程序还是提起诉讼,检察机关都可能在将来对案件实施监督,无须在执行阶段即赋予当事人、案外

[①] 执行权是人民法院依法采取各类执行措施以及对执行异议、复议、申诉等事项进行审查的权力,包括执行实施权和执行审查权。其中,执行实施权的范围主要是财产调查、控制、处分、交付和分配以及罚款、拘留措施等实施事项,执行审查权的范围主要是审查和处理执行异议、复议、申诉以及决定执行管辖权的转移等审查事项。参见最高人民法院《关于执行权合理配置和科学运行的若干意见》第 1 条、第 3 条以及第 4 条的规定。

人申诉权利,避免构造出重复性的救济途径。① 对此,需作如下澄清:

首先,检察机关对民事执行活动的监督,是依照宪法和法律规定实施的专门法律监督活动,是对公权力的监督,与对当事人私权的救济不具有同一性。其次,案外人异议程序作为一个独立的民事执行程序,属民事执行活动范畴,当然是民事执行检察监督的对象。最后,《民事诉讼监督规则》等相关司法解释已经对当事人申请监督设置了相应的前置程序,能有效避免司法资源的浪费。所以,民事执行检察监督实务中,当事人或者案外人申请对案外人异议程序中的违法情形进行监督的,检察机关应当受理。如果案外人通过审判监督程序或者提起诉讼来救济自身权利,此后检察机关介入监督的,属审判监督范畴,不是执行检察监督。

(二)关于对不予执行仲裁裁决裁定和不予执行公证债权文书裁定的监督问题

有观点认为,此两类执行程序,法律都规定了相应的救济程序,因此当事人如果对此类裁定不服,不能申诉。不予执行仲裁裁决裁定和不予执行公证债权文书裁定不属于执行监督范围。② 对此,需作如下澄清:

首先,法律规定的提起诉讼等相应的救济程序,与检察机关的法律监督程序是两个并行的程序,不具有同一性,不能以此排除检察监督。

其次,执行仲裁裁决与执行公证债权文书,都是人民法院在民事执行程序中行使执行权的活动,是典型的民事执行活动,属民事执行检察监督对象。

最后,被执行人提出不予执行仲裁裁决或者不予执行公证债权文书的申请,是对法院执行行为的抗辩,或者理解为对法院执行行为提出的异议。驳回被执行人不予执行申请的裁定、不予执行仲裁裁决或者不予执行公证债权文书的裁定正是对被执行人异议作出的处理。③ 如果人民法院裁定驳回不予执行申

---

① 参见江苏省高级人民法院执行局课题组:《民事执行检察监督的反思与展望》,载《人民司法》2013 年第 17 期(总第 676 期)。

② 参见江苏省高级人民法院执行局课题组:《民事执行检察监督的反思与展望》,载《人民司法》2013 年第 17 期(总第 676 期)。

③ 有观点认为,被执行人提出不予执行公证债权文书的申请不是一项独立的请求权,而是对法院执行行为的抗辩,或者理解为对法院执行行为提出的异议。驳回被执行人不予执行申请的裁定应当视为对被执行人异议作出的处理。参见司艳丽:《驳回申请不予执行公证债权文书裁定的救济方式与审查范围》,载奚晓明主编:《执行工作指导》总第 46 辑,人民法院出版社 2013 年版。司法实践中,被执行人提出的不予执行仲裁裁决的申请与此类似。而且,不仅人民法院驳回被执行人申请的裁定是对被执行人异议的处理,不予执行的裁定也是对被执行人异议的处理。

请，被执行人对该裁定不服的，可以按照民事诉讼法第 225 条的规定提出复议，[①] 对复议裁定不服的，可以向人民法院申诉，也可以向检察机关申请监督；如果人民法院裁定不予执行的，当事人除根据书面达成的仲裁协议重新申请仲裁（仅针对执行仲裁裁决案件）或者向人民法院起诉外，也可根据民事诉讼法第 225 条的规定提出复议，两条救济途径并行不悖。

三、民事执行检察监督的内容是民事执行活动的合法性

检察机关作为宪法规定的法律监督机关，其监督内容主要是法律实施活动的合法性，民事执行检察监督也是如此。《民事诉讼监督规则》第 102 条规定："人民检察院对人民法院在民事执行活动中违反法律规定的情形实行法律监督。"对此，有两点需要明确：第一，该规定是对民事执行检察监督对象的重申；第二，该规定明确了民事执行检察监督的内容是民事执行活动的合法性，检察机关对人民法院在民事执行活动中违反法律规定的情形进行监督，采取相应的监督措施。

第三节 民事执行检察监督的基本原则

民事执行检察监督的基本原则，是民事执行检察监督的本质和特征的集中体现，是高度抽象的、最一般的执行检察监督行为规范和价值判断准则。它蕴含着执行检察监督行为的理念和价值取向，也包含着执行检察监督行为的行为方式、规范和行为准则，是抽象和具体的统一。具体而言，民事执行检察监督应当遵循以下基本原则：

一、依法监督原则

依法监督是对民事执行检察监督的总要求，统领民事执行检察监督的各项原则。民事执行检察监督作为检察机关法律监督工作的重要组成部分，是宪法和民事诉讼法明确规定的一种法律监督制度。

依法监督，就是要依照法律规定履行法律监督职责，按照规定的程序和方式实施法律监督行为，禁止滥用监督权。这里的"法"应当做广义上的理解，既包括宪法、法律、行政法规、地方性法规，也包括司法解释。在一定意义

[①] 参见司艳丽：《驳回申请不予执行公证债权文书裁定的救济方式与审查范围》，载奚晓明主编：《执行工作指导》总第 46 辑，人民法院出版社 2013 年版。

上，有明确可操作性内容的司法政策、司法文件也应属于检察机关实施民事执行检察监督的规范性渊源或依据。①

二、事后监督原则

事后监督原则强调检察监督的介入节点，是检察机关对民事执行活动实施法律监督的介入时间的要求。检察机关什么时候能够介入监督，是全程监督，还是只能事后监督，这是长期以来存有争议的一个问题。当前，通常认为检察机关对民事诉讼活动的监督应属"事后监督"。当然，事后监督不等于案后监督，也与全程监督不矛盾。检察机关对民事诉讼进行事后监督，不是说在诉讼过程中就不能介入，对事后监督要有一个正确的认识和理解。事后监督的"事后"，是指检察机关需要监督的行为现象出现后的这一事实。在执行活动中，一旦人民法院作出的裁决行为或实施行为出现偏差，检察机关就可以介入实施监督，这都是事后监督，而不应局限为全部执行活动完成后才实施监督。也就是说，这里的"事后"指错误执行裁定作出或违法执行行为发生后，而不是整个执行案件执结后。

三、合法性监督原则

合法性监督原则是就检察监督的内容而言的。按照监督内容的不同，法律监督可以分为合法性监督与合理性监督，相对于合法性监督来说，合理性监督主观性更强、难度更大。在现阶段，鉴于民事执行活动中明显违法问题较为突出，加之检察人员对民事执行活动的监督能力也要有适应和提高的过程，因此应将重点放在监督民事执行活动是否合法上，将合法性监督作为民事执行检察监督的重要内容和原则。

四、监督公权力运行原则

监督公权力运行原则是就执行检察监督的对象而言的。民事诉讼法第235条规定："人民检察院有权对民事执行活动实行法律监督。"明确了检察监督的范围和对象是民事执行活动。民事执行主体的单一性，也决定了民事执行检察监督对象的单一性，即执行检察监督针对的对象是公权力的运行，是人民法院在执行活动中行使执行权的合法性。

---

① 参见汤维建：《民行检察监督基本原则研究》，载《法治研究》2012年第8期。

五、尊重当事人意思自治原则

尊重当事人意思自治原则是民事执行检察监督遵循民事诉讼规律的具体表现。民事执行检察监督主要是对民事执行活动的监督，要坚持遵循司法规律，符合诉讼原理，有利于民事执行活动有序高效运行。坚持遵循当事人意思自治原则，尊重当事人在法律规定范围内的处分权，防止和避免因检察监督的不当介入，破坏当事人在诉讼结构中的平衡性，进而造成对当事人诉权的不当干预。民事执行检察监督是一种公权对公权的监督，不是为了维护某方当事人的利益，只要发现有违法执行的，检察机关应依职权进行监督。但是，执行活动又往往涉及当事人、案外人的私权益，当事人和案外人有权处置自己的权利，在当事人和案外人没有提出监督申请的情况下，检察机关原则上不应介入。除损害国家利益、社会公共利益和以违法犯罪损害司法公正的以外，一般应以当事人申请作为审查案件、提出监督意见的前提和基础。

六、不代行执行权原则

不代行执行权原则是职权法定原则的必然要求，也是民事执行检察监督应强调的重要理念。职权法定，是所有国家机关职权划分的原则，检察机关当然也不例外。法律监督是一种督促机制、辅助机制和保障机制，既要监督制约其他机关的权力，又不能代替被监督者作出决定或者直接进行管理。按照法律规定，在民事执行检察监督工作中，人民检察院只能监督民事执行活动，其作用在于监督和制约执行行为，而不是取而代之。人民法院的执行权直接源于法律的规定，其他任何组织和个人都不得超越法律的规定代其行使。因此，这一原则要求检察机关在监督执行活动中，不直接处理属于执行内容的具体问题，更不得变更人民法院的执行行为。对人民法院确属违法的裁决和实施行为，只能是提出监督意见，要求或者建议予以纠正，绝不允许任何代行执行权现象的发生。

第四节 民事执行检察监督的方式

为进一步规范民事执行检察监督工作，充分发挥民事执行检察监督职能，最高人民检察院经征求各方意见，分别在《科学发展意见》第13条以及《民事诉讼监督规则》第103条明确了检察建议的监督方式。结合《渎职监督规定》、《检察建议规定》等规范性文件，目前已明确的监督方式主要有三种——检察建议、纠正违法通知书和更换办案人建议。

一、检察建议

《民事诉讼监督规则》第 103 条规定:"人民检察院对民事执行活动提出检察建议的,应当经检察委员会决定,制作《检察建议书》,在决定之日起十五日内将《检察建议书》连同案件卷宗移送同级人民法院,并制作决定提出检察建议的《通知书》,发送当事人。"这一规定以司法解释的形式进一步明确了检察建议的监督方式,并对检察建议的适用条件和程序作了具体规定,将检察建议确定为民事执行检察监督的主要方式,检察机关发现人民法院民事执行活动中存在违法情形的,均可采用检察建议进行监督。

(一)检察建议的适用条件及程序

民事执行检察建议不同于再审检察建议,主要适用于"对于民事执行活动存在违法行为可能影响公正执行的"情形。民事执行检察实务中,各级检察机关应注重个案监督检察建议与类案监督检察建议、案件类检察建议以及工作性检察建议的综合运用。《民事诉讼监督规则》第 103 条规定提出检察建议"应当经检察委员会决定",仍延续了《试点通知》的规定,这主要是强调检察权的审慎、规范行使,以保证监督质量。

(二)检察建议的效力

监督效力是监督效果的保障。修改后民事诉讼法未明确民事执行检察监督方式,《民事诉讼监督规则》也未明确检察建议的效力。这是目前民事执行检察监督工作中最突出的问题之一。

作为对民事执行活动的主要监督方式之一,检察建议至少应当包括以下几项效力:一是程序启动效力。人民法院在收到检察建议后,必须立即启动相应的审查处理程序,类似抗诉启动再审程序的效力。二是回复效力。人民法院必须于合理的时间内将处理结果反馈检察机关,并说明理由。尤其是不采纳检察建议的,必须详细说明理由。三是后续监督效力。如果检察机关认为人民法院的处理仍存在问题,可以由原监督检察机关或者其上一级检察机关通过启动违法行为调查、移送职务犯罪线索等手段继续予以监督,直至纠正错误、处理相关违法人员。关于检察建议的效力,还需结合民事执行检察监督开展的实践,不断探索总结。

二、纠正违法通知书

纠正违法通知书也是民事执行检察实务中常用的监督方式之一。《渎职监督规定》第 2 条、第 3 条第 9 项的规定明确了检察机关对执行活动包括民事执行活动和行政执行活动在内的执行活动的法律监督,是各地检察机关开展执行检察监督工作的重要依据。这一规范性文件第 2 条的规定明确了纠正违法通知书的监督方式，第 13 条明确了纠正违法通知书的效力，包括程序启动效力、回复效力以及后续监督效力。相较于检察建议，纠正违法通知书的效力更为明确。民事执行检察实务中，各地检察机关应严格遵照执行。遇有被监督机关不予回复或者不按程序回复的，可要求其说明情况，并及时将相关情况报同级人大、党委以及上级检察机关，确保监督效果与检察权威。

三、更换办案人建议

更换办案人建议也是中央司法体制和工作机制改革的重要成果之一，作为一类特殊的检察建议，实践中多有运用。《渎职监督规定》第 10 条第 2 项明确了更换办案人检察建议的方式，主要是针对诉讼活动中的严重违法行为。

根据《渎职监督规定》第 13 条的规定，人民检察院提出更换办案人建议的，人民法院应当在 15 日内作出处理并将处理情况书面回复人民检察院。对于人民检察院的更换办案人建议书，法院应当存入诉讼卷宗备查。至于人民法院对更换办案人建议有异议的该如何处理，法律并未明确规定。在实践中可参照纠正违法通知书的效力执行。

四、关于现场监督

现场监督，又称临场监督，是检察机关应人民法院邀请或当事人请求，派员到执行现场开展的执行检察监督。实践中，现场监督多是应人民法院的邀请进行，也有党委、人大安排进行的，应当事人请求开展现场监督的比较鲜见。严格来说，这并不是监督方式，而是一种监督方法，即通过派员到现场的方法进行监督，至于采取制发纠正违法通知书还是检察建议的监督方式，视监督情况而定。

监督重在预防，其本义是监视、督促，从这个意义上说，现场监督作为一种即时监督、同步监督，确实很有必要。执行案件有很强的时效性和不可逆性，对于一些重大、疑难、复杂的执行案件，如果不能及时发现并纠正违法，可能会造成严重后果，难以恢复。但是现场监督容易混淆检察权与执行权的界限，给被执行人造成联合执法的误解，引发抵触情绪，影响执行效果。各地检察机关应结合当地实际，就现场监督的必要性、监督风险、监督预案、监督方式等仔细研判，审慎采取现场监督方式。

第五节　民事执行检察监督的程序

科学合理的民事执行检察监督程序，是开展民事执行检察监督工作、充分发挥民事执行检察监督职能的重要保证，也是建立民事执行检察监督制度的重要基础。由于法律规定不明确，长期以来各地检察机关多是参照民事诉讼监督案件的抗诉程序办理，法院的处理程序也是五花八门，影响了民事执行检察监督职能的发挥。为进一步规范民事检察权的行使，《民事诉讼监督规则》对民事诉讼监督程序作了比较详细的规定，除第八章对民事执行检察监督的3条专门性规定外，其关于管辖、回避、受理、审查以及案件管理的规定同样适用于民事执行检察监督。结合《民事诉讼监督规则》以及民事执行检察监督工作实际，实务中需重点明确以下问题。

一、管辖与回避

（一）管辖

1. 管辖的一般原则。《民事诉讼监督规则》第13条规定："对民事执行活动的监督案件，由执行法院所在地同级人民检察院管辖。"该条规定确定了民事执行检察监督案件的管辖原则：同级监督。地域上以执行法院所在地相对应的人民检察院管辖为原则。司法实践中，民事执行活动主要集中在基层人民法院与中级人民法院，相应地，民事执行检察监督案件也主要集中在基层检察院与分州市级检察院。随着民事执行检察逐步成为基层检察院以及分州市级检察院民事检察的主要工作内容之一，民事行政检察监督格局也会逐渐调整完善。

2. 管辖的改变。《民事诉讼监督规则》第14条关于移送管辖的规定、第15条关于指定管辖的规定以及第16条关于管辖权转移的规定，均适用于民事执行检察监督案件。

3. 执行复议案件的管辖权问题。民事诉讼法第225条规定了执行异议制度，《民事诉讼监督规则》第33条规定了不予受理民事执行活动监督申请的三种情形，对于经过复议的执行案件的检察监督，其管辖权应如何确定？实践中主要有两种做法：一是由复议法院的同级人民检察院管辖；二是由实施执行活动的原人民法院的同级人民检察院管辖。

民事执行检察监督实务中，应把握一个总的原则：当事人申请监督的民事执行活动由哪个人民法院实施，即由该人民法院所在地的同级人民检察院监督。具体来说，分两种情形：第一，如果复议裁定维持了原执行行为，当事人申请对原执行行为监督的，由作出原执行行为的人民法院的同级人民检察院管辖；当事人申请对复议程序进行监督的，则由复议人民法院的同级人民检察院监督。第二，如果复议裁定撤销或者变更了原执行行为，当事人申请对复议作出的裁定或行为进行监督的，则由复议人民法院的同级人民检察院管辖。需要注意的是，在复议撤销或者变更了原执行行为的情况下，当事人仍然申请追究违法执行人员责任的，由作出原执行行为的人民法院的同级人民检察院管辖。

（二）回避

《民事诉讼监督规则》在总则第 9 条明确规定人民检察院办理民事诉讼监督案件实行回避制度，并在第三章专章规定了回避制度。这些规定同样适用于民事执行检察监督案件。

二、受理程序

《民事诉讼监督规则》就民事诉讼监督案件的受理程序作了统一规定，民事执行检察监督案件的受理应遵照执行。考虑到民事执行检察监督的特殊性，需重点明确不予受理的情形。

《民事诉讼监督规则》第 33 条规定了不予受理民事执行活动监督申请的三种情形，对最高人民检察院《关于贯彻执行〈中华人民共和国民事诉讼法〉若干问题的通知》第 3 条规定的内容作了补充完善。这被解读为民事执行检察监督案件的前置程序。对于不予受理情形，民事执行检察监督实务中，需明确以下三点。

1. 关于当事人申请监督与依职权监督问题。《民事诉讼监督规则》第 33 条规定的不予受理情形只是针对当事人申请监督的案件而言，检察机关依职权直接启动监督程序的案件不受此限制。检察机关是宪法规定的法律监督机关，其对民事执行活动的监督是对公权力的监督，是依职权启动监督程序，当事人申诉只是检察机关案件线索的来源之一。对当事人申请监督条件的限制不影响检察机关依职权启动监督程序。比如执行人员有贪污受贿、徇私舞弊、枉法裁判等行为的，或者民事执行活动影响到国家利益、社会公共利益的，就应依职权启动监督程序。[①]《民事诉讼监督规则》第 41 条对此予以明确规定："具有下列情形之一的民事案件，人民检察院应当依职权进行监督：（一）损害国家利益或者社会公共利益的；（二）审判、执行人员有贪污受贿、徇私舞弊、枉法裁判等行为的；（三）依照有关规定需要人民检察院跟进监督的。"对于这三类案件，当事人申请监督不符合受理条件的，检察机关不予受理，但是检

[①] 关于依职权监督还是依申请监督的问题，可参见孙加瑞：《执行检察制度新论》，中国检察出版社 2013 年版，第 94~95 页。

察机关发现有此类违法情形需要监督的，可以依职权启动监督程序。

2. 关于不予监督的例外情形。考虑到可能存在的特殊情况，《民事诉讼监督规则》第 33 条规定了两种例外情形，分别是第 1 项的"有正当理由的除外"和第 2 项的"但超过法定期间未作出处理的除外"。

《民事诉讼监督规则》并未明确哪些情形属于"有正当理由"，实践中可参考第 32 条的规定来把握。

3. 关于法院逾期未作出执行异议复议裁定的监督。根据修改后民事诉讼法第 225 条以及第 227 条的规定，人民法院应当在收到当事人、案外人书面异议之日起 15 日内进行审查并作出裁定。当事人、案外人提出书面异议超过 15 日，人民法院未作出处理决定的，检察机关应当受理当事人、案外人的监督申请。最高人民法院《关于适用〈中华人民共和国民事诉讼法〉执行程序若干问题的解释》第 9 条规定："当事人、利害关系人依照民事诉讼法第二百零二条规定申请复议的，上一级人民法院应当自收到复议申请之日起三十日内审查完毕，并作出裁定。有特殊情况需要延长的，经本院院长批准，可以延长，延长的期限不得超过三十日。"据此，人民法院在 30 日内（未经批准延长时）或者 60 日内（经批准延长时）未能作出复议裁定，当事人申请检察机关监督的，检察机关应当予以受理。实践中，人民法院逾期未对执行异议、复议作出处理决定的现象比较普遍，各地检察机关可采用类案监督的方式，增强监督效果。

三、审查程序

民事检察部门负责对受理的民事执行检察监督案件进行审查。关于民事执行检察监督案件审查的一般规定、听证、调查核实、中止审查以及终结审查等问题，均可参照民事诉讼监督案件的审查程序，在此不再赘述。民事执行检察监督实务中，需要特别明确的有以下两个问题。

（一）审查范围和内容

民事执行检察监督是对公权力的监督，民事执行检察监督案件的审查范围不仅包括当事人申请监督的请求和理由，也包括检察机关发现的其他违法情形，尤其是案件涉及损害国家利益或者社会公共利益的以及执行人员有贪污受贿、徇私舞弊、枉法裁判等行为的，审查范围不受申请范围限制。审查内容是人民法院的民事执行活动是否存在违法情形。在案件审查过程中，如果申请人以外的其他当事人也提出监督申请，为了简化程序，提高效率，可以直接对其申请请求一并审查，不需再次受理。

（二）审查方式

执行监督案件的审查方式主要是书面审查，但是相较于其他监督案件，更强调调查的审查方式。

1. 书面审查。鉴于执行文书多较为简单，申请监督人提供的材料价值不大，调阅卷宗是书面审查的主要方式。相较于审判环节，执行环节的程序性特征更为明显，执行卷宗作为法院执行活动的主要依据，应当忠实记载法院的执行程序。执行程序中的问题，往往直接反映在执行卷宗中。因此，调阅卷宗是执行检察监督中最重要的也是最常用的审查方法。实践中需要注意的是，执行活动时效性强，很多执行检察监督案件往往尚未执结，执行卷宗尚未形成，此时需加强与法院的沟通，可采用要求说明理由书（函、通知）的方式要求法院说明执行的相关情况，调查核实相关情况。

2. 调查核实。调查核实是检察机关依法行使法律监督职权的重要形式，也是采取监督措施的必要前提。相较于审判监督，执行检察监督的"对人"监督更为突出。执行环节的违法情形往往涉及执行人员的违法行为，监督中经常需要调查核实。

3. 听证。听证是听取当事人及相关利害关系人意见的法律程序。《民事诉讼监督规则》第五章第二节规定了听证制度，实践中应注重把握案件焦点，增强听证的针对性。

四、跟进监督

跟进监督，是检察机关忠实履行法律监督职责，确保监督效果的必然要求。目前的跟进监督主要是报请上级检察院跟进监督与报请党委、人大跟进监督。

（一）提请上级检察院监督

《民事诉讼监督规则》第16条明确规定："上级人民检察院认为确有必要的，可以办理下级人民检察院管辖的民事诉讼监督案件。下级人民检察院对有管辖权的民事诉讼监督案件，认为需要由上级人民检察院办理的，可以报请上级人民检察院办理。"下级检察机关认为需要上级检察机关跟进监督的，可以报请上级人民检察院办理。另外，《渎职监督规定》第13条也是报请上级检察院跟进监督的重要依据。

（二）报请党委、人大跟进

实践中，有部分法院抵触监督，为监督设置障碍甚至是拒绝接受监督或者拒绝反馈。因此，检察机关在必要时可以向同级人大常委会进行请示汇报，启动人大监督机制。《渎职监督规定》第10条规定，"对于确有渎职违法行为，但是尚未构成犯罪的,应当依法向被调查人所在机关发出纠正违法通知书,并将证明其渎职行为的材料按照干部管理权限移送有关机关处理"。将材料移送党委、人大,也是启动党委、人大监督的重要方式。

思考题

1. 上级人民检察院经审查认为需要监督下级人民法院违法执行行为的,应如何监督?监督意见由哪一级检察院作出,向哪一级人民法院发出?
2. 如何认识民事执行检察监督案件的前置程序?

第七章　行政检察工作

第一节　行政检察概述

行政检察作为检察制度的组成部分，不能脱离检察机关作为法律监督机关的本质属性和宪法定位。我国宪法第129条明确规定，我国检察机关是国家的法律监督机关。检察监督应当定位于对公权力是否依法行使实行法律监督，以保障法律统一正确实施。相应地，行政检察的职能应定位于保障行政法律的统一正确实施，监督行政法律实施过程中审判权与行政权的依法行使。

一、行政检察的对象和范围

以监督审判权与行政权，防止其滥用和怠于行使，维护行政法律统一正确实施为出发点，行政检察的对象应与行政法律法规的实施相对应，根据实施主体和环节的不同，应包括对行政诉讼活动的监督和行政执法活动的监督。对行政诉讼活动的监督主要是对人民法院行使行政审判权活动的监督和对行政机关诉讼行为的监督。

（一）对人民法院行政审判活动的监督

检察机关对人民法院行政审判活动进行监督，早在1989年出台的行政诉讼法中就被确定。该法第10条规定："人民检察院有权对行政诉讼实行法律监督。"由于该规定过于概括，并没有明确行政检察的具体对象。虽然该法分则部分只有第64条的规定，即"人民检察院对人民法院已经发生法律效力的判决、裁定，发现违反法律、法规规定的，有权按照审判监督程序提出抗诉"，但不能得出只有"已经发生法律效力的判决、裁定"才是行政检察监督对象的结论。2014年11月1日第十二届全国人民代表大会常务委员会第十一次会议通过的《关于修改〈中华人民共和国行政诉讼法〉的决定》对原行政诉讼法作出了新的修改（以下简称新行政诉讼法），进一步明确了人民检察院对人民法院行政审判的监督范围。

根据新行政诉讼法第93条和第101条的规定，人民检察院对人民法院行政审判活动的监督范围应包括以下几个方面：

1. 对人民法院生效行政判决、裁定和行政赔偿、补偿调解等裁判结果的行政检察。

已发生法律效力的行政判决和裁定，是人民法院行使行政审判权的结果，该结果是否正确、合法，需要同时满足以下四个条件：一是认定案件基本事实的证据达到行政诉讼的证明标准；二是适用法律正确；三是审判程序合法；四是审判人员在审理该案时无贪污受贿、徇私舞弊、枉法裁判等违法行为。不符合上述条件之一的，难以得出该判决、裁定合法的结论。

另外，新行政诉讼法第60条规定，"人民法院审理行政案件，不适用调解。但是，行政赔偿、补偿以及行政机关行使法律、法规规定的自由裁量权的案件可以调解。调解应当遵循自愿、合法原则，不得损害国家利益、社会公共利益和他人合法权益"。对行政赔偿、补偿案件调解，促成双方达成调解协议，是行政赔偿、补偿案件重要的结案方式，也是化解矛盾，维护社会和谐稳定的有效手段，但行政赔偿、补偿调解应当遵循当事人自愿原则及调解协议内容不得违反法律规定的合法原则。调解书经过人民法院确认，赋予了与判决、裁定同等的法律效力，说明调解书是人民法院行使审判权的结果。对于不适用调解的行政诉讼，以调解书作为结案方式，或者行政赔偿、补偿案件的调解违反自愿、合法原则，损害国家利益、社会公共利益或者他人合法权益，以及发生法律效力的行政判决、裁定，不符合合法条件的，均属于未依法行使审判权的结果，必然影响行政法律的统一正确实施，当然属于人民检察院行政检察的对象。

2. 对人民法院行政诉讼中违反法律规定行为的行政检察。

除判决、裁定裁判结果法律文书外，人民法院的审判活动还包括受理、管辖、保全、回避、证据调查、庭审、强制措施、送达等不以书面法律文书方式表现出来的审判行为，这些审判行为中存在的违法包括违法作为和怠于履行职责的不作为两种情形。由于人民法院是诉讼进程中的主导者和指挥者，人民法院的审判行为对当事人的诉讼权利和诉讼的进程、结果能够产生重要的影响。例如，人民法院不受理的行政案件不出具书面裁定，对具备受理条件的起诉以种种理由进行刁难，强迫当事人撤诉、违法送达，或者长期不开庭、不判决，对当事人提出的回避、保全申请置之不理等，违法履行或者不履行审判职责，这些行为都是违反行政诉讼法有关规定行使审判权的行为，损害了司法机关的威信，影响了行政诉讼制度功能的实现，阻碍了法律的统一正确实施，理应成为检察机关行政检察的对象。行政诉讼中审判活动违反法律规定的行为，包括审判程序违法和审判人员在审判程序中的违法行为，与民事诉讼中的情况类似，相关内容可参考民事检察相关内容，本章不再赘述。

3. 对人民法院行政强制执行活动的行政检察。

人民法院的强制执行包括人民法院强制执行行政裁判、行政赔偿、补偿调解书的行为和强制执行非诉行政行为的活动。在执行依据合法的情况下，强制执行行为本身也可能存在错误的情形，如滥用执行权、扩大执行范围、执行对象错误等。因此，将人民法院强制执行行为作为行政检察的对象，完全符合检察监督的宪法定位。新行政诉讼法第101条已作出"人民检察院对行政案件受理、审理、裁判、执行的监督，本法没有规定的，适用《中华人民共和国民事诉讼法》的相关规定"的规定。（民事诉讼法第235条规定："人民检察院有权对民事执行活动实行法律监督。"）

非诉行政行为是指未经过行政诉讼的行政行为。此类行政行为生效后具有执行力，但申请人民法院执行时，还需要经过人民法院的合法性审查，被确认合法后才能获得人民法院的强制执行。人民法院对于非诉行政行为是否合法的审查，应当遵循新行政诉讼法和最高人民法院《关于执行〈中华人民共和国行政诉讼法〉若干问题的解释》（以下简称《高法行政诉讼若干解释》）及相关行政法律、法规的有关规定，依法作出准予、不准予非诉行政行为执行裁定。人民法院是否依法作出准予、不准予非诉行政行为执行裁定，直接关系到行政法律、法规的统一正确实施，亦涉及人民法院审判权是否合法行使，进而成为行政检察的对象。

4. 对司法解释和一般性指导意见的监督。

对于行政审判实践中的疑难问题或经常性问题，最高人民法院按照规定出台司法解释，地方法院也会制定一般性指导意见，来规范和指导司法审判工作，保障行政法律的统一正确适用。实际上，司法解释和指导意见同样属于法实施的重要方式，如果说案件裁判属于个别性行为，司法解释和指导意见就是司法环节中的一般性行为，同样应纳入检察监督的范畴。涉及行政法律适用的司法解释或指导性意见如果违背了法律的明确规定，检察机关亦应进行监督。

（二）对行政机关行政行为的监督

行政行为是行政主体在履行行政职责过程中所实施的具有法律意义的行为。

我国现行法律已有检察权对行政权监督的规定。如1990年国务院颁布的《中华人民共和国看守所条例》第8条规定，"看守所的监管活动受人民检察院的法律监督"；1995年《中华人民共和国人民警察法》（以下简称人民警察法）第42条规定，"人民警察执行职务，依法接受人民检察院和行政监察机关的监督"；2005年《中华人民共和国治安管理处罚法》（以下简称治安管理处罚法）第114条第2款规定，"公安机关及其人民警察办理治安案件，不严格执法或者有违法违纪行为的，任何单位和个人都有权向公安机关或者人民检察院、行政监察机关检举、控告；收到检举、控告的机关，应当依据职责及时处理"。

虽然我国现行立法对行政机关行政行为检察监督的规定极其有限，各项规定之间也没有自觉的一致性，但存在立法依据却是不争的事实。根据2014年10月23日中国共产党第十八届中央委员会第四次全体会议通过的《中共中央关于全面推进依法治国若干重大问题的决定》（以下简称四中全会决定）提出的"检察机关在履行职责中发现行政机关违法行使职权或者不行使职权的行为，应当督促其纠正"的要求，结合实践中地方检察机关已经开展的对行政执法行为的监督工作①，对行政行为的检察监督包括以下几个方面：

1. 对具体行政行为的行政检察。

具体行政行为是指在行政管理过程中，针对特定的人或事采取具体措施的行为，其行为的内容和结果将直接影响特定个人或组织的权益。具体行政行为最突出的特点，就是行为对象的特定性和具体化。具体行政行为是实施行政法律的重要途径之一，理应属于行政检察的范畴；但由于我国法律已经规定了行政复议和行政诉讼两种救济途径，对于一般的违法具体行政行为，检察机关应首先建议行政相对人提起行政复议或行政诉讼，不宜直接予以监督。只有具体行政行为损害国家利益和社会公共利益，检察机关具有介入必要性和适当性的，才应作为行政检察的对象。

2. 对抽象行政行为的行政检察。

抽象行政行为是行政机关针对不特定的人和不特定的事制定具有普遍约束力的规范性文件的行为，包括行政立法和其他抽象行政行为。目前，新行政诉讼法第53条已规定："公民、法人或者其他组织认为行政行为所依据的国务院部门和地方人民政府及其部门制定的规范性文件不合法，在对行政行为提起诉讼时，可以一并请求对该规范性文件进行审查。前款规定的规范性文件不含规章。"将规章以下的规范性文件有条件地纳入司法审查范围，但由于包括规章在内的规范性文件往往涉及国家利益或者社会公共利益，而权力机关的监督和社会监督并不到位，致使抽象行政行为存在不少问题，如制定规范性文件的

---

① 如深圳市南山区区委下发了《南山区建立行政执法检察监督机制工作方案》，明确南山区人民检察院有权对重大责任事故、行政违法行为、重大行政处罚及社会热点问题等四类行政执法行为进行监督。河南省各级检察机关经过实践探索，形成了三种行政检察监督模式，即紧密结合抗诉业务开展行政执法监督的"淮滨模式"、紧密围绕公共利益开展监督的"南阳模式"以及全面对行政执法行为开展监督的"宜阳模式"等。

主体混乱，随意性大，越权情况严重，其内容与上位规范性文件不相符合甚至出现抵触等，已经成为亟须予以法律监督的重点领域。

3. 对行政机关诉讼违法行为的行政检察。

对行政机关的诉讼违法行为进行监督，是由我国行政机关在政治和社会生活中相对较为强势的地位、法院相对较不易真正实现独立审判的实际情况，以及保障相对人行政诉权的实际需要决定的。

4. 对行政机关其他违法行为的行政检察。

四中全会决定明确指出，"检察机关在履行职责中发现行政机关违法行使职权或者不行使职权的行为，应当督促其纠正"。

二、行政检察监督的方式

（一）进行事实调查

进行事实调查是行政检察不可缺少的基础和前提，只有享有调查权，才能及时发现行政法律领域的违法情形。民事诉讼法第210条规定，人民检察院因履行法律监督职责提出检察建议或者抗诉的需要，可以向当事人或者案外人调查核实有关情况。该规定同样适用于行政检察。事实调查不是侦查，行政检察部门在监督中发现犯罪线索的，应及时移送侦查部门。事实调查也不是为一方当事人调查取证，以致干扰或影响其他当事人权利的正常行使。

事实调查包括调阅审判卷宗、要求相关当事人说明情况以及调查取证等。随着司法改革的推进，事实调查已经不仅仅是检察监督的基础性手段，同样也是一种监督方式。这种监督方式已经被民事诉讼法、新行政诉讼法、"两高三部"司改文件《渎职监督规定》和《民事诉讼监督规则》所确认。虽然说行政检察部门目前不再直接行使职务犯罪侦查权，但并不意味着无权对行政诉讼中的违法行为进行调查。行政检察部门在办理行政诉讼监督案件中，应当对发现的职务违法行为进行调查，查明违法行为的主体、违法行为的表现、造成的后果以及违法行为产生的原因以及根源等；对于涉嫌构成犯罪的，应当依照相关规定将线索移交相关职能部门处理。

（二）提出行政抗诉或者再审检察建议

提出抗诉是我国行政诉讼法明确规定的行政检察方式，抗诉的法律后果是启动审判监督程序。因此，适用抗诉和提出再审检察建议方式的对象只能是可以适用再审的行政判决、裁定。

根据新行政诉讼法第93条规定，最高人民检察院对各级人民法院已经发生法律效力的判决、裁定，上级人民检察院对下级人民法院已经发生法律效力的判决、裁定，发现有本法第91条规定情形之一，或者发现调解书损害国家利益或者社会公共利益的,应当提出抗诉。地方各级人民检察院对同级人民法院已经发生法律效力的判决、裁定,发现有本法第91条规定情形之一,或者发现调解书损害国家利益或者社会公共利益的,可以向同级人民法院提出检察建议,建议人民法院自行启动再审程序。

对于调解违反自愿、合法原则,损害他人合法权益的,也应当提出检察建议,建议人民法院予以纠正。

(三) 提出检察建议

依据新行政诉讼法第93条第3款的规定,各级人民检察院对审判监督程序以外的其他审判程序中审判人员的违法行为,有权向同级人民法院提出检察建议。亦即人民检察院发现人民法院的行政审判活动违法,并且该审判活动不能适用再审程序的,应当提出检察建议。

(四) 提出纠正违法通知

2013年《科学发展意见》规定:对下列影响公正司法的诉讼违法行为,尚未构成犯罪的,检察机关可以依照《渎职监督规定》,以纠正违法通知书的形式进行监督:在审判活动中故意违背事实和法律作枉法裁判,在执行判决、裁定活动中严重不负责任或者滥用职权,不依法采取保全措施、不履行法定执行职责,或者违法采取保全措施、强制执行措施等,致使当事人或者其他人合法权益遭受损害的;收受或者索取当事人及其近亲属或者其委托的人贿赂的;其他严重违反行政诉讼法规定,不依法履行职责,损害当事人合法权益的行为。

(五) 提起行政公益诉讼

虽然新行政诉讼法未对行政公益诉讼作出规定,但四中全会决定明确提出,"探索建立检察机关提起公益诉讼制度"。习近平总书记在关于四中全会决定的说明中进一步指出,"在现实生活中,对一些行政机关违法行使职权或者不作为造成对国家和社会公共利益侵害危险的案件,如国有资产保护、国有土地使用权转让、生态环境和资源保护等,由于与公民、法人和其他社会组织没有直接的利害关系,使其没有也无法提起公益诉讼,导致违法行政行为缺乏有效司法监督,不利于依法行政、严格执法,加强对公共利益的保护。由检察机关提起公益诉讼,有利于优化司法职权配置、完善行政诉讼制度,也有利于推进法治政府建设"。检察机关对行政机关违法作为或者不作为造成国家和社会公共利益损害的案件提起行政公益诉讼(行政公诉),将是检察机关监督行政权的重要方式。当然,检察机关提起行政公诉的范围、对象、条件、程序、保障等有待于实践探索和顶层设计。

第二节 行政诉讼检察对行政裁判中认定事实错误的监督

根据新行政诉讼法第93条规定，人民检察院发现人民法院已经发生法律效力的判决、裁定，有本法第91条规定情形之一，应当提出抗诉、再审检察建议。

其中新行政诉讼法第91条规定："当事人的申请符合下列情形之一的，人民法院应当再审：（一）不予立案或者驳回起诉确有错误的；（二）有新的证据，足以推翻原判决、裁定的；（三）原判决、裁定认定事实的主要证据不足、未经质证或者系伪造的；（四）原判决、裁定适用法律、法规确有错误的；（五）违反法律规定的诉讼程序，可能影响公正审判的；（六）原判决、裁定遗漏诉讼请求的；（七）据以作出原判决、裁定的法律文书被撤销或者变更的；（八）审判人员在审理该案件时有贪污受贿、徇私舞弊、枉法裁判行为的。"

一、行政裁判中需要认定的事实

行政诉讼的审查对象是被诉行政行为的合法性，因此，与行政行为合法性有关的事实都是人民法院需要查明并作出认定的事实。除此之外，对于起诉人是否具有原告资格，起诉是否符合法定条件，以及影响原告诉权及诉讼后果的其他事实，人民法院也需要作出认定。

具体来说，行政诉讼中需要人民法院作出认定的事实包括以下方面：

（一）有关当事人资格的事实

行政诉讼的当事人包括原告、被告和第三人等。对于当事人是否有诉讼主体资格、是否具有相应的行为能力，人民法院在行政诉讼中首先需要作出认定。

（二）起诉条件的审查认定

原告资格与起诉条件不同。原告资格只是起诉条件的一部分。原告起诉是否符合法定条件，也是人民法院在行政诉讼中必须查明认定的事实。根据新行政诉讼法第49条规定，起诉人提起行政诉讼除需要具有原告资格外，必须符合以下条件：

第一，必须有明确的被告。被告不具体、明确的，人民法院无法审理。原告错列被告而拒绝变更的，应当承担人民法院不予受理或者驳回起诉的法律后果。

第二,有具体的诉讼请求和事实依据。诉讼请求是要求人民法院确认行政行为违法,或是请求撤销、变更行政行为,或是要求行政机关重新作出行政行为;涉及行政赔偿的,要有具体明确的赔偿金额。

事实依据是指原告提出诉讼请求所依据的案件事实、证据事实和法律依据。①

第三,属于人民法院受案范围和受诉人民法院管辖。其中,人民法院受理行政诉讼案件的范围属于法院主管问题。新行政诉讼法第12条具体列举了人民法院受理利害关系人对行政行为不服提起的诉讼范围,除此之外,人民法院受理法律、法规规定可以提起诉讼的其他行政案件。

第四,在法定期限内提起诉讼。原告提起行政诉讼除需要具备新行政诉讼法第49条规定的条件外,还必须在法律规定的期限内提出,逾期起诉导致法院不予受理。

第五,法律、法规规定应当先申请复议,公民、法人或者其他组织未申请复议直接提起诉讼的,人民法院不予受理。复议机关不受理复议申请或者在法定期限内不作出复议决定,公民、法人或者其他组织不服,依法向人民法院提起诉讼的,人民法院应当依法受理。

第六,不具有一事不再理情形。原告重复起诉的、行政诉讼的标的为人民法院生效判决书、裁定书、调解书所羁束的,或者人民法院裁定准许原告撤诉后,原告无正当理由以同一事实和理由重新起诉的,人民法院不予受理。准予撤诉的裁定确有错误,原告申请再审的,人民法院应当通过审判监督程序撤销原准予撤诉的裁定,重新对案件进行审理。

(三)有关被诉行政行为合法性的事实认定

根据新行政诉讼法第69条、第70条规定,合法的行政行为应当同时具备主要证据确凿,适用法律、法规正确,符合法定程序,不存在超越职权、滥用职权和不履行法定职责等问题。行政机关作出的行政行为同时具备这几个条件的,才属于合法的行政行为,缺少其中任何一个条件的,都属于违法的行政行为。

(四)对影响原告诉权及诉讼后果的其他事实的认定

原告在行政诉讼过程中是否提出缓交、减交、免交诉讼费申请,是否申请鉴定、申请人民法院调取证据,当事人在行政诉讼程序中是否申请审判人员回避,提交证据的时间、证据是否失权,是否存在诉讼中止、终结情形等,这些

---

① 参见江必新、梁凤云:《行政诉讼法理论与实务》,北京大学出版社2009年版,第726页。

事实均会产生一定的诉讼后果,人民法院也需要作出认定,该认定正确与否影响着原告的诉权及诉讼结果,亦属于人民检察院行政检察监督的范围。

二、人民法院认定事实的主要证据不足的情形

1. 人民法院采信的证据不具有关联性、客观性、合法性,导致认定的事实缺乏证据证明的,包括被人民法院采信的证据是伪造、变造的,或者以非法手段取得的证据。

2. 人民法院对有证据证明的事实不予认定,或者对没有证据证明的事实予以认定的。

3. 未达到证明标准而予以认定的。对当事人来说,证明标准是对其履行举证责任程度的要求;对人民法院而言,证明标准是认定当事人是否完成举证责任的尺度;对人民检察院来讲,证明标准是对人民法院认定事实正确与否的判断标准。

4. 采信无正当理由逾期提供的证据的。新行政诉讼法第34条规定,被告不提供或者无正当理由逾期提供证据,视为没有相应证据。但是,被诉行政行为涉及第三人合法权益,第三人提供证据的除外。最高人民法院《关于行政诉讼证据若干问题的规定》(以下简称《高法行政诉讼证据若干规定》)第7条规定,原告或者第三人应当在开庭审理前或者人民法院指定的交换证据之日提供证据。因正当事由申请延期提供证据的,经人民法院准许,可以在庭审调查中提供。逾期提供证据的,视为放弃举证权利。原告或者第三人在第一审程序中无正当事由未提供而在第二审程序中提供的证据,人民法院不予接纳。

5. 人民法院认定事实所依据的证据为违反证据卷外排除规则的。案件外证据的排除规则是行政诉讼特有的证据规则。事实认定是行政主体作出具体行政行为的前提,而事实认定又是以有证据证明为基础的。这就要求行政主体在行使职权,作出行政行为时,必须遵循"先取证,后裁决"的基本原则,并且将认定事实的证据附于相应的案卷之内。《高法行政诉讼证据若干规定》第60条规定,下列证据不能作为认定被诉具体行政行为合法的依据:(1)被告及其诉讼代理人在作出具体行政行为后或者在诉讼程序中自行收集的证据;(2)被告在行政程序中非法剥夺公民、法人或者其他组织依法享有的陈述、申辩或者听证权利所采用的证据;(3)原告或者第三人在诉讼程序中提供的、被告在行政程序中未作为具体行政行为依据的证据。第61条规定,复议机关在复议程序中收集和补充的证据,或者作出原具体行政行为的行政机关在复议程序中未向复议机关提交的证据,不能作为人民法院认定行政行为合法的依据。需要说明的是,前述证据虽然不能作为认定行政行为合法的依据,但仍然可以作为行政行为违法的依据。新行政诉讼法第 34 条、第 35 条也作了相关规定。

三、对行政裁判认定事实证据不足的行政检察

认定事实证据不足，指认定案件主要事实，即对行政诉讼各方当事人权利义务有较大影响，对案件的处理有较大影响的事实，所依据的证据不足。认定非主要事实的证据不足或者存在瑕疵，不影响案件的处理结果，不必进行监督，否则会增加当事人的诉累，浪费司法资源。

第三节　行政诉讼检察对行政裁判中适用法律错误的监督

行政裁判适用法律错误，是指人民法院在行政裁判中适用法律错误，不是指行政机关在行政行为中适用法律错误。行政机关在行政行为中适用法律错误的，是人民法院确认该行政行为违法的依据，不属于人民法院适用法律问题。

一、人民法院审理行政案件的法律依据

人民法院依据法律、行政法规、地方性法规、自治条例和单行条例的规定，并可以参照规章的规定，审理行政案件。此外，决议、决定、命令等规范性文件都不是行政法的正式法律渊源，对法院不具有法律规范意义上的约束力，即使在审理行政案件中予以参考，也不是作为法律规范意义上的法律依据进行援引。

二、适用法律错误的情形

行政裁判适用法律错误，是指行政判决适用实体法错误和行政裁定适用程序法错误。主要表现在错误认定法律关系性质、当事人权利义务、行政行为的效力、行政法律责任及错误适用法律规范等方面。

1. 错误认定法律关系性质。如把刑事法律关系、民事法律关系认定为行政法律关系，或者将此种行政法律关系认定为彼种行政法律关系。

2. 错误认定行政行为的效力。将有效的行政行为认定为无效，或者将无效的行政行为认定为有效。

3. 确定当事人权利义务错误，或者错误确定当事人的法律责任。

4. 错误适用法律规范。包括：（1）具体法律适用错误，即应当适用此法，而人民法院适用了彼法；（2）适用了已经失效或者尚未生效的法律规范，或

者适用法律的时间效力（溯及力）、空间效力、对人对事的效力错误；（3）法条适用错误，即虽然适用了正确的法律，但应当适用该法此条规定，人民法院却适用了该法彼条规定；（4）错误适用法律适用规则（法律规范冲突下的适用错误）[①]；（5）没有法律依据。

三、对行政诉讼裁判中适用法律错误的行政检察

人民法院审理行政诉讼案件中适用法律错误，一般会导致责任承担错误，使当事人之间的利益失衡，损害当事人的合法利益，同时也影响了法律的统一、正确实施，有损于法律的尊严和司法权威。因此，对于适用法律错误的行政裁判，人民检察院应当实行行政检察。

第四节 行政诉讼检察中对审判程序违法的监督

行政诉讼的法定程序是指法律规定的人民法院审理行政案件所必须遵循的方式、方法、步骤、顺序和时限。行政诉讼的法定程序是当事人实现实体权利的保障，人民法院审理行政案件应当严格遵守。这既是对法律的尊重，也是"有法可依，有法必依，执法必严，违法必究"的社会主义法制的基本要求。

一、违反法定程序的情形

（一）管辖或者主管错误

行政诉讼中的主管是指人民法院有权审理行政案件的范围，解决的是人民法院与其他国家机关之间处理行政争议的权限及分工；行政诉讼的管辖则是人民法院内部受理行政案件的权限与分工。

关于人民法院受理（主管）行政案件的范围，新行政诉讼法第12条第1款具体列举了人民法院受理的利害关系人对行政行为不服提起诉讼的情形，第2款并明确规定人民法院受理法律、法规规定可以提起诉讼的其他行政案件。第13条列举了4项不可诉的行为，包括外交、国防等国家行为，行政法规、规章及具有普遍约束力的决定、命令，行政机关对行政机关工作人员的奖惩、任免等决定，法律规定由行政机关最终裁决的行政行为，将其排除在人民法院

[①] 当调整同一对象的两个或者两个以上的法律规范因规定不同的法律后果而产生矛盾时，如何解决冲突，一般情况下应当根据立法法规定的法律位阶，按照上位法优于下位法、后法优于前法以及特别法优于普通法、同位阶的法律规范具有同等的法律效力，在各自权限范围内实施等法律适用规则，判断和选择所应用的法理规范。

主管之外。此外，《高法行政诉讼若干解释》第1条列举了5种不可诉的行为，包括刑事司法行为、调解行为以及法律规定的仲裁行为、不具有强制力的行政指导行为、驳回当事人对行政行为提起申诉的重复处理行为和对公民、法人或者其他组织权利义务不产生实际影响的行为，均不属于行政行为的范畴，因而将其排除在人民法院主管范围之外。原则上，除上述不可诉行为以外，对其他行政行为不服提起诉讼的，都属于人民法院的受案范围。人民法院对于受案范围之外的事项没有审判权，而对于属于受案范围的行政案件不得拒绝受理。

关于行政诉讼案件的管辖，新行政诉讼法第14~17条（级别管辖）和第18~20条（地域管辖）分别作出了规定。当事人对于违法管辖提出异议，人民法院未予纠正，继续审理并作出裁判的，亦属于违法行使审判权。

（二）审判组织的组成不合法、普通程序审判组织采用独任制或者依法应当回避的审判人员没有回避的

根据新行政诉讼法第7条、第83条规定，人民法院审理行政案件实行合议制，除适用简易程序的一审案件外，不能采取独任制。合议庭由3人或者3人以上单数的审判员或者审判员和陪审员组成。案件重审、再审的，应当另行组成合议庭。适用普通程序的行政案件审判组织未采用合议制、合议庭组成不合法以及重审、再审未另行组成合议庭的，均属于违反法定程序。

行政诉讼法及相关司法解释明确规定了回避制度，审判人员及其他有关人员应当回避而不回避的，检察机关应当监督。

（三）遗漏必须参加诉讼的当事人的

当事人一方或者双方为两人以上，因同一行政行为而发生的诉讼，为必要的共同诉讼。必要的共同诉讼中，因争议的行政行为是同一的，各个共同诉讼人与同一行政行为有法律上的利害关系，其与该行政行为在权利义务上具有不可分割的联系，该行政行为的维持与撤销，涉及各个共同诉讼人的切身利益，必须由受诉人民法院统一审理、统一判决，而不能分别审理和判决。对于必要的共同诉讼，原告没有一同起诉或者被告没有一同被诉的，人民法院可基于当事人一方的申请或者依职权，通知应当参加诉讼的当事人参加诉讼。

（四）未经合法传唤，缺席判决的

人民法院经传票传唤被告无正当理由拒不到庭的，人民法院可以缺席判决；原告、上诉人申请撤诉，人民法院裁定不予准许的，原告或者上诉人经合法传唤无正当理由拒不到庭，或者未经法庭许可中途退庭的，人民法院也可以缺席判决。对于未经合法传唤的，当事人未到庭参加诉讼的，人民法院不得缺席判决。

（五）遗漏或者超出诉讼请求裁判的

"不告不理"是人民法院行使审判权的基本原则。人民法院审理案件，必须针对当事人提出的诉讼请求作出裁判。《高法行政诉讼若干解释》第80条第5项规定，人民法院审理再审案件，发现生效裁判对与本案有关的诉讼请求未予裁判的，应当裁定发回作出生效判决、裁定的人民法院重新审理。新行政诉讼法第91条第6项亦将遗漏诉讼请求作为启动再审的条件之一。遗漏诉讼请求，可以认为是人民法院审理案件违反法定程序。

当事人的诉讼请求与行政行为的合法性密切相关的，人民法院应当首先审查行政行为的合法性，不属于超出当事人的诉讼请求。除此之外，超出当事人诉讼请求，对当事人权利义务产生影响的裁判，也属于违反审判程序。

（六）依法应当开庭审理而未经开庭审理即作出判决的

人民法院对行政案件实行公开审理，是行政诉讼的一项重要制度。根据新行政诉讼法第54条的规定，人民法院审判案件，必须坚持依法公开审判的制度。公开审判包括公开开庭、公开宣判，但涉及国家秘密、个人隐私和法律另有规定的除外。另外，涉及商业秘密的案件，当事人申请不公开审理的，也可以不公开审理。

（七）错误分配举证责任的

根据新行政诉讼法第34条第1款规定："被告对作出的行政行为负有举证责任，应当提供作出该行政行为的证据和所依据的规范性文件。"该条规定实质上是我国行政诉讼中的举证责任分配原则。被告对被诉行政行为合法性所承担的举证责任均属说服举证责任，而不是推进举证责任，若其举证不能，应当承担败诉的法律后果。

行政诉讼法规定被告对行政行为承担举证责任，并不意味着原告、第三人在行政诉讼中不承担任何举证责任。根据新行政诉讼法第38条，公民、法人或者其他组织向人民法院起诉时，应当提供其符合起诉条件的相应的证据材料。在起诉被告不作为的案件中，原告应当提供其在行政程序中曾经提出申请的证据材料，但有下列情形之一的除外：（1）被告应当依职权主动履行法定职责的；（2）原告因正当理由不能提供证据的。被告认为原告起诉超过法定期限的，由被告承担举证责任。在行政赔偿、补偿案件中，原告应当对被诉行政行为造成的损害事实提供证据。因被告的原因导致原告无法举证的，才由被告承担举证责任。

如果人民法院违反法律规定，超出范围要求当事人举证，或者将举证责任颠倒，都属于错误分配举证责任。

（八）限制当事人举证的

对所主张的事实予以证明，既是当事人的诉讼义务，也是当事人在诉讼中的权利。人民法院应当依法保障当事人举证权利，不得随意缩短当事人的举证时间，拒绝接受当事人的举证，或者不予准许当事人有正当理由的延期举证的申请。

（九）剥夺当事人辩论权的

当事人在诉讼中享有辩论权，是行政诉讼法的明确规定，这既是当事人在诉讼中法律地位平等的体现，也是保障当事人维护自身合法利益的需求。贯彻执行辩论原则，有利于人民法院客观、全面地了解案情，正确处理案件。为此，人民法院必须为当事人提供平等的辩论条件和机会，并尊重当事人的意见，不得剥夺当事人的辩论权，压制一方当事人进行辩论。没有当事人的辩论过程，人民法院作出的裁判也就失去了正当性的基础。

（十）违法调解的

根据新行政诉讼法第60条规定，除行政赔偿、补偿以及行政机关行使法律、法规规定的自由裁量权的案件可以调解外，人民法院审理行政案件，不适用调解。人民法院审理行政案件是对被诉行政行为合法性进行审查，也是司法对行政权合法行使的一种监督。对行政行为是否合法的判断标准是事实与法律，对此不应当由双方当事人"相互让步与谅解"。

（十一）将未经质证的证据作为定案根据的

原行政诉讼法虽然对质证问题未作规定，但《高法行政诉讼若干解释》第31条第1款规定，"未经庭审质证的证据不能作为人民法院裁判的依据"。新行政诉讼法第43条已明确规定，证据应当在法庭上出示，并经当事人相互质证。根据上述规定，质证是人民法院采信的前提和必经程序。

对于庭前交换证据中没有争议的证据，则无须质证。《高法行政诉讼证据若干规定》第35条第2款及第36条规定，"当事人在庭前交换证据过程中没有争议并记录在卷的证据，经审判人员在庭审中说明后，可以作为认定案件事实的依据"；"经合法传唤，因被告无正当理由拒不到庭而需要依法缺席判决的，被告提供的证据不能作为定案的依据，但当事人在庭前交换证据中没有争议的证据除外。"

（十二）裁判形式错误或者裁判违法侵害行政权的

根据新行政诉讼法第69条、第70条规定，人民法院审理行政案件，行政行为证据确凿，适用法律、法规正确，符合法定程序的，判决维持；行政行为的主要证据不足，适用法律、法规错误，违反法定程序，超越职权，滥用职权，或者明显不当的，判决撤销或者部分撤销，并可以判决被告重新作出行政行为。根据新行政诉讼法第72条规定，人民法院经过审理，查明被告不履行法定职责的，判决其在一定期限内履行。根据新行政诉讼法第74条规定，行政行为有下列情形之一的，人民法院判决确认违法，但不撤销行政行为：（1）行政行为依法应当撤销，但撤销会给国家利益、社会公共利益造成重大损害的；（2）行政行为程序轻微违法，但对原告权利不产生实际影响的。行政行为有下列情形之一，不需要撤销或者判决履行的，人民法院判决确认违法：（1）行政行为违法，但不具有可撤销内容的；（2）被告改变原违法行政行为，原告仍要求确认原行政行为违法的；（3）被告不履行或者拖延履行法定职责，判决履行没有意义的。根据该法第75条、第79条规定，行政行为有实施主体不具有行政主体资格或者没有依据等重大且明显违法情形，原告申请确认行政行为无效的，人民法院判决确认无效。复议机关与作出原行政行为的行政机关为共同被告的案件，人民法院应当对复议决定和原行政行为一并作出裁判。人民法院对于上述情形违反规定作出裁判，属于适用裁判形式错误，构成违法。

根据新行政诉讼法第77条规定，对于行政处罚明显不当，或者其他行政行为涉及对款额的确定、认定确有错误的行政诉讼案件，人民法院具有变更权，对其他行政案件则不具有变更权。同时，人民法院判决变更，不得加重原告的义务或者减损原告的权益，但利害关系人同为原告，且诉讼请求相反的除外。另外，人民法院审理行政案件不得对行政机关未予处罚的人直接给予行政处罚。如果法院判决违反上述规定，超出了合法的范围和幅度，混淆了司法权与行政权的界限，属于司法裁判权对行政权的侵害，同样构成违法。

（十三）人民法院怠于履行调查取证职责的

根据新行政诉讼法第41条规定，与本案有关的下列证据，原告或者第三人不能自行收集的，可以申请人民法院调取：（1）由国家机关保存而须由人民法院调取的证据；（2）涉及国家秘密、商业秘密、个人隐私的证据；（3）确因客观原因不能自行收集的其他证据。对于上述情形，人民法院怠于履行调查取证职责，致使无法查明案件事实，导致裁判可能错误的，属于严重违反法定程序的行为。

二、对行政裁判违反法定程序的行政检察

根据新行政诉讼法第91条规定，"违反法律规定的诉讼程序，可能影响公正审判的"，属于该法第93条规定的人民检察院应当依法监督的情形。

第五节 其他情形的法律监督

人民检察院发现已经发生法律效力的行政判决、裁定,存在新行政诉讼法第 91 条第 2 项、第 7 项规定的"有新的证据,足以推翻原判决、裁定的",或者"据以作出原判决、裁定的法律文书被撤销或者变更的"情形的,应当通过提出监督意见,启动再审程序。虽然该两种情形不属于原裁判错误或者违法,但应当予以再审,以保护当事人的合法权益,维护社会公平正义。

根据新行政诉讼法第 61 条第 1 款规定,在涉及行政许可、登记、征收、征用和行政机关对民事争议所作的裁决的行政诉讼中,当事人申请一并解决相关民事争议的,人民法院可以一并审理。故在行政附带民事的诉讼中,对民事裁判的监督适用民事诉讼检察监督的相关规定。

第六节 行政诉讼检察中对审判人员违法的监督

实现司法公正是人民法院的首要价值目标,保障实现司法公正是检察监督的重要职责。司法公正是以司法人员的职能活动为载体的,它体现在司法人员的职能活动之中,司法公正的主体当然是以法官、检察官为主的司法人员。

在司法工作中保持清正廉洁,是审判人员职业道德的重要内容。审判人员在审理案件时有贪污受贿、徇私舞弊、枉法裁判行为的,该案的裁判就失去了公信力,人民检察院应当对其提出抗诉,启动审判监督程序。

还需要指出的是,经查证审判人员有贪污受贿、徇私舞弊、枉法裁判行为,涉嫌构成犯罪的,应当将其移交检察机关职务犯罪侦查部门进行查处;不构成犯罪但需要给予党纪、政纪处理的,应当移送相关党的纪律检查部门或者行政监察部门处理。

第七节 行政诉讼的监督方式

一、对能够启动再审程序的行政诉讼裁判和调解的监督

部分民事判决,如依据公示催告程序作出的除权判决,不能申请再审,而行政诉讼中所有的判决均可以适用再审程序。所有行政判决违反法律、法规规定的,检察机关都可以提出抗诉或者再审检察建议。

根据行政诉讼法和相关司法解释,行政诉讼中可以适用再审程序的行政裁

定有四种，分别是不予受理、驳回起诉、管辖权异议和准予撤诉的裁定，其他裁定是否适用再审程序尚不明确。对于适用再审程序（审判监督程序）的上述四种生效行政裁定，检察机关发现其违反法律、法规规定的，可以提出抗诉或者再审检察建议。

根据新行政诉讼法的规定，人民检察院发现人民法院已经发生法律效力的调解书损害国家利益、社会公共利益的，可以提出抗诉或者再审检察建议。

二、对不能启动再审程序的行政裁定和其他行为的监督

对于不能启动再审程序的违法行政裁定，以及对于审判、执行中审判人员和执行人员的违法行为，不适用抗诉监督的方式，但可以通过提出检察建议的方式实行法律监督。

第八节　行政执行检察

一、行政执行检察概述

执行权是人民法院依法采取各类执行措施以及对执行异议、复议、申诉等事项进行审查的权力，包括执行实施权和执行审查权。其中执行实施权的范围主要是财产调查、控制、处分、交付、分配以及罚款、拘留措施等实施事项。而执行审查权的范围则主要是审查和处理执行异议、复议、申诉以及决定执行管辖权的移转等审查事项。[①] 执行检察可以界定为：检察机关对人民法院在执行程序中的执行实施行为和执行审查行为实行的法律监督。

合理地界定行政执行检察，要明确检察权、审判权、行政权的合理配置，支持人民法院依法审判，促进行政机关依法行政，维护行政相对人的合法权益，既不代行法院执行权，也不代行行政机关行政执法权，对行政权和司法权进行有效的监督，对人民法院执行行政判决、裁定、决定、行政赔偿调解书等的执行裁定、执行决定和执行行为进行监督，对执行非诉行政行为的活动进行监督。

原行政诉讼法关于检察监督原则的规定，即"人民检察院有权对行政诉讼实行法律监督"，已经包含有行政执行检察的内容，只是在分则中缺乏具体的规定。2010年《渎职监督规定》从加强对司法工作人员在诉讼活动中渎职

[①] 参见最高人民法院《关于执行权合理配置和科学运行的若干意见》第1条、第3条、第4条的规定。

行为的法律监督的角度,明确了检察机关对人民法院执行活动(包括行政执行)的监督职责,2011年《试点通知》要求检法两院开展对民事执行活动的监督试点工作,对行政执行活动的监督工作可以参照该通知办理。2012年新修改的民事诉讼法吸收了司改成果,以立法的方式明确了人民检察院对民事执行活动的监督职责,2013年《科学发展意见》则要求检察机关参照民事执行检察的规定开展对行政执行活动的法律监督,2014年11月1日通过的新行政诉讼法第101条规定,"人民检察院对行政案件受理、审理、裁判、执行的监督,本法没有规定的,适用《中华人民共和国民事诉讼法》的相关规定"。而《民事诉讼监督规则》第八章"对执行活动的监督"明确了民事执行检察的范围和方式,也明确了行政执行检察的参照依据。

二、行政执行检察的范围

行政执行检察的范围,包括人民法院在执行行政判决、裁定、决定、调解书等活动中的执行裁定、执行决定和执行行为。人民法院的行政执行活动存在违法行为可能影响公正执行的,检察机关应当依法监督。

行政机关向人民法院申请执行非诉行政行为,人民法院按照规定进行审查,然后作出准予执行的裁定。检察机关对于人民法院的这种裁定活动进行监督,也间接地监督了行政机关的非诉行政行为。

对法院的执行监督主要包括以下几个方面:

1. 人民法院对符合行政执行受案条件的案件不予受理或对不符合条件的案件予以受理的;

2. 对于行政机关作出的明显违反法律规定、违反法定程序、缺乏法律和事实依据与损害被执行人、第三人合法权益等行政行为,人民法院裁定准予执行的;

3. 人民法院违法作出不予受理裁定的;

4. 人民法院没有采取合议方式审理行政执行案件的;

5. 人民法院对符合听证条件的执行案件没有举行听证的;

6. 人民法院没有在法定期限内对行政执行案件作出裁定的;

7. 法院急于执行,超过法定期限执行且未采取任何执行措施的;

8. 当事人、利害关系人对执行行为提出书面异议,人民法院未在规定期限内审查处理的;

9. 人民法院不按照规定送达法律文书或违法送达的;

10. 执行对象、范围、数额错误的;

11. 原执行依据被撤销或变更后仍继续执行的;

12. 未依法追加被执行人、违法追加被执行人，违法采取查封、冻结等强制措施的；

13. 对原生效裁判违法不予执行或随意变更执行的；

14. 已有中止执行原生效裁判文书的裁定，仍继续执行原裁判的；

15. 不符合中止执行条件而违法作出中止执行裁定的；

16. 根据新行政诉讼法第56条规定应裁定停止执行而未裁定停止执行的；

17. 根据新行政诉讼法第57条规定应裁定先予执行而未予裁定执行的；

18. 根据新行政诉讼法第96条规定对行政机关拒绝履行判决、裁定、调解书的，法院采取划拨、罚款、公告、司法建议、拘留等措施不当的；

19. 人民法院在办理行政执行案件中的其他违法行为。

三、行政执行检察的案件来源、管辖与审查

（一）行政执行检察的案件来源

1. 执行当事人向人民检察院申诉的；
2. 当事人以外的公民、法人和其他组织向人民检察院控告、举报的；
3. 人民检察院在办案中自行发现的。

（二）行政执行检察的管辖

行政执行监督案件由执行法院所在地的同级人民检察院管辖。上级人民检察院认为确有必要时，可以管辖。有管辖权的人民检察院认为不宜由自己管辖的，可以申请上一级人民检察院管辖或由上级人民检察院指定管辖。

（三）行政执行检察工作中应以书面审查和调查核实并重

1. 书面审查。

（1）申诉材料的审查。申诉材料即申请人申请监督时提交的、反映执行活动违法或不当的相关证据材料，对检察机关来说具有线索价值。通过对申诉材料进行审查，检察机关可以初步确定监督的重点和调查方向。

（2）对执行卷宗进行审查。人民法院在执行程序中的活动，应当按照规定在执行卷宗中记载。执行卷宗中的证据材料，可以作为检察机关开展调查、采取监督措施的依据。执行卷宗内记录不完全甚至缺失必要材料的，检察机关应当进行调查核实。

2. 调查核实。

检察机关通过阅卷及审查现有材料难以认定案件事实的，可以进行调查核实。具体来说，需要调查核实的情形有：

（1）可能损害国家利益和社会公共利益的；

（2）当事人提交的证据需要辨别真伪的；

（3）执行裁定认定的事实是伪造的；
（4）人民法院执行人员可能存在违法情形的；
（5）其他需要调查核实的情形。

行政执行检察中的调查方式，包括询问知情人、调取证据、鉴定勘验等非强制性措施。人民法院可以依职权采取以下调查措施：
（1）向有关单位查询、调取、复制相关证据材料；
（2）询问诉讼当事人、证人；
（3）咨询专业人员、相关部门或行业协会等对专门问题的意见；
（4）委托鉴定、评估、审计；
（5）勘验物证、现场；
（6）查明案件事实所需要的其他措施。

人民检察院采取调查措施，不得采取限制人身自由和查封、扣押、冻结财产等强制措施。

四、行政执行检察的方式

1. 对人民法院作出的违反法律规定且明显错误的裁定，人民检察院应当提出检察建议，由人民法院及时纠正。

2. 对于人民法院在强制执行过程中的违法行为，以及不履行或怠于履行执行职责的行为，人民检察院应当提出检察建议，由其依法纠正，切实履行职责。

3. 对于与渎职行为有关的执行违法行为，按照《渎职监督规定》的规定提出纠正违法意见，建议更换办案人。

4. 发现执行人员有职务犯罪行为的，应及时将线索移送职务犯罪侦查部门。

参照《民事诉讼监督规则》的规定，人民检察院对行政执行活动提出检察建议的，应当制作《检察建议书》，将《检察建议书》连同案件卷宗移送同级人民法院，并制作决定提出检察建议的《通知书》，发送当事人。

人民检察院认为当事人申请监督的人民法院执行活动不存在违法情形的，应当作出不支持监督申请的决定，发送申请人。

第九节　行政执法检察

近年来，我国检察机关对行政执法行为的法律监督进行了探索与实践，这是检察机关运用检察职能，参与社会管理创新，促进依法行政的一项工作创新。从相关规定来看，中共中央《关于全面深化改革若干重大问题的决定》明确提出"加强对行政执法的监督"，最高人民检察院《关于充分发挥检察职能为全面深化改革服务的意见》中也提出，"加强和改进行政检察工作，完善和拓展对行政行为实施法律监督的途径和方式，促进法治政府建设"，一些法律（例如人民警察法、治安管理处罚法）明确规定了检察机关对于行政执法活动的监督职责，多地省级人大常委会也明确规定了检察机关对行政执法的检察职责。从业务实践来看，各地检察机关在认真履行民事行政检察监督职能过程中，立足于宪法定位，探索开展行政执法检察工作，已经取得了一定的成效。党的十八届四中全会通过的四中全会决定明确提出："完善对涉及公民人身、财产权益的行政强制措施实行司法监督制度。检察机关在履行职责中发现行政机关违法行使职权或者不行使职权的行为，应该督促其纠正。"习近平总书记在四中全会决定的说明中进一步强调："现在，检察机关对行政违法行为的监督，主要是依法查办行政机关工作人员涉嫌贪污贿赂、渎职侵权等职务犯罪案件，范围相对比较窄。而实际情况是，行政违法行为构成刑事犯罪的毕竟是少数，更多的是乱作为、不作为。如果对这类违法行为置之不理、任其发展，一方面不可能根本扭转一些地方和部门的行政乱象，另一方面可能使一些苗头性问题演变为刑事犯罪。全会决定提出，检察机关在履行职责中发现行政机关违法行使职权或者不行使职权的行为，应该督促其纠正。作出这项规定，目的就是要使检察机关对在执法办案中发现的行政机关及其工作人员的违法行为及时提出建议并督促其纠正。这项改革可以从建立督促起诉制度、完善检察建议工作机制等入手。"四中全会决定为了充分发挥检察机关的法律监督作用，加强对行政机关乱作为、不作为的司法监督提出了改革创新和制度安排。检察机关应当坚决落实四中全会决定的部署和要求，构建充分发挥人民检察院对依法行政监督作用的制度机制。但鉴于现行法律、法规对行政执法行为的检察监督仍未作明确统一的规定，本节将在总结各地开展行政执法监督的探索与实践的基础上，介绍该项检察业务的主要内容。

一、关于行政执法检察的概念

关于行政执法检察的含义，目前在立法上还没有明确的界定，通常理解为：人民检察院发现行政机关（包括法律法规授权组织）的违法不作为或者违法行为的，通过提出督促履职或者纠正违法的检察建议等方式进行法律监督。

具体来说，对此可以从以下几个方面进行理解：第一，行政执法检察是检察机关对行政执法活动中违法行为的法律监督。这一点体现了宪法和法律所赋予的法律监督属性。第二，行政执法检察在性质上是"对公权力的监督"。这一点体现了检察机关开展法律监督所指向的对象，也体现了检察机关的中立性和超然性。第三，行政执法检察所保护的法益，主要是国家利益、社会公共利益。并非对于所有的违法行政行为，检察机关都要介入。对能够通过行政复议、行政诉讼等法律程序解决的一般行政违法行为，应当按照相应的规定处理。第四，行政执法检察的方式主要是提出相应的检察建议。检察建议的目的是促进依法行政，保护国家利益、社会公共利益。总之，这四个方面是对这一概念的基本解读，是开展这项检察业务应当具备的基本认识。

二、关于行政执法检察的原则

作为检察机关民事行政检察业务部门的一项业务，行政执法检察中应当遵循一定的原则。这些原则主要有：一是有限监督，必要性监督原则；二是事后监督，不干预行政原则。

第一，有限监督，必要性监督原则。行政行为具有效率性、管理性等特点，有些行政行为还具有较强的专业性和技术性。应当遵循有限监督的原则，不能影响行政执法能动性的发挥，需要尊重行政机关或法律、法规授权组织的行政执法裁量权。还要遵循必要性原则，检察监督应保持必要的谦抑，既要对违法的行政执法行为进行监督，又绝对不能越位代行权力。

第二，事后监督，不干预行政原则。"事后监督"，是指行政执法检察是法律监督工作的一部分，检察机关不是代行执法权，也不是超越执法权，而是立足于法律监督定位，对已经发生的行政违法行为予以监督纠正。对影响不大的行政违法行为、一般的行政瑕疵以及可以通过行政诉讼、复议或申诉等途径救济的行政违法行为，检察机关不宜直接介入监督。尽可能做到节省监督成本，提高监督效率。

根据以上原则要求，当前检察机关开展行政执法检察，应当立足于法律监督的职能定位，坚持突出重点、着力解决一些事关国家利益、社会公共利益的重点领域，特别是群众反映强烈、党委政府关注的问题。检察机关办理行政执法检察案件，应当严格遵守相关检察纪律和办案规范，防止出现干涉行政执法主体正常的行政执法活动，谋取私利或者滥用监督权力的情况发生。

三、行政执法检察的监督范围

检察监督应当恪守职权法定的原则。法律、行政法规以及地方性法规明确规定了行政执法检察职责的，检察机关应当认真按照这些规定履行职责。地方检察机关与地方政府之间就行政执法检察的探索工作有明确规定的，可以按照这些规定探索开展行政执法检察工作。对于行政执法检察工作没有明确规定的，检察机关不应"创新"行政执法检察工作。

关于行政执法检察的监督范围，应当遵守关于行政执法检察职责的相关规定。相关规定中对于如何具体开展行政执法检察工作没有明确规定的，检察机关应当对此进行规范。原则上，对于下述行政违法行为可以实行监督：（1）行政执法主体不合法的；（2）超越职权、滥用职权的；（3）拒不履行或拖延履行法定职责的；（4）适用法律、法规、规章确有错误的；（5）其他严重损害国家利益、公共利益的行政违法行为。

对于下列情形不宜纳入行政执法行为监督的范围：（1）行政机关作出的内部行政行为；（2）利害关系人可以通过行政复议、行政诉讼等途径救济的；（3）属于行政自由裁量范围内的行政瑕疵。

四、办理行政执法监督案件的具体程序

民事行政检察部门办理行政执法监督案件的具体程序，主要包括：管辖、线索发现、立案、回避、调查、审查、处理等环节。

（一）管辖

管辖问题，是程序上应当首先解决的问题。一般来说，行政执法检察案件应当由行政执法主体所在地的同级人民检察院管辖。考虑行政执法行为可能存在的跨地域性、复杂性等问题，以及检察机关的上下级领导关系，上级人民检察院认为必要时也可以办理下级人民检察院管辖的案件。最高人民检察院有权管辖全国范围内的行政执法监督案件。

（二）线索发现

行政执法检察案件的线索来源主要有：公民、法人或者其他组织向检察机关检举、控告、申请监督的；国家权力机关或者其他机关交办或转办的；在办案过程中发现的；人民检察院通过其他途径发现的。例如，检察机关其他部门发现行政执法中的违法线索的，可以向行政检察部门移送。

（三）立案

民行检察部门对受理的材料或线索，经审查认为有监督必要的，应当作出立案决定，制作《立案决定书》。

（四）回避

人民检察院办理行政执法监督案件，参照适用《民事诉讼监督规则》关于回避的规定。

（五）调查

立案后，检察机关可以要求被监督的行政机关或法律、法规授权的组织就涉嫌违法的行政行为作出说明。

检察机关根据办案需要，可以进行调查核实。调查核实工作参照《民事诉讼监督规则》的相关规定进行。

（六）审查与决定

办案人员审查终结后，应当制作审查终结报告。审查终结报告的内容包括案件来源、审查认定的案件事实、需要说明的其他情况、承办人审查意见等。

案件应当经集体讨论形成处理意见，并由部门负责人提出审核意见后报检察长批准。检察长认为必要的，可以提请检察委员会讨论决定。

（七）处理

检察机关的处理结果包括：提出检察建议、终结审查等。

1. 检察机关决定提出检察建议的，应当制作《检察建议书》。检察建议的内容一般包括：（1）提出建议的来由；（2）存在的违法情形和事实依据；（3）提出建议所依据的法律、法规及有关规定；（4）建议的具体内容；（5）行政执法主体书面回复落实情况的期限等其他建议事项。

检察建议应当向依法对建议事项负有直接责任的行政执法主体提出；涉及多个行政执法主体的，应当向依法负有主要责任的行政执法主体提出。检察机关对发出的检察建议，应当及时跟进监督，确保监督效果。

2. 行政执法主体不存在或者已经自行纠正违法行为的，检察机关应当作出终结审查的决定，并制作《终结审查决定书》。

检察长对本院提出的检察建议，上级人民检察院对下级人民检察院提出的检察建议，认为确有不当的，应当予以撤销，通知下级院执行。人民检察院发现本院的行政执法监督不当的，应当予以撤回。人民检察院决定撤回的，应当制作《撤回行政执法监督决定书》，送达被监督的行政机关或法律法规授权组织，并报送上一级人民检察院备案。

检察机关提出检察建议、作出终结审查决定或者撤回检察建议决定，需要通知相关检举人、控告人、申请监督人的，应当将《检察建议书》、《终结审查决定书》、《撤回检察建议决定书》发送相关人员。

五、行政执法监督的效力保障

有关行政机关或法律法规授权组织收到《检察建议书》未予书面答复的，人民检察院认为有必要时可以提请上一级人民检察院监督。

检察机关在办理行政执法检察案件中，经调查核实发现行政执法工作人员涉嫌贪污受贿、渎职侵权等职务犯罪的，应当由本院民事行政检察部门移交相关职能部门处理；发现有违反党纪、政纪行为的，应当移送纪检监察机关处理。

在办理行政执法监督案件中，人民检察院发现行政执法所依据的规范性文件与上位法相抵触的，应当建议作出该规范性文件的行政机关予以修改或废止。

另外，四中全会决定的精神要求检察机关探索开展公益诉讼。因此，可以探索将行政执法监督与公益诉讼制度相衔接的机制，作为行政执法监督的效力保障机制之一。

思考题
1. 行政检察的对象和范围是什么？
2. 行政诉讼法律规范冲突的适用规则有哪些？

第八章 其他监督工作

第一节 上级检察机关的领导工作

宪法第 133 条规定,地方各级人民检察院对产生它的国家权力机关和上级人民检察院负责。人民检察院组织法第 10 条第 2 款规定,最高人民检察院领导地方各级人民检察院和专门人民检察院的工作,上级人民检察院领导下级人民检察院的工作。《民事诉讼监督规则》第 7 条规定,最高人民检察院领导地方各级人民检察院和专门人民检察院的民事诉讼监督工作,上级人民检察院领导下级人民检察院的民事诉讼监督工作。上级人民检察院对下级人民检察院作出的决定,有权予以撤销或者变更,发现下级人民检察院工作中有错误的,有权指令下级人民检察院纠正。上级人民检察院的决定,下级人民检察院应当执行。下级人民检察院对上级人民检察院的决定有不同意见的,可以在执行的同时向上级人民检察院报告。由于上下级人民检察院之间是领导与被领导的关系,上级人民检察院对下级人民检察院可以通过指挥、指导和指令等方式开展具体工作。

一、撤回监督与指令撤回

案件质量是人民检察院监督效果的重要保障。因此,人民检察院应以有错必纠的态度,对已经发出但确有错误或者有其他情形确需撤回的监督意见,应当予以纠正。早在 2001 年的《人民检察院民事行政抗诉案件办案规则》(以下简称《办案规则》)中就规定了对抗诉的撤回和撤销制度。其第 42 条规定,人民检察院发现本院抗诉不当的,应当由检察长或者检察委员会决定撤回抗诉。人民检察院决定撤回抗诉,应当制作《撤回抗诉决定书》,送达同级人民法院,通知当事人,并报送上一级人民检察院。其第 43 条规定,上级人民检察院发现下级人民检察院抗诉不当的,有权撤销下级人民检察院的抗诉决定。下级人民检察院接到上级人民检察院的《撤销抗诉决定书》,应当制作《撤回抗诉决定书》,送达同级人民法院,通知当事人,并报送上一级人民检察院。

在执行《办案规则》规定的撤销抗诉决定制度的过程中,对于上级人民检察院是否需要向人民法院发送《撤销抗诉决定书》有不同意见;而且,经过近年来司法改革和民事诉讼法的修改，民事检察监督职责已不仅限于抗诉，已经形成以抗诉为中心，以再审检察建议、纠正违法通知书、检察建议等多种监督手段并存的多元化监督格局，因此，新的《民事诉讼监督规则》第114条将原来的撤回和撤销抗诉制度改为撤回和指令撤回监督意见，其内容更加清晰明确，也更加便于操作。

具体来讲，根据撤回主体是提出监督意见的人民检察院还是其上级人民检察院的不同，撤回监督意见分为自行撤回和指令撤回两种方式。

（一）自行撤回

按照《民事诉讼监督规则》第114条第1款的规定，人民检察院向人民法院以抗诉、提出再审检察建议和检察建议等方式提出监督意见，以及向人民法院以外的有关机关提出检察建议后，发现监督意见确有错误或者有其他不当情形确需撤回的，应当主动予以撤回。人民检察院撤回监督意见的内部程序，需经检察长批准或者检察委员会决定。人民检察院可以以撤回监督意见决定书的方式撤回其监督文书，撤回监督意见决定书应与原监督文书发送范围一致，当事人申请监督的案件，还应发送当事人。自行撤回监督意见的主体是提出监督意见的人民检察院。

（二）指令撤回

除了主动自行撤回外，根据上下级人民检察院领导与被领导的关系，上级人民检察院一旦发现下级人民检察院监督错误或者不当，应当指令下级人民检察院撤回。对于上级人民检察院撤回监督意见的指令，下级人民检察院必须执行。上级人民检察院指令下级人民检察院撤回错误的监督意见的，应当制作指令撤回监督意见决定书，明确指令下级法院撤回某具体时间作出的特定文号的监督文书，加盖人民检察院印章，并发送下级人民检察院。

需要注意的是，《民事诉讼监督规则》第7条第2款规定，上级人民检察院对下级人民检察院作出的决定，有权予以撤销或变更，发现下级人民检察院工作中有错误的，有权指令下级人民检察院纠正。可以看出，上级人民检察院发现下级人民检察院的监督存在错误或不当的，有权指令下级人民检察院撤回并予以纠正，也有权视具体情况直接予以撤销或变更；下级人民检察院应当执行上级人民检察院的决定，如有不同意见，应在执行的同时向上级人民检察院报告。

上级人民检察院发现下级人民检察院监督错误或者不当的途径主要有两种：一是下级人民检察院将监督意见向上级人民检察院报备时的常规审查；二是接受法律监督的人民法院或其他有关机关提出建议、异议的程序时，对下级人民检察院监督意见的上报审查。

二、异议处理

(一) 概述

我国宪法第 27 条第 2 款规定："一切国家机关和国家工作人员必须依靠人民的支持，经常保持同人民的密切联系，倾听人民的意见和建议，接受人民的监督，努力为人民服务。"人民法院作为国家审判机关，当然也可以对检察工作提出意见和建议，人民检察院也应当倾听人民法院的意见和建议，不断提高工作质量和工作效率，维护司法公正和法律权威。曹建明检察长在全国检察机关第二次民事行政检察工作会议上的讲话中也提出，"要高度重视民行检察工作监督制约机制建设"，"要重视征求人民法院对监督工作的意见、建议"。实践中，监督意见确有错误或者有其他不当情形的，人民检察院可以自行撤回或者由上级人民检察院指令撤回。对于人民检察院检察监督中出现的问题，也应允许接受法律监督的人民法院提出建议和异议。为此，《民事诉讼监督规则》第 115 条专门规定了人民法院对检察监督提出建议的制度及相关的回复、异议制度。但需注意的是，这并非"反向监督"，而是一种人民法院对人民检察院行使法律监督权力的制约。[1]

(二) 建议处理

人民法院对人民检察院的监督行为提出建议的，人民检察院应当在 1 个月内将处理结果书面回复人民法院。需要注意的是，人民法院对检察监督行为提出书面建议，并非针对抗诉书或再审检察建议书等具体监督意见，而是适用于发现检察监督行为违反法律、检察纪律以及作为工作建议的检察建议有不当情形等情况。实践中比较多的是两种情况：一是检察监督行为违反法律，二是违反检察纪律。例如未经检察委员会决定即作出再审检察建议等情形，人民法院即可向人民检察院提出书面建议。对人民检察院的抗诉、再审检察建议等具体监督意见，人民法院可以通过在再审程序中依法作出裁判的方式予以采纳或不予采纳，无须另行提出书面意见。

(三) 异议处理

人民法院对于人民检察院的回复意见有异议的，可以通过上一级人民法院向上一级人民检察院提出。上一级人民检察院认为人民法院建议正确的，应当要求下级人民检察院及时纠正，下级人民检察院应当予以执行。

---

[1] 参见孙加瑞：《民事检察制度新论》，中国检察出版社 2013 年版，第 587~588 页。

三、案件请示

（一）概述

下级人民检察院向上级人民检察院请示案件，是开展民事行政检察工作的具体工作方法，也是上级人民检察院与下级人民检察院领导与被领导关系的具体表现。《民事诉讼监督规则》第 118 条对下级人民检察院向上级人民检察院请示案件的条件和程序作出了具体规定。按照这一要求，地方各级人民检察院对适用法律确属疑难、复杂，本院难以决断的重大民事诉讼监督案件，可以向上一级人民检察院请示。关于工作请示和案件请示，最高人民检察院制定了《关于下级检察院向最高人民检察院报送公文的规定》和《最高人民检察院办理下级人民检察院请示件的暂行规定》，因此下级人民检察院向上级人民检察院请示民事诉讼监督案件时，还需按照两个规定的相关要求办理。

（二）请示案件应符合的基本条件

依照相关规定，请示案件应当符合以下条件：（1）必须是事实清楚、证据确凿，法律适用确属疑难、复杂，难以决断的案件；（2）案件经过本级人民检察院检察委员会讨论；（3）有争议的案件应当写清争议焦点和具体分歧意见，并写明检察委员会多数委员的意见；（4）有检察长的明确意见；（5）附全部案件材料及检察委员会讨论记录；（6）请示文件应当加盖院章。

（三）实践中应特别注意的问题

实践中请示案件还应当特别注意以下问题：（1）请示案件应当逐级进行，除省级人民检察院的请示外，最高人民检察院原则上不办理其他各级人民检察院直接向最高人民检察院的请示。（2）就民事诉讼监督案件的请示应当限于法律适用问题，而不包括事实认定问题及案件如何处理的问题，请示案件应当事实清楚、证据确凿。（3）向最高人民检察院请示案件，应以省级人民检察院名义进行，省级人民检察院各内设机构、部门不得向最高人民检察院请示，其他各级人民检察院以此类推。请示件的标题内应标明"请示"，不得以"报告"等形式请示或在"报告"中夹带请示事项；请示的主送机关只列"最高人民检察院"，请示件需送其他机关的用抄送形式，但不能抄送最高人民检察院各内设机构；请示应当一文一事。请示件应是一式五份。（4）对于请示案件，上一级人民检察院应当在规定的办案期限内办结，并以正式公文进行答复。未规定办案期限的，应当在 1 个月内办理完毕；需要延长办理期限的，应当经检察长批准。

第二节 案件管理

一、民事诉讼监督案件管理工作的基本内容

《民事诉讼监督规则》第105条明确规定,案件管理部门对于民事诉讼监督案件实行流程监控、案后评查、统计分析、信息查询、综合考评等,对办案期限、办案程序、办案质量等进行管理、监督、预警。从这一规定来看,案件管理部门管理、监督、预警的内容主要包括三个方面,即办案期限、办案程序和办案质量。根据《民事诉讼监督规则》第107条的规定,纠正的方式一般包括口头提示、书面提示、书面提示并报告检察长。

（一）对办案期限的管理

强化办案效率是民事诉讼监督工作的基本要求之一。从更好实现公正与效率统一、更好保障当事人权利、更好维护社会和谐稳定出发,要正确理解法律规定,严格遵守法定时限,在确保办案质量的前提下,进一步提高办案效率。关于对办案期限的管理,修改后民事诉讼法第209条第2款规定,人民检察院对当事人的申请应当在3个月内进行审查,作出提出或者不予提出检察建议或抗诉的决定。《民事诉讼监督规则》也明确要求,人民检察院受理当事人申请对人民法院已经发生法律效力的民事判决、裁定、调解书监督的案件,应当在3个月内审查终结并作出决定；对民事审判程序中审判人员违法行为监督案件和对民事执行活动监督案件的审查期限,依照前述规定执行。

按照《民事诉讼监督规则》的要求,案件管理部门从两个方面对案件办理期限进行管理：一是发现办案部门或办案人员在办理民事诉讼监督案件过程中存在无正当理由超过法定的办案期限未办结案件的,应当及时提出纠正意见。情节轻微的,向办案部门或者办案人员进行口头提示；情节较重的,向办案部门发送《案件流程监控通知书》,提示办案部门及时查明情况并予以纠正；情节严重的,应当向办案部门发送《案件流程监控通知书》,并向检察长报告。办案部门收到《案件流程监控通知书》后,应当在5日内将核查情况书面回复案件管理部门。二是出现影响审查期限的情形,办案部门应向案件管理部门登记。办案部门决定中止、恢复审查的,或者决定终结审查的,应当在作出决定之日起3日内到案件管理部门登记,以便案件管理部门及时全面掌握办案流程,履行管理职能。

（二）对办案程序的管理

随着诉讼法学理论研究的进一步深入,程序正义越来越彰显出其独立的价

值。切实保障当事人的诉讼权利，保障民事诉讼监督案件的程序公正，是正确开展监督行为，维护司法公正的重要前提和基础。在办案程序的问题上，办案部门要牢固树立监督理念，不但要自觉接受外部监督，更要强化内部监督机制。按照《民事诉讼监督规则》的要求，案件管理部门发现本院办案部门或者办案人员在办理民事诉讼监督案件中使用法律文书不当或存在明显错漏，侵害当事人、诉讼代理人诉讼权利的，应当及时提出纠正意见。情节轻微的，向办案部门或者办案人员进行口头提示；情节较重的，向办案部门发送《案件流程监控通知书》，提示办案部门及时查明情况并予以纠正；情节严重的，应当向办案部门发送《案件流程监控通知书》，并向检察长报告。办案部门收到《案件流程监控通知书》后，应当在 5 日内将核查情况书面回复案件管理部门。

法律文书使用不当或者存在明显错漏，侵害当事人、诉讼代理人诉讼权利的，都可能对办案程序产生影响，从而影响到案件办理的质量，也直接影响当事人及其诉讼代理人对检察机关执法的公信力，因此，案件管理部门应当从上述两个方面加强对民事诉讼监督案件办案程序的管理。

（三）对办案质量的管理

根据《民事诉讼监督规则》的要求，案件管理部门主要从两个方面对民事诉讼监督案件的办理质量进行监督。一是民事检察部门或办案人员在办理民事诉讼监督案件中未依法对民事诉讼活动以及执行活动中的违法行为履行监督职责的，案件管理部门应当及时提出纠正意见。情节轻微的，向办案部门或者办案人员进行口头提示；情节较重的，向办案部门发送《案件流程监控通知书》，提示办案部门及时查明情况并予以纠正；情节严重的，应当向办案部门发送《案件流程监控通知书》，并向检察长报告。办案部门收到《案件流程监控通知书》后，应当在 5 日内将核查情况书面回复案件管理部门。二是对以本院名义制发的民事检察法律文书进行监督管理。有关案件管理的相关文件规定民事抗诉书、行政抗诉书、民事再审检察建议书需经检察长审批后，送案件管理办公室登记编号，并自正式文书印发之日起 3 个工作日内向案件管理办公室备案。从目前各地的实践来看，案件管理部门已经普遍承担起对本院法律文书的管理工作，但是由于各地实际情况不同，信息化程度不一，《民事诉讼监督规则》对案件管理部门监督管理法律文书的职能仅作原则规定，各地可以结合本地检察工作实际需要和信息化发展的情况，进一步细化具体监督管理的范围、方式、方法。

值得一提的是，不少地区的人民法院在审判事务管理办公室内下设裁判文书校核办公室，或单独设立裁判文书校核办公室，要求所有以院名义制发的裁判文书在成稿之后、送印之前必须送该办公室校核,该办公室对校核范围内的错误进行修正,并归纳总结校核中发现的相关问题,向办案部门发出预警。我们认为,这种裁判文书集中校核、管理的机制具有较好的借鉴意义,与简单的登记编号、事后备案相比,更有利于保障案件质量、避免文字错误、提高司法公信力,各地在实践中可以积极探索建立类似的检察文书监督管理方式。

二、民事诉讼监督案件管理的主要方式和基本要求

案件管理工作是检察机关内部促进执法规范化的重要保障,核心的职责在于监督和纠正有关办案部门或者办案人员侵害当事人或其诉讼代理人诉讼权利的行为,纠正办案部门或者办案人员未依法对民事审判、执行活动中的违法行为履行法律监督职责,促进办案质量和效率不断提高。

(一)案件管理工作的主要方式

1. 通过流程监控,及时发现和纠正侵害当事人、诉讼代理人的诉讼权利的行为,切实保障诉讼参与人的各项诉讼权利。

2. 通过对办案期限的监督管理,防止超期办案。

3. 通过对法律文书使用的管理,加强对案件质量的管理。

4. 通过接待当事人、诉讼代理人工作,及时了解案件办理情况,切实保护当事人、诉讼代理人的各项诉讼权利,发现违法情形的,及时进行核实并提出纠正意见。

5. 通过案件评查、综合考评等工作,加强对办案部门是否遵守法定办案程序和要求进行监督。

(二)处理好案件管理与案件办理工作的关系

案件管理是一项全局性、系统性的工作,正确处理好案件管理与案件办理工作的关系,有助于实现二者良性互动、互相促进、相得益彰。

1. 把握好案件管理的度,做到不失职、不越位。案件办理是检察权的行使,有专门的行使主体和运行程序,不能随意干涉和介入。案件管理是检察机关内部为保障检察权的规范、高效运行而采取的内部监督控制机制,是管理权的行使。一般来说,在二者的关系上,案件管理是为了保障案件办理工作能够规范、顺畅运行服务的,因此,案件管理必须把握合理尺度,不能侵入案件办理的领地,不能以管理为名影响甚至干扰正常的案件办理工作。

2. 要注意采取恰当的案件管理方法。在具体工作中,案件管理部门发现办案部门或办案人员违法的,应当及时履行监督管理职责。在实际工作中,要注意运用不同的方式履行职责,既要敢于监督管理,又要善于监督管理,注意运用不同的方式方法履行职责,特别是要能够根据具体情况,选择能够达到最佳效果的方式方法来实施监督管理,灵活运用各种方式方法,不能机械僵化。

3. 要准确理解和把握案件管理的服务职能。管理、监督、服务、参谋,都是案件管理部门的职能,实际上,案件管理部门承担服务职能与履行监督管理职能不是对立的,而是相辅相成、有机统一的。①

三、民事诉讼监督案件管理的其他问题

《民事诉讼监督规则》第 109 条到第 111 条分别规定了以下内容:案件管理部门对民事诉讼监督案件卷宗材料移送进行审核、案件管理部门负责接收人民法院送达的法律文书以及建立民事诉讼监督案件当事人及诉讼代理人相对统一的归口接待制度。

(一)关于案件管理部门对民事诉讼监督案件卷宗材料移送进行形式审查的问题

《民事诉讼监督规则》第 109 条要求,案件管理部门在案件办结后、向其他单位移送案卷前,对案卷材料进行形式审查,其目的在于统一、规范案卷出口,建立统一的移送标准,加强卷宗管理,规范办案行为,强化内部监督,提高办案质量。卷宗材料的形式审查大致包括以下问题:卷宗材料是否齐备、卷宗整理及顺序是否符合立卷要求、卷宗内的相应审批手续是否完备等。

(二)关于案件管理部门负责接收人民法院送达的法律文书的问题

《民事诉讼监督规则》第 110 条明确规定,人民法院向检察机关送达的民事判决书、裁定书或调解书等法律文书,应由案件管理部门接收、即时登记,并移送民事检察部门。这一规定体现出案件管理部门作为检察机关对外"窗口"的职能,既有利于检察机关统一对外开展工作,也有利于案件管理部门全面掌握案件进展情况,对案件进行跟踪管理。实践中应该特别注意的是,案件管理部门接收并登记后,应该立即向民事检察部门移送,以保障民事检察部门及时了解案件监督效果,根据具体情况决定是否需要跟进监督。

(三)关于民事诉讼监督案件当事人及诉讼代理人统一归口接收的问题

《民事诉讼监督规则》第 111 条要求,人民检察院在办理民事诉讼监督案件的过程中,遇有当事人或其诉讼代理人提出有关申请、要求或者提交有关书面材料的,应由案件管理部门统一负责接收。

---

① 参见最高人民检察院组织编写:《检察机关执法规范培训教程(2013 年版)》,中国检察出版社 2013 年版,第 661~662 页。

第三节 类案监督

一、加强类案监督的背景和依据

我国正处于重要的社会转型期，民事审判和执行工作中不断出现新情况、新问题，当事人对不同法院之间，甚至同一法院之间就同类案件执法标准掌握不一的问题，以及多起案件中适用法律存在同类错误的问题反映较多，影响了审判和执行活动的统一性和权威性。2012年2月，最高人民法院下发《关于在审判执行工作中切实规范自由裁量权行使保障法律统一适用的指导意见》，要求各级人民法院内部对同一类型案件行使自由裁量权的，要严格、准确适用法律、司法解释，参照指导性案例，努力做到类似案件类似处理。人民检察院在民事诉讼监督实践中，也不断发现人民法院对于民事诉讼中同类问题适用法律不一致的情形，这些情形对司法统一和司法权威产生了不良影响。加强类案监督工作逐渐成为近年来民事检察工作的一个新趋势。

2010年最高人民检察院《关于加强和改进民事行政检察工作的决定》提出，"积极开展类案监督研究，使民事行政检察监督由个案监督向类案监督拓展，促进公正司法"。2010年7月，姜建初副检察长在全国检察机关第二次民事行政检察工作会议上的讲话中指出，"要拓宽办案思路，提升监督层次。要善于总结办案经验，研究监督方法和规律，针对民事审判和行政诉讼中适用法律不统一、同案不同判等问题，积极开展类案监督研究，使民事行政检察监督由个案监督向类案监督拓展，由点向面延伸，提升法律监督层次，扩大法律监督效果。要对在本地区产生重大影响的司法问题、行政执法问题以及由此产生的社会问题，提出改进意见，促进公正司法和依法行政"。2011年，最高人民检察院印发了《关于充分发挥检察职能参与加强和创新社会管理的意见》，要求探索建立个案监督和类案监督相结合的综合监督机制，对社会管理中的普遍性、倾向性、苗头性问题深入调查研究，提出治理对策建议。可见，类案监督已经成为民事检察工作的基本要求，而对人民法院办理案件中所反映出来的普遍性、倾向性、苗头性问题的监督，就是典型的类案监督。

二、类案监督与个案监督

民事诉讼监督工作中的类案监督，首先是针对人民法院对于同类案件的处理不一致，例如对于同类的合同约定，有的认定无效，有的认定有效；其次是针对法院办理的多起案件中有着类似的违法、不当行为，例如审判人员未曾尝试直接送达就决定公告送达，导致多起案件违法缺席判决。此外，审判人员的渎职行为涉及多起案件的，检察机关建议法院自查自纠，也可以视为一种特殊的类案监督。对于这种多起案件中表现出来的同类错误，检察机关可以起到监督一类、纠正一片的良好效果。

与类案监督相对应的是个案监督，即对一个具体的案件进行法律监督。二者的主要区别在于：一是监督对象不同，主要体现在案件数量上，前者是多个案件，后者是单一案件；二是监督的关注点不同，对前者的监督主要集中在同类案件中适用法律不统一、同案不同判等类型化问题，后者主要集中在具体案件在法律适用等方面的具体问题；三是作出的监督方式不同，对前者的监督方式主要是制作工作建议性质的检察建议，对后者则可通过提出抗诉、再审检察建议、检察建议等方式进行监督；四是就二者逻辑关系而言，进行类案监督并不意味着被监督的每起案件都要达到符合再审条件的程度，也不需对被监督的每起案件都以提起抗诉或再审检察建议等为前提。

三、类案监督工作的开展

《民事诉讼监督规则》第112条规定，人民法院对民事诉讼中同类问题适用法律不一致的，人民法院在多起案件中适用法律存在同类错误的，人民法院在多起案件中有相同违法行为的，人民检察院可以提出改进工作的检察建议。检察机关实行类案监督，不但可以使多起案件及时得到纠正，而且有利于规范以后的类似案件。

开展类案监督工作，应当注意如下几个问题：[①]

1. 认真调查，查证核实该类案件中的重要、关键问题。

2. 认真学习、研究案件中涉及的法律问题。特别是对于相关法律规定、理论观点、实践状况要有全面、准确的了解和把握。必要时应当向法院了解类案处理的相关情况，向专家学习请教。

3. 注意积累问题。发现问题并积累问题是开展类案监督的基础性工作，也是开展类案监督工作的前提条件，只有问题达到一定数量，具有一定代表性，方可开展监督工作。

4. 可以召开类案监督研讨会，邀请学者、专家参加，及时向上级检察院请示汇报，严格把关。

5. 认真、审慎地准备类案监督的检察建议或意见。必要时，在提出监督

[①] 参见最高人民检察院组织编写：《检察机关执法规范培训学程（2013年版）》，中国检察出版社2013年版，第650页。

意见之前或之后，可以与法院进行联合调研，实现有效的沟通交流。

总之，检察机关开展类案监督，一定要特别注意理论联系实际，确保办案质量，并通过类案监督不断提高监督水平。坚决反对以数量论英雄的错误倾向，避免出现质量问题。

第四节　工作建议

一、工作建议的概念

工作建议是指检察机关就办案中发现的问题向有关单位提出的旨在改进工作意见，其表现形式就是检察建议，又被称作改进工作检察建议。[①]

《检察建议规定》第1条规定，"检察建议是人民检察院为促进法律正确实施、促进社会和谐稳定，在履行法律监督职能过程中，结合执法办案，建议有关单位完善制度，加强内部制约、监督，正确实施法律法规，完善社会管理、服务，预防和减少违法犯罪的一种重要方式"。可见，检察建议是检察机关为了更好地履行法律监督职能，实现办案法律效果与社会效果的统一，立足于检察职权创立的一种工作方式。需要注意的是，这里的检察建议是狭义的概念，有别于作为法律监督措施的再审检察建议和检察建议。

二、工作建议的效力

工作建议性质的检察建议"属于非诉讼法律活动，是检察机关扩大办案效果的一种形式，不是检察机关办案活动本身"。[②] 因此，提出检察建议是在执法办案基础上提出的，与检察机关履行法律监督职能密切相关，是检察职能的延伸。发出检察建议的目的在于纠正法院和其他单位的违法行为，以改正问题，完善制度。检察建议的落实很大程度上取决于被建议单位的配合。

作为工作建议性质的检察建议与作为法律监督手段性质的检察建议的效力有所不同。就后者而言，《民行监督意见》第10条规定："人民检察院提出检察建议的，人民法院应当在一个月内作出处理并将处理情况书面回复人民检察院。人民检察院对人民法院的回复意见有异议的，可以通过上一级人民检察院向上一级人民法院提出。上一级人民法院认为人民检察院的意见正确的，应当

---

①　参见孙加瑞：《民事检察制度新论》，中国检察出版社2013年版，第490页。

②　参见《最高检陈国庆主任就〈人民检察院检察建议规定（试行）〉答记者问》，载《检察日报》2009年11月18日。

监督下级人民法院及时纠正。"由此可见,作为监督手段的检察建议有以下效力:(1)启动效力,即引起法院发起相关处理程序,法院必须对检察建议进行处理。(2)期限效力,即法院应当在1个月内作出处理,不得拖延。(3)回复效力,法院应书面回复检察院,不能内部消化。(4)异议保障效力,即检察院对法院的回复意见有异议,可以通过上级法院提出,以保障监督效果。

《检察建议规定》未对人民检察院工作建议效力进行规定,即未要求接受检察建议的单位如何做出相应工作和应当在什么期限内作出回应。《检察建议规定》第8条第1款规定:"人民检察院应当及时了解和掌握被建议单位对检察建议的采纳落实情况,必要时可以回访。被建议单位对检察建议没有正当理由不予采纳的,人民检察院可以向其上级主管机关反映有关情况。"对此,实践中可以参照《检察建议规定》的内容,在检察建议中明确合理的答复期限。

三、工作建议的适用范围

(一)对法院的类案监督工作

主要有以下几类:

1. 人民法院对民事诉讼中同类问题适用法律不一致的;
2. 人民法院在多起案件中适用法律存在同类错误的;
3. 人民法院在多起案件中有相同违法行为的。

(二)对有关单位检察建议的适用

《民事诉讼监督规则》第112条第4项规定的有关单位,虽然没有明确列举,但应当包括人民法院。检察机关在履行监督职责过程中,发现有关单位的内部管理制度不够健全,容易发生违法情形需要采取改进措施的,从预防的角度出发,可以提出检察建议。综合《民事诉讼监督规则》和《检察建议规定》等的相关内容,检察机关向有关单位提出改进工作的检察建议主要有以下几类:

1. 人民检察院办理行政申诉案件,发现行政机关有违反法律规定、可能影响人民法院公正审理的行为,应当向行政机关提出检察建议,并将相关情况告知人民法院;
2. 预防违法犯罪等方面管理不完善、制度不健全、不落实,存在犯罪隐患的;
3. 行业主管部门或者主管机关需要加强或改进本行业或者部门的管理监督工作的;
4. 民间纠纷问题突出,矛盾可能激化导致恶性案件或者群体性事件,需要加强调解疏导工作的；

5. 在办理案件过程中发现应对有关人员或行为予以表彰或者给予处分、行政处罚的；

6. 有关单位的工作制度、管理方法、工作程序违法或者不当，需要改正、改进的。

四、工作建议的形式和内容

制作改进工作的检察建议一般应包括以下内容：问题的来源或提出建议的起因；应当消除的隐患及违法、违规和工作不规范现象；治理、防范、整改的具体意见；提出建议所依据的事实和法律、法规及有关规定；被建议单位书面回复情况的期限等事项。

改进工作检察建议的约束力来源于其提出问题的针对性、实用性和科学性，其生命力的有力保障在于其自身质量。检察建议书的制作应严格遵循统一规范的格式，注重说理逻辑。

五、工作建议的适用程序

（一）事先与被建议单位沟通

目前，立法并未就改进工作检察建议的效力作出规定，为了使检察建议达到最大的监督效果，应事先与被建议单位进行沟通协调，在做好所涉问题的沟通工作后，再发出检察建议。沟通工作并不必拘泥于沟通形式，必要时还可以同有关单位的相关负责人进行"检察建议约谈"，这种方式目前已经在有的地区开展并取得了较好效果。[①]

（二）文书的制作和发出

提出改进工作的检察建议，应当按照统一的格式和内容制作检察建议书，报请检察长审批或者提请检察委员会讨论决定后，以人民检察院的名义送达有关单位，而不是以民事行政检察部门名义制发。检察建议书应当报上一级人民检察院备案，同时抄送被建议单位的上级主管机关。

（三）反馈和跟踪

向人民法院以及其他有关单位提出检察建议，可由检察机关在与涉案单位协商的基础上，依据建议涉及的内容确定反馈的时间和方式。在建议发出后，除了与相关单位沟通，及时了解和掌握检察建议的落实、采纳情况外，

[①] 参见李新生主编：《民事行政检察工作重点与案件审查实务》，中国检察出版社2013年版，第104页。

必要时可以就检察建议的执行情况进行回访，督促建议的落实，保障监督效果。①

第五节　跟进监督

民事诉讼监督是为保障民事法律统一正确实施而进行的监督，核心是对公权力的监督。人民法院对民事诉讼监督案件作出处理后，人民检察院应当对处理结果进行审查。如果人民法院在处理决定中有错不纠，检察机关的监督任务并未完成，对仍符合抗诉条件的案件，以及对检察建议未处理或处理结果错误的，人民检察院应当继续履行法律监督职责，依法跟进监督或提请上级人民检察院监督。与初次监督相比，跟进监督责任更重，要求更严。

一、对初次监督结果的审查

人民检察院对民事诉讼进行法律监督，作出监督决定并不意味着整个监督行为的结束，还要对人民法院作出的再审判决、裁定等其他处理结果进行审查，确保监督效果。

（一）审查对象

对初次监督结果进行审查的对象，是人民法院对民事诉讼监督案件作出的再审判决、裁定或者其他处理决定。民事检察监督职责已经不限于抗诉，因此需要审查的对象也不限于再审判决、裁定，而是包含其他处理决定。

（二）审查主体

审查主体应当是提出监督意见的人民检察院，主要有两方面原因：一是符合工作程序的便利性。人民检察院可以向人民法院提出抗诉、再审检察建议和检察建议，以上案件类型均需被监督的人民法院向作出监督意见的人民检察院回复处理结果。根据民事诉讼法第211条、第213条的规定，人民检察院提出抗诉的案件，接受抗诉的人民法院应当自收到抗诉书之日起30日内作出再审的裁定，人民法院再审时，应当通知人民检察院派员出席法庭。实践中人民法院会把再审裁判文书回复人民检察院。《民行监督意见》第7条第2款规定，人民法院收到再审检察建议后，应当在3个月内进行审查并将审查结果书面回复人民检察院。第10条第1款规定，人民检察院提出检察建议的，人民法院应当在1个月内作出处理并将处理情况书面回复人民检察院。因此，提出监督

---

① 参见李新生主编：《民事行政检察工作重点与案件审查实务》，中国检察出版社2013年版，第105页。

意见的人民检察院能第一时间了解法院对监督案件的处理结果，由提出监督意见的人民检察院进行审查更符合工作程序的便利性。二是符合案件监督的合理性。提出监督意见的人民检察院是对人民法院提出具体监督意见的主体，也是检察监督案件的直接办案主体，对监督案件的监督质量和效果直接负责。提出监督意见的人民检察院对案件案情、案件存在的违法或不当情形、进行监督的原因等情况清楚，由其对监督结果进行审查更能确保审查结果的客观性。

（三）审查内容和处理

对初次监督结果进行审查，应首先审查监督文书的作出日期、文号和监督意见，再审查法院处理文书的作出日期、文号、收到法院文书日期和法院具体处理情况等，并填写《检察监督案件处理结果审查登记表》，明确承办人审查意见，以及部门负责人、检察长意见等，作为审查结论。人民检察院对人民法院的处理结果进行审查，目的在于关注人民法院是否采纳监督意见，通过再审判决、裁定或者其他处理决定纠正错误；如果存在《民事诉讼监督规则》第117条规定的三种情形时，人民检察院应当按照有关规定跟进监督或提请上级人民检察院监督，更好地行使法律赋予的监督职权，确保检察监督的效果。

二、跟进监督

（一）概念

广义的跟进监督是指，人民法院对人民检察院的监督意见作出处理决定后，人民检察院经过审查，对人民法院的处理决定进一步进行诉讼监督。狭义的跟进监督仅指提出监督意见的人民检察院，对人民法院就诉讼监督案件的处理结果，进一步进行诉讼监督。

广义的跟进监督和狭义的跟进监督的区别，主要表现在监督主体的范围不同。前者的监督主体除了提出监督意见的人民检察院外，还包含接受下级人民检察院提请监督的上级人民检察院，即将下级人民检察院提请上级人民检察院监督的行为，也作为整个跟进监督工作来看。而后者仅指提出监督意见的人民检察院，对人民法院就诉讼监督案件的处理结果进一步进行监督的行为。二者的共同之处在于，均需以提出监督意见的人民检察院对人民法院就诉讼监督案件的处理结果进行审查为前提。

（二）符合跟进监督的情形

根据《民事诉讼监督规则》第117条的规定，有以下情形之一的，人民检察院应当按照有关规定跟进监督：（1）人民法院审理民事抗诉案件作出的判决、裁定、调解书仍符合抗诉条件的；（2）人民法院对人民检察院提出的检察建议未在规定的期限内作出处理并书面回复的；（3）人民法院对检察建议的处理结果错误的。

对于第 1 项，应根据民事诉讼法第 200 条、第 208 条，以及《民事诉讼监督规则》第 83 条至第 87 条的规定，就判决、裁定、调解书是否仍符合抗诉条件进行判断。第 2 项、第 3 项规定，指人民法院对人民检察院提出的检察建议，未按规定作出处理或处理结果错误时，可进行跟进监督。其中，未在规定的期限内作出处理并书面回复，指的是违反《民行监督意见》第 7 条第 2 款（关于人民法院收到再审检察建议后的处理和回复与第 10 条第 1 款关于人民法院收到检察建议后的处理和回复）的规定，对是否符合跟进监督情形进行判断。

（三）跟进监督中应注意的问题

《民事诉讼监督规则》第 116 条确定了由提出监督意见的人民检察院对人民法院处理结果进行审查的原则，应当由提出监督意见的人民检察院进行跟进监督工作。人民检察院对人民法院处理结果进行审查后，就是否符合跟进监督的情形进行认定。这里需要注意以下几个问题：

一是对监督结果进行审查的人民检察院，是提出监督意见的人民检察院，即对人民法院提出抗诉、再审检察建议和检察建议等的人民检察院。提请抗诉的人民检察院不是作出具体法律监督行为的人民检察院，不对人民法院监督结果进行审查。

二是对仍符合抗诉条件的案件，跟进监督仍应遵循"提级抗诉"的原则进行。比如，人民检察院对下级人民法院二审生效裁判提出抗诉的，接受抗诉的人民法院裁定再审，可能有两种情形：第一是指令下级人民法院再审，第二是由接受抗诉的人民法院提审。就第一种情形，若下级人民法院再审结果仍符合抗诉条件，则原提出抗诉的人民检察院可以再次提出抗诉。就第二种情形，若同级人民法院再审结果仍符合抗诉条件，则原提出抗诉的人民检察院应当提请上级人民检察院抗诉。

三、提请上级人民检察院监督

提请上级人民检察院监督是跟进监督的一种具体工作方式，指的是提出监督意见的人民检察院对人民法院的处理结果进行审查后，认为仍需要进行检察监督的，提请上级人民检察院进行检察监督。

这里需要注意一个问题，即根据《民事诉讼监督规则》第 87 条的规定，人民检察院对同级人民法院的生效裁判提出再审检察建议，若人民法院采纳再审检察建议并进行再审，则提出再审检察建议的人民检察院一般不得再向上级人民检察院提请抗诉。但考虑到实践中案件的复杂化，为了避免过于绝对，条文中采用了"一般不得"的表述，对于人民法院采纳再审检察建议进行再审后作出的裁判，如果确有明显错误，人民检察院仍然可以对该再审裁判向上级检察机关提请抗诉。另外，如果同级人民法院对人民检察院提出的再审检察建议置之不理或者拒绝启动再审程序，提出再审检察建议的检察院可以视案件具体情况决定是否向上级检察机关提请抗诉。

思考题

1. 民事诉讼监督案件管理的主要方式和基本要求是什么？
2. 如何全面理解类案监督和跟进监督？

第三部分

常用文书制作与范例

第九章 民事行政检察文书概述

第一节 民事行政检察文书概念

根据宪法、人民检察院组织法、民事诉讼法、行政诉讼法等有关法律的规定,人民检察院作为国家法律监督机关,有权对民事诉讼、民事执行活动、行政诉讼实行法律监督。如民事诉讼法第 14 条规定,"人民检察院有权对民事诉讼实行法律监督"。第 235 条规定,"人民检察院有权对民事执行活动实行法律监督"。行政诉讼法第 10 条规定,"人民检察院有权对行政诉讼实行法律监督"。人民检察院在行使民事行政诉讼法律监督职责过程中,必须制作相应的法律文书,法律监督行为才能产生相应的法律效力。

民事行政检察法律文书,是指检察机关在履行民事、行政诉讼监督职能过程中,依法制作和使用的具有法律效力或法律意义的文书总称,是检察机关办理各类民事、行政诉讼监督案件的文字载体和重要工具,反映、记载民事、行政诉讼监督的过程,并产生相应的法律后果。

本书重点介绍几种常用的、重要的民事行政检察文书,包括抗诉类文书、检察建议类文书、不支持监督申请决定书、受理通知书等,其他文书就不再逐一介绍。

第二节 民事行政检察文书分类

按照文书的使用范围不同,可以分为内部法律文书和外部法律文书。内部法律文书是指不需要送达给申请人、其他当事人或检察机关以外的其他单位,仅在检察系统内部使用和流转的法律文书,包括审查终结报告、提请抗诉报告书、交办通知书、转办通知书、指令调查通知书、指令出庭通知书、指令撤回监督意见决定书等。外部法律文书是指需要送达给申请人、人民法院或检察机关以外的其他单位的文书,包括受理通知书、不支持监督申请决定书、民事抗诉书、再审检察建议书、检察建议书、派员出庭通知书等。

按照表达方式和表现形式不同,可以分为拟制式文书、填充式文书。拟制式文书需要根据具体案件情况叙述案情,并结合法律法规进行分析、论证,得出相应结论。拟制式文书对制作人的业务素养和文字水平要求较高。如民事（行政）抗诉书和检察建议书都属于拟制式文书。填充式文书是指文书的大部分内容是固定不变的，使用时依据具体案件的情况填写特定部分内容的法律文书，无须进行分析、论证，仅需填入关键词，如当事人姓名或名称、特定事由等。通知类文书大多属于填充式文书。如交办通知书、告知办案人员姓名和法律职务的通知书等。决定类文书大部分是填充式文书，但需要注意的是不支持监督申请决定书是拟制式文书，由于不支持监督申请书是答复当事人的法律文书，需要结合案情对申请人的申请监督理由进行分析、论证和回应，如果简单使用填充式文书，不足以让当事人理解和信服。

按照文书体例区分，分为致送式、主送式、宣告式、表格式。致送类是把受文单位放在文书的正文之后，用"此致"相连接，受文单位另行顶格书写，如民事（行政）抗诉书、再审检察建议书、检察建议书（除改进工作类以外）。主送类一般指受文单位写在正文开头部分，以冒号结束，另起一行开始下文，如受理通知书、提请抗诉报告书等。宣告类指不写受文单位，直接叙述相关决定，一般决定类文书都是宣告类文书，如不支持申请决定书、中止审查决定书等。表格类指正文部分是表格的形式，如调阅案卷单、送达回证等。

按照文书名称不同，可以分为抗诉类、检察建议类、审查终结报告类、决定类、通知类、函类等。抗诉类文书包括民事（行政）抗诉书、提请抗诉报告书；检察建议类包括再审检察建议书、检察建议书等。决定类文书包括不支持监督申请决定书、回避决定书、中止审查决定书、终结审查决定书等；通知类文书既包括给申请人、其他当事人的通知，如受理通知书、通知书（告知提出抗诉用）等，也包括给下级检察院的通知如交办通知书、转办通知书等。函类文书包括委托调查函、委托鉴定（评估、审计、翻译）函等。

第三节　民事行政检察文书技术规范

1. 文书标题中的检察院名称应当与检察院院印的文字一致，但基层人民检察院应冠以省、自治区、直辖市名称。

2. 文书文号。文书文号使用案件受理时分配的案号，根据案件监督类型不同包括以下几种：

（1）对生效判决、裁定、民事调解书的监督：×检民（行）监〔20××〕×号；

（2）对审判程序中审判人员违法行为的监督：×检民（行）违监〔20××〕×号；

(3) 对执行活动的监督：×检民（行）执监〔20××〕×号；

(4) 对行政机关不当履行职责的监督：×检行督建〔20××〕×号；

(5) 支持起诉：×检民支〔20××〕×号；

(6) 跟进监督：×检民（行）再监〔20××〕×号；

(7) 复查纠正：×检民（行）复查〔20××〕×号。

一般情况下，每件案件所有文书文号均与案号相同，即"一案一号"，如果在同一案件中需要制作两份以上名称相同的法律文书，可从第二份文书开始在文号末尾加"－1、2、3……"以示区别。如江苏省人民检察院办理的某生效判决监督案件，案号为"苏检民监〔2014〕5号"，办案中发出的第一份《通知书》文号为"苏检民监〔2014〕5号"，发出的第二份《通知书》文号为"苏检民监〔2014〕5－1号"，发出的第三份《通知书》文号为"苏检民监〔2014〕5－2号"，以此类推。

3. 当事人简称。当事人有简称的，在案件来源部分用当事人全称，第二次出现时，在其全称之后用"（以下简称××）"的形式设定简称。如"深圳市科中大交通建材有限公司（以下简称科中大公司）"，不使用"申请人"、"其他当事人"、"一审原告"、"上诉人"等代称。出现次数很少的当事人不必使用简称。

4. 人民法院名称一般不使用简称，可以根据案件实际情况用"一审法院"、"二审法院"、"再审法院"等代称。

5. 文书中指代本院的，一律使用"本院"，不使用"我院"表述。

6. 法律援引。引用法律或司法解释的，应当写明全称，不使用简称。引用法律条文的，要写明条、款、项、目。如"《中华人民共和国民事诉讼法》第二百零九条第一款第三项"。引用法条的顺序是先上位法后下位法，先法律、法规后司法解释。

7. 数字。文书结构层次序数：第一层为"一、"，第二层为"（一）"，第三层为"1."，第四层为"（1）"。5位和5位数以上的阿拉伯数字，数字应连续写，不加空格或分节号，如"34152元"；尾数零多的，可以改写以万、亿作单位，如"456000000"可以写作"4.56亿"。涉及新的计量单位应以国家法定计量单位为准。

8. 成文日期。填写批准人的批准日期。用阿拉伯数字将年、月、日标全，年份应标全称，月、日不编虚位。如"2014年12月6日"。

9. 印章的使用。对外使用的文书，应当在成文日期上加盖能够对外独立承担法律责任的单位印章。

10. 文书排版标准为：标题居中，其中"××人民检察院"字体为宋体小二号，文书名称字体为宋体二号加粗，文书文号为楷体_GB2312四号，居右。正文内容字体为仿宋_GB2312三号。文书打印时统一用国际标准A4（297mm*210mm）纸张打印。所有文书上空37mm，下空35mm，左空（订口）28mm，右空（翻空）26mm。正式打印时，文书样本中标明的"样式"、"院印"、相关注释、制作说明等不要打印。

第十章　常用民事行政检察文书制作与范例

第一节　民事（行政）抗诉书

民事（行政）抗诉书是人民检察院行使民事、行政诉讼监督职权，发现人民法院作出的已经生效的判决、裁定、民事调解书存在法律规定监督情形的，依法提出抗诉，要求人民法院再审时向人民法院发送的法律文书。民事诉讼法第208条第1款规定："最高人民检察院对各级人民法院已经发生法律效力的民事判决、裁定，上级人民检察院对下级人民法院已经发生法律效力的民事判决、裁定，发现有本法第二百条规定情形之一的，或者发现调解书损害国家利益、社会公共利益的，应当提出抗诉。"第212条规定："人民检察院决定对人民法院的判决、裁定、调解书提出抗诉的，应当制作抗诉书。"

一、文书格式

××××人民检察院
民事（行政）抗诉书

×检民（行）监〔20××〕×号

（第一部分：写明案件来源）

当事人申请监督的表述为：×××（申请人）因与×××（其他当事人）××（案由）纠纷一案，不服××人民法院×号民事（行政）判决（裁定或调解书），向本院申请监督。［下级人民检察院提请抗诉的表述为：×××（申请人）因与×××（其他当事人）××（案由）纠纷一案，不服××人民法院×号民事（行政）判决（裁定或调解书），向××人民检察院申请监督，该院提请本院抗诉。］本案现已审查终结。

［检察机关依职权发现的表述为：×××（一审原告）与×××（一审被告）××（案由）纠纷一案，××人民法院（此处指作出生效裁判、调解书的法院）作出了×号民事（行政）判决（裁定或调解书）。本院依法进行了审查。（下级人民检察院提请抗诉的表述为：×××（一审原告）与×××（一审被告）××（案由）纠纷一案，××人民法院（此处指作出生效裁判、调解书的法院）作出了×号民事（行政）判决（裁定或调解书），××人民检察院提请本院抗诉。）本案现已审查终结。］

（第二部分：写明诉讼过程和法院历次审理情况）

××年×月×日，×××（以下简称××）起诉至××人民法院，……（简要写明一审原告的诉讼请求，被告提出反诉的，简要写明反诉请求）。

××人民法院于××年×月×日作出×号民事（行政）判决（裁定）。该院一审查明，……。该院一审认为，……。判决（裁定）：……。

××不服一审判决（裁定），向××人民法院提起上诉，……（简要写明上诉请求）。

××人民法院于××年×月×日作出×号民事（行政）判决（裁定或调解书）。该院二审查明，……（如二审法院查明的事实与一审法院一致，可简写。如"确认了一审法院认定的事实"或"与一审法院查明的事实一致"）。该院二审认为，……判决。（裁定）：……。

××不服二审判决（裁定或调解书），向××人民法院申请再审，……（简要写明再审请求）。

人民法院驳回再审申请或逾期未对再审申请作出裁定的表述为：××人民法院于××年×月×日作出×号裁定驳回再审申请或××人民法院逾期未对再审申请作出裁定。××向检察机关申请监督。

人民法院作出再审判决、裁定或调解书的表述为：××人民法院于××年×月×日作出×号民事（行政）判决（裁定或调解书）。

该院再审查明，……（如查明的事实与前一审一致，可简写）。该院再审认为，……。判决（裁定）：……。

××不服再审判决（裁定或调解书），向检察机关申请监督。

（第三部分：写明检察机关审查认定的事实）

……（如与作出生效裁判、调解书的法院认定事实一致的，写明"本院审查认定的事实与××人民法院认定的事实一致"；如与作出生效裁判、调解书的法院认定事实不一致的，写明分歧和依据，所作的调查核实工作一并写明，如对……问题进行了调查、委托鉴定、咨询等。）

（第四部分：写明抗诉理由和依据）

本院认为，××人民法院×号民事（行政）判决（裁定或调解书）……（概括列明生效裁判、调解书存在哪些法定监督的情形）。理由如下：

……（此段结合检察机关审查认定的事实，依照法律、法规及司法解释相关规定，详细论述抗诉的理由和依据。说理要有针对性，引用法律、法规和司法解释时应当准确、全面、具体。）

综上所述，××人民法院×号民事（行政）判决（裁定或调解书）……（概括列明生效裁判、调解书存在哪些法定的监督情形）。（经检察委员会讨论的，写明：经本院检察委员会讨论决定，）根据《中华人民共和国民事诉讼法》第二百条第×项、第二百零八条第一款或《中华人民共和国行政诉讼法》第六十四条的规定，特提出抗诉，请依法再审。

此致
××人民法院

××年×月×日
（院印）

附：检察卷宗×册

二、制作说明

1. 本文书根据民事诉讼法第 200 条、第 208 条第 1 款,《民事诉讼监督规则》第 91 条、第 92 条,行政诉讼法第 64 条的规定制作。人民检察院对生效判决、裁定、民事调解书向人民法院提出抗诉时使用。

2. 本文书在决定抗诉之日起 15 日内连同检察卷宗发送同级人民法院,如是下级人民检察院提请抗诉的案件,应同时将民事抗诉书发送下级人民检察院。

3. 本文书加盖人民检察院印章。

三、范例

中华人民共和国最高人民检察院
民事抗诉书

高检民监〔20××〕×号

贵州某文化发展有限公司因与中国某协会合同纠纷一案,不服××高级人民法院×号民事判决,向××人民检察院申请监督。该院审查后提请本院抗诉。本案现已审查终结。

2008 年 9 月 10 日,贵州某文化发展有限公司(以下简称某文化公司)起诉至××区人民法院,请求判令:1. 依法判令解除其与中国某协会于 2006 年 9 月 19 日签订的协议;2. 判令中国某协会返还启动经费 30 万元,经济损失 20712 元,利息损失 3960 元;3. 诉讼费用由中国某协会承担。

××区人民法院于 2008 年 10 月 17 日作出×号民事判决书。该院一审查明,2006 年 9 月 19 日,某文化公司与中国某协会(以下简称某协会)所属关注西部某行动组委会(以下简称组委会)签订协议书一份,协议约定:组委会负责办理在贵州省"关注西部某行动"的一切法律文件,某文化公司为贵州省开展"关注西部某行动"的承办单位。某文化公司出资 100 万元作为贵州省开展"关注西部某行动"的启动经费,其中 30 万元汇入组委会在四川省的账户,70 万元在贵州省设临时账户,该笔款项专款专用,不得挪作他用。"关注西部某行动"在四川省成都市举行启动仪式后,组委会随即开展贵州省的启动工作,并将 30 万元经费汇入组委会在贵州省设立的专用账户,用于贵州活动的启动。

同年 9 月 20 日,某文化公司将 30 万元支付给组委会。2006 年 9 月 26 日,某协会给某文化公司法定代表人张某发邀请函一张,该邀请函载明:兹定于 2006 年 10 月 21 日上午 9:30 在某地举行中国某协会"关注西部某行动"启动仪式,恭请您届时出席。某协会于 2006 年 10 月及 2007 年 6 月分别在北京及贵州省举行了"关注西部某行动"启动仪式。

2006 年 10 月 24 日,某协会给某文化公司出具一份加盖了公章的协议书,但某文化公司未在该协议书上加盖公章。该协议载明:某协会负责办理在贵州省的一切法律文件,某文化公司作为在贵州省的承办单位出资 100 万元作为在贵州省的启动经费,对该活动的捐款和捐助某协会提 10% 作为管理费,某文化公司提 10% 作为承办管理费,另提 10% 作为活动基金,余下 70% 全部用作救助西部某活动。

2007 年 7 月 3 日,组委会给某文化公司一份函件,该函件载明:"关于贵公司提出退出'关注西部某行动'贵州行的承办工作,并提出退回 30 万元人民币启动经费。经请示中国某协会,本着慈善自愿的原则,同意按与'关注西部某行动'组委会签订的协议办理。待'关注西部某行动'组委会在贵州开户后,把启动经费转入贵州账户,并与贵州新承办单位协商,把 30 万元人民币全额退给贵公司,同时也希望贵公司与'关注西部某行动'贵州行有合作项目。"2007 年 9 月 4 日,某协会副秘书长兼组委会秘书长周某给某文化公司一份承诺,该承诺载明:"关于组委会承诺你公司退出西部行承办活动的叁拾万元经费将于 10 月 15 日前兑现。"后某协会未支付上述款项。

××区人民法院一审认为,根据法律规定,赠与合同是赠与人将自己的财产无偿给予受赠人,受赠人表示接受赠与的合同。原告与被告所签协议不符合被告所称的赠与合同的性质，应为合作合同。某文化公司在依据协议将30万元支付后要求退出，某协会书面同意在一定条件下，全额退还30万元。此后，某协会人员周某作为组委会负责人承诺了退款的具体日期，此时，应认为具备了函件中所附的条件，应认定协议经双方协商一致解除，某协会理应按照承诺的日期将30万元退还。据此判决：（1）解除原告某文化公司与被告某协会所属关注西部某行动组委会于2006年9月19日签订的协议书；（2）被告某协会于本判决生效后10日内退还原告某文化公司人民币30万元及利息3960元；（3）驳回原告某文化公司其他诉讼请求。

某协会不服一审判决，向××中级人民法院提起上诉。

××中级人民法院于2008年12月18日作出×号民事判决书。该院二审查明的事实与一审一致。该院二审认为：某文化公司与组委会签订本案协议后，某文化公司依约支付了30万元作为活动的启动经费。此后，由于某文化公司提出退出活动贵州行的承办工作，并提出返还30万元的要求，为此组委会于2007年7月30日给某文化公司一份函件，"……同意按与'关注西部某行动'组委会签订的协议办理。待'关注西部某行动'组委会在贵州开户后，把启动经费转入贵州账户，并与贵州新承办单位协商，把30万元人民币全额退给贵公司……"双方当事人的争议现集中在对某协会人员周某于2007年9月4日给某文化公司出具的函的理解上。该函内容为"贵州某文化公司：关于组委会承诺你公司退出西部行承办活动的叁拾万元经费将于10月15日前兑现，再次书面承诺"。对此，上诉人某协会提出此函件中的"兑现"实际上是承诺按照2007年7月30日给某文化公司的函的内容来履行，因此退回30万元是附条件的。法院对此认为，2007年7月3日的函与2007年9月4日的函的内容均有退回某文化公司30万元的意思表示，因此至2008年4月25日某文化公司提起本案诉讼时，某协会应当返还此款。某协会以条件未成就为由拒绝返回款项，但其解释的条件成就均与某协会的作为有关，因此以"待'关注西部某行动'组委会在贵州开户后，把启动经费转入贵州账户，并与贵州新承办单位协商，把30万元人民币全额退给贵公司"为退款条件，对某文化公司有失公平，且没有当事人之间的合意。某协会提出的有关某服务公司承担责任的理由，其依据系某协会与案外人的约定，某协会可另行解决。据此判决：驳回上诉，维持原判。

某协会不服二审判决，向××高级人民法院申请再审。

××高级人民法院于2011年8月29日作出×号民事判决书。

该院再审查明的事实与二审基本一致。该院再审认为，组委会作为甲方与作为乙方的某文化公司所签协议并未约定乙方可以退出此次活动同时甲方退还相关款项的情况，反而约定了甲、乙双方应严格遵守协议条款，不得违约。组委会的函件中虽然承诺全额退款，但却附有一定条件，此条件的成就虽与某协会的作为有关，但比照组委会与某文化公司所签协议"不得违约"的条款，函件中所附退款条件并未有失公平。组委会在2007年7月3日给某文化公司的函件是以组委会的名义发出，函件中明确载明附条件退款是经请示某协会同意，并加盖有组委会的公章。而周某给某文化公司出具的承诺仅是以其个人名义发出，并且没有加盖组委会的公章，故周某出具给某文化公司的承诺并不具有相应法律效力，所承诺的内容不能改变组委会给某文化公司的函件所附带的退款条件。另，双方协议约定某文化公司出资的30万元用于贵州项目的启动工作，某协会在北京市和贵州省分别举行了"关注西部某行动"启动仪式，某文化公司法定代表人张某亦参加了在某地举办的启动仪式，这对某文化公司有一定的宣传效应，故原审判决某协会无条件退还某文化公司全部款项不妥，法院再审予以纠正。据此判决撤销××中级人民法院×号民事判决及××区人民法院×号民事判决第二项；维持××区人民法院×号民事判决第一项、第三项。

本院查明：……

本院认为，××高级人民法院作出的×号民事判决认定的事实缺乏证据证明，适用法律确有错误。理由如下：

一、再审判决以双方"所签协议并未约定乙方（某文化公司）可以退出此次活动同时甲方退还相关款项的情况，反而约定了甲、乙双方应严格遵守协议条款，不得违约"为由，认为组委会在2007年7月3日给某文化公司的函件中所约定的退款条件"并未有失公平",进而以条件未成就而判决某协会无须退款,属认定事实缺乏证据证明且适用法律确有错误。

首先,某文化公司要求退出"关注西部某行动",是行使合同协商解除权,不构成违约。根据《中华人民共和国合同法》第九十三条的规定,当事人协商一致,可以解除合同。当事人可以约定一方解除合同的条件。解除合同的条件成就时,解除权人可以解除合同。该条规定了约定解除合同的两种情形:一是协商解除,也就是当事人双方通过协商同意将合同解除的行为,它不以解除权的存在为必要;二是约定解除权,是以合同的形式约定一方或双方保留解除权的解除。而违约是指当事人一方不履行合同义务或者履行合同义务不符合约定的情形。

双方虽然在协议中约定了"不得违约",但这不意味着双方不能协商解除合同。组委会与某文化公司2006年9月19日签订的协议中约定,某文化公司的义务为承办"关注西部某行动"在贵州省的活动,并出资100万元作为贵州省开展"关注西部某行动"的启动经费,其中30万元汇入组委会在四川省的账户,组委会在四川省成都市举行启动仪式后,应随即开展贵州省的启动工作,并将30万元经费汇入组委会在贵州设立的专用账户,用于贵州的启动工作。协议签订后某文化公司将30万元汇入组委会在四川省的账户。后因组委会未在贵州省开展启动工作也未在贵州省设临时账户,故未成就某文化公司支付70万元的条件。在此情况下某文化公司提出退出"关注西部某行动"系提出协商解除协议的要约,并不违反协议中"不得违约"的约定,不构成违约。

其次,在某文化公司不构成违约且组委会在函件中明确表示愿意退还30万元款项的情况下,再审判决认定组委会出具的函件中承诺退款系附条件退款且条件未成立系适用法律错误。组委会于2007年7月3日发函给某文化公司,从内容看其同意了某文化公司提出的解除协议的要约,并同意退款30万元,但关于如何退款,组委会在该函件中表示:"待'关注西部某行动'组委会在贵州开户后,把启动经费转入贵州账户,并与贵州新承办单位协商,把30万元人民币全额退给贵公司……"从上述表述来看,组委会在贵州开户、把 30 万元转入贵州账号、与贵州新承办单位协商这三要素均系组委会能够自行履行的，不存在可能发生或可能不发生的情况，故该约定系组委会确定的退款方式，而不是退款条件。2007 年 9 月 4 日某协会副秘书长、组委会秘书长周某发函对退款期限也进行了承诺。再审判决认为组委会出具的函件中承诺退款系附条件退款且条件未成立系适用法律错误。

二、再审判决认为周某的承诺函仅是其以个人名义发出，并且没有加盖组委会公章，故不具有相应的法律效力系适用法律错误。

周某在组委会 2007 年 7 月 3 日给某文化公司发函后，又于同年 9 月 4 日为某文化公司出具承诺函，承诺"关于组委会承诺你公司退出西部行承办活动的叁拾万元经费将于 10 月 15 日前兑现。再次书面承诺。承诺人：周某"。该承诺函虽未加盖组委会公章，但根据《中华人民共和国合同法》第五十条的规定，"法人或者其他组织的法定代表人、负责人超越权限订立的合同，除相对人知道或者应当知道其超越权限的以外，该代表行为有效"。因此即使该承诺函未加盖组委会公章，由于周某系组委会秘书长，为组委会负责人，其代表组委会行使相关职权，结合组委会在 2007 年 7 月 3 日发给某文化公司的函件内容，某文化公司完全有理由相信周某是在行使其职权，因此，该代表行为有效。况且即使某协会及组委会未对其承诺授权，根据《中华人民共和国合同法》第四十九条关于表见代理的规定，某文化公司也有理由相信周某有代理权，其作出的承诺行为具有法律效力，应由某协会承担责任。再审判决认为该承诺仅是周某以个人名义发出，并且没有加盖组委会公章，故周某出具给某文化公司的承诺不具有相应的法律效力系适用法律错误。

三、某文化公司法定代表人参加"关注西部某行动"北京启动仪式是否获得宣传效果与某协会是否应该依承诺退款无法律关系。再审判决以此为由判决某协会不应该退还某文化公司款项系适用法律错误。

某协会与某文化公司解除合同后是否应当退款、退款是否应当附条件，应该依据双方签订的协议以及某协会出具的函、周某的承诺书等证据材料进行确定。而某文化公司法定代表人张某参加北京的启动活动是否对企业起到了宣传作用，与双方解除合同及解除合同后是否应当退款、退款是否应当附条件没有法律关系。再审判决认为某文化公司法定代表人张某参加了在某地举办的启动仪式，这对某文化公司有一定的宣传效应，故以此为由判决某协会不应该退还某文化公司款项系适用法律错误。

综上所述，××高级人民法院×号民事判决认定的事实缺乏证据证明，适用法律确有错误。根据《中华人民共和国民事诉讼法》第二百条第二项、第六项及第二百零八条第一款的规定，特提出抗诉，请依法再审。

此致
中华人民共和国最高人民法院

20××年×月×日
（院印）

附：检察卷宗壹册

第二节　提请抗诉报告书

提请抗诉报告书是地方各级人民检察院对同级人民法院已经发生法律效力的判决、裁定、民事调解书，经审查认为符合抗诉条件、决定向上一级人民检察院提请抗诉时制作使用的法律文书。提请抗诉报告书的主要目的，是在阐明法院生效判决、裁定、调解书确有错误情况的基础上，请求上一级人民检察院依法抗诉。提请抗诉报告书是上一级人民检察院审查案件时的重要参考依据。

民事诉讼法第208条第2款规定："地方各级人民检察院对同级人民法院已经发生法律效力的判决、裁定，发现有本法第二百条规定情形之一的，或者发现调解书损害国家利益、社会公共利益的，可以向同级人民法院提出检察建议，并报上级人民检察院备案；也可以提请上级人民检察院向同级人民法院提出抗诉。"《民事诉讼监督规则》第89条规定："人民检察院提请抗诉，应当制作《提请抗诉报告书》，在决定提请抗诉之日起十五日内将《提请抗诉报告书》连同案件卷宗报送上一级人民检察院，并制作决定提请抗诉的《通知书》，发送当事人。"

一、文书格式

××××人民检察院
提请抗诉报告书

×检民（行）监〔20××〕×号

×××（上级人民检察院的名称）：

当事人申请监督的表述为：×××（申请人）因与×××（其他当事人）××（案由）纠纷一案，不服××人民法院×号民事（行政）判决（裁定或调解书），向本院申请监督。本案现已审查终结。

〔检察机关依职权发现的表述为：×××（一审原告）与×××（一审被告）××（案由）纠纷一案，××人民法院（此处指作出生效裁判、调解书的法院）作出了×号民事（行政）判决（裁定或调解书），本院依法进行了审查。本案现已审查终结。〕

一、当事人基本情况

当事人申请监督的，写明申请人和其他当事人在一审、二审、再审中的诉讼地位。经过两次以上再审的，再审诉讼地位按最后一次再审中的诉讼地位列明：

申请人（一审××、二审××、再审××）：……（写明姓名或名称等基本情况）。

法定代表人（或负责人）：……（写明姓名和职务）。

法定代理人（或指定代理人）：……（写明姓名等基本情况）。

委托代理人（此处指申请监督的委托代理人）：……（写明姓名等基本情况）。

其他当事人（一审××、二审××、再审××）：……（写明姓名或名称等基本情况）。

法定代表人（或负责人）：……（写明姓名和职务）。

法定代理人（或指定代理人）：……（写明姓名等基本情况）。

委托代理人（此处指申请监督的委托代理人）：……（写明姓名等基本情况）。

［检察机关依职权发现的案件，直接写明各方当事人在一审、二审、再审中的诉讼地位：

当事人（一审××、二审××、再审××）：……（写明姓名或名称等基本情况）。

……］

二、诉讼过程和法院历次审理情况

××年×月×日，×××（以下简称××）起诉至××人民法院，……（简要写明一审原告的诉讼请求，被告提出反诉的，简要写明反诉请求）。

××人民法院于××年×月×日作出×号民事（行政）判决（裁定）。该院一审查明，……。该院一审认为，……。判决（裁定）：……。

××不服一审判决（裁定），向××人民法院提起上诉，……（简要写明上诉请求）。

××人民法院于××年×月×日作出×号民事（行政）判决（裁定或调解书）。该院二审查明，……（如二审查明的事实与一审一致，可简写。如"确认了一审法院认定的事实"或"与一审法院查明的事实一致"）。该院二审认为，……。判决（裁定）：……。

××不服二审判决（裁定或调解书），向××人民法院申请再审，……（简要写明再审请求）。

人民法院驳回再审申请或逾期未对再审申请作出裁定的表述为：××人民法院于××年×月×日作出×号裁定驳回再审申请或××人民法院逾期未对再审申请作出裁定。××向检察机关申请监督。

人民法院作出再审判决、裁定或调解书的表述为：××人民法院于××年×月×日作出×号民事（行政）判决（裁定或调解书）。该院再审查明，……（如查明的事实与前一审一致，可简写）。该院再审认为，……。判决（裁定）：……。

××不服再审判决（裁定或调解书），向检察机关申请监督。

三、申请监督理由及其他当事人意见

……（简要写明申请监督理由以及其他当事人的意见。其他当事人未提出意见的应当写明。）

四、检察机关审查认定的事实

……（如与作出生效裁判、调解书的法院认定事实一致的，写明"本院审查认定的事实与××人民法院认定的事实一致"；如与作出生效裁判、调解书的法院认定事实不一致的，写明分歧和依据，所做的调查核实工作一并写明，如对……问题进行了调查、委托鉴定、咨询等。）

五、提请抗诉理由

本院认为，××人民法院×号民事判决（裁定或调解书）……（概括列明生效民事裁判、调解书存在哪些法定监督的情形）。理由如下：

……（此段结合检察机关审查认定的事实，依照法律、法规及司法解释相关规定，详细论述提请抗诉的理由和依据。说理要有针对性，引用法律、法规和司法解释时应当准确、全面、具体。）

六、需要说明的其他情况

……（对申请监督理由中不予支持的部分，在此部分说明理由和依据。如还有其他需要说明的重要情况，在此部分一并说明）。

综上所述，××人民法院×号民事（行政）判决（裁定或调解书）……（概括列明生效判决、裁定、调解书存在哪些法定监督的情形）。根据《中华人民共和国民事诉讼法》第二百条第×项、第二百零八条第二款或《中华人民共和国行政诉讼法》第六十四条的规定，提请你院向××人民法院提出抗诉。

××年×月×日
（院印）

附：检察卷宗×册

二、制作说明

1. 本文书根据民事诉讼法第 200 条、第 208 条第 2 款，行政诉讼法第 64 条的规定制作。人民检察院向上一级人民检察院提请抗诉时使用。

2. 本文书连同提请抗诉检察卷宗报送上一级人民检察院。

3. 本文书加盖人民检察院印章。

4. 主要内容及制作程序与抗诉书相似，但提请抗诉报告书作为内部报告型文书，所载内容比抗诉书更全面、更细致。

第三节　再审检察建议书

再审检察建议书，是人民检察院在诉讼监督活动中，对同级人民法院确有错误、符合法定监督条件的生效判决、裁定和民事调解书，以书面形式提出监督意见，建议同级人民法院启动再审程序时使用的文书。

一、文书格式

××××人民检察院

再审检察建议书

×检民（行）监〔20××〕×号

（第一部分：写明案件来源）

当事人申请监督的表述为：×××（申请人）因与×××（其他当事人）××（案由）纠纷一案，不服××人民法院×号民事（行政）判决（裁定或调解书），向本院申请监督。本案现已审查终结。

[检察机关依职权发现的表述为：×××（一审原告）与×××（一审被告）××（案由）纠纷一案，××人民法院（此处指作出生效裁判、调解书的法院）作出了×号民事（行政）判决（裁定或调解书）。本院依法进行了审查。本案现已审查终结。]

（第二部分：写明诉讼过程和法院历次审理情况）

××年×月×日，×××（以下简称×××）起诉至××人民法院，……（简要写明一审原告的诉讼请求，被告提出反诉的，简要写明反诉请求）。

××人民法院于××年×月×日作出×号民事（行政）判决（裁定）。该院一审查明，……。该院一审认为，……。判决（裁定）：……。

×××不服一审判决（裁定），向××人民法院提起上诉，……（简要写明上诉请求）。

××人民法院于××年×月×日作出×号民事（行政）判决（裁定或调解书）。该院二审查明，……（如二审查明的事实与一审一致，可简写。如"确认了一审法院认定的事实"或"与一审法院查明的事实一致"）。该院二审认为，……。判决（裁定）：……。

×××不服二审判决（裁定或调解书），向××人民法院申请再审，……（简要写明再审请求）。

人民法院驳回再审申请或逾期未对再审申请作出裁定的表述为：××人民法院于××年×月×日作出×号裁定驳回再审申请或××人民法院逾期未对再审申请作出裁定。×××向检察机关申请监督。

人民法院作出再审判决、裁定或调解书的表述为：××人民法院于××年×月×日作出×号民事（行政）判决（裁定或调解书）。该院再审查明，……（如查明的事实与前一审一致，可简写）。该院再审认为，……。判决（裁定）：……。

×××不服再审判决（裁定或调解书），向检察机关申请监督。

（第三部分：写明检察机关审查认定的事实）

……（如与作出生效裁判、调解书的法院认定事实一致的，写明"本院审查认定的事实与××人民法院认定的事实一致"；如与作出生效裁判、调解书的法院认定事实不一致的，写明分歧和依据，所作的调查核实工作一并写明，如对……问题进行了调查、委托鉴定、咨询等。）

（第四部分：写明监督理由和依据）

本院认为，××人民法院×号民事（行政）判决（裁定或调解书）……（概括列明生效民事裁判、调解书存在哪些法定监督的情形）。理由如下：

……（此段结合检察机关审查认定的事实，依照法律、法规及司法解释相关规定，详细论述监督的理由和依据。说理要有针对性，引用法律、法规和司法解释时应当准确、全面、具体。）

综上所述，××人民法院×号民事判决（裁定或调解书）……（概括列明生效民事裁判、调解书存在哪些法定监督的情形）。经本院检察委员会讨论决定，根据《中华人民共和国民事诉讼法》第二百条第×项、第二百零八条第二款（行政检察案件引用：最高人民法院、最高人民检察院《关于对民事审判活动与行政诉讼实行法律监督的若干意见（试行）》第七条）的规定，特提出再审检察建议，请在收到后三个月内将审查结果书面回复本院。

此致

××人民法院

××年×月×日

（院印）

附：检察卷宗×册

二、制作说明

1. 本文书根据《民事诉讼监督规则》第 88 条、《民行监督意见》第 7 条的规定制作。人民检察院对生效判决、裁定、民事调解书向人民法院提出再审检察建议时使用。

2. 本文书发送同级人民法院，同时报送上一级人民检察院备案。

3. 本文书加盖人民检察院印章。

第四节　检察建议书（监督审判人员违法行为）

监督审判人员违法行为检察建议书是人民检察院在民事、行政诉讼监督活动中发现审判人员在审判程序中有违法行为，要求人民法院予以纠正和处理时使用的监督文书。

民事诉讼法第 208 条第 3 款规定，各级人民检察院对审判监督程序以外的其他审判程序中审判人员的违法行为，有权向同级人民法院提出检察建议。《民事诉讼监督规则》第 99 条规定，人民检察院发现同级人民法院民事审判程序中有下列情形之一的，应当向同级人民法院提出检察建议：（1）判决、裁定确有错误，但不适用再审程序纠正的；（2）调解违反自愿原则或者调解协议的内容违反法律的；（3）符合法律规定的起诉和受理条件，应当立案而不立案的；（4）审理案件适用审判程序错误的；（5）保全和先予执行违反法律规定的；（6）支付令违反法律规定的；（7）诉讼中止或者诉讼终结违反法律规定的；（8）违反法定审理期限的；（9）对当事人采取罚款、拘留等妨害民事诉讼的强制措施违反法律规定的；（10）违反法律规定送达的；（11）审判人员接受当事人及其委托代理人请客送礼或者违反规定会见当事人及其委托代理人的；（12）审判人员实施或者指使、支持、授意他人实施妨害民事诉讼行为，尚未构成犯罪的；（13）其他违反法律规定的情形。

一、文书格式

××××人民检察院
检察建议书

×检民（行）违监〔20××〕×号

当事人申请监督的表述为：×××（申请人）认为××人民法院审理×××（当事人的姓名或名称、案由、案号）一案存在违法情形，向本院申请监督。本案现已审查终结。

［检察机关依职权发现的表述为：本院对××人民法院审理×××（当事人的姓名或名称、案由、案号）一案的审判活动进行了审查。本案现已审查终结。］

现查明：……（详细写明检察机关查明的人民法院审判活动的相关过程和情况）。

本院认为，……（结合检察机关查明的情况，论述审判活动存在违法情形的理由和依据)。

综上所述,……(概括列明人民法院审判活动存在哪些法定监督的情形)。根据《中华人民共和国民事诉讼法》第二百零八条第三款(行政检察案件引用:最高人民法院、最高人民检察院《关于对民事审判活动与行政诉讼实行法律监督的若干意见(试行)》第九条第一款)的规定,特提出检察建议,……(写明建议的具体内容)。

请在收到检察建议后一个月内将处理结果书面回复本院。

此致

××人民法院

××年×月×日

(院印)

附:检察卷宗×册

二、制作说明

1. 本文书根据民事诉讼法第208条第3款,《民行监督意见》第9条、第10条的规定制作。人民检察院对审判人员违法行为提出检察建议时使用。

2. 本文书发送同级人民法院。

3. 本文书加盖人民检察院印章。

第五节 检察建议书(监督执行活动)

监督执行活动的检察建议书是人民检察院在诉讼监督活动中,发现人民法院执行活动存在违法情形,以书面形式提出监督意见,建议人民法院予以纠正时使用的文书。民事诉讼法第235条规定,人民检察院有权对民事执行活动实行法律监督。《民事诉讼监督规则》第103条规定,人民检察院对民事执行活动提出检察建议的,应当制作《检察建议书》,在决定之日起15日内将《检察建议书》连同案件卷宗移送同级人民法院,并制作决定提出检察建议的《通知书》,发送当事人。

一、文书格式

×××× 人民检察院
检察建议书

×检民（行）执监〔20××〕×号

　　当事人申请监督的表述为：×××（申请人）认为××人民法院执行（审查）×××（当事人的姓名或名称、案由、执行案号）一案存在违法情形，向本院申请监督。本案现已审查终结。

　　[检察机关依职权发现的表述为：本院对××人民法院执行（审查）×××（当事人的姓名或名称、案由、执行案号）一案的执行活动进行了审查。本案现已审查终结。]

　　现查明：……（详细写明检察机关查明的人民法院执行活动的相关过程和情况）。

　　本院认为，……（结合检察机关查明的情况，论述执行活动存在违法情形的理由和依据）。

　　综上所述，……（概括列明人民法院执行活动存在哪些法定监督的情形）。经本院检察委员会讨论决定，根据《中华人民共和国民事诉讼法》第二百三十五条（行政检察案件引用：最高人民法院、最高人民检察院、公安部、国家安全部、司法部《关于对司法工作人员在诉讼活动中的渎职行为加强法律监督的若干规定（试行）》第三条第九项或第十二项）的规定，特提出检察建议，……（写明建议的具体内容）。

　　请在收到检察建议后一个月将处理结果书面回复本院。

　　此致
××人民法院

××年×月×日
（院印）

附：检察卷宗×册

二、制作说明

1. 本文书根据民事诉讼法第 235 条、《渎职监督规定》第 3 条的规定制作。人民检察院对人民法院民事执行活动提出检察建议时使用。
2. 本文书发送同级人民法院。
3. 本文书加盖人民检察院印章。

第六节　不支持监督申请决定书

不支持监督申请决定书，是指人民检察院受理当事人申请监督或者下级院提请监督的民事行政诉讼监督案件后，经过审查认为不符合监督条件，即人民法院生效裁判正确、审判人员违法行为不成立或者执行活动合法，不需要提出监督措施，决定不支持监督申请人的监督申请，向当事人发送的文书。

一、文书格式

××××人民检察院
不支持监督申请决定书

×检民（行）（违/执）监〔20××〕×号

当事人申请监督的表述为：×××（申请人）因与×××（其他当事人）××（案由）纠纷一案，不服××人民法院×号民事（行政）判决（裁定或调解书）或认为××人民法院审理（执行或审查）×××（当事人的姓名或名称、案由、案号）一案存在违法情形，向本院申请监督。[下级院提请抗诉的表述为："×××（申请人）因与×××（其他当事人）××（案由）纠纷一案，不服××人民法院×号民事（行政）判决（裁定或调解书），或认为××人民法院审理（执行或审查）×××（当事人的姓名或名称、案由、案号）一案存在违法情形，向××人民检察院申请监督，该院提请本院抗诉。"]本案现已审查终结。

本院认为，该案不符合监督条件。理由如下：

……（该部分结合检察机关审查认定的案件主要事实和申请监督理由，依照有关法律、法规及司法解释的相关规定，详细论述检察机关不支持监督申请的理由和依据。）

综上，根据《人民检察院民事诉讼监督规则（试行）》（申请对生效裁判、调解书监督的写"第九十条"或"第九十三条"；申请对审判程序中审判人员违法行为监督的写"第一百零一条"；申请对执行活动监督的写"第一百零四条"）（行政检察案件引用：《中华人民共和国行政诉讼法》第六十四条）的规定，本院决定不支持×××（申请人）的监督申请。

××年×月×日
（院印）

二、制作说明

1. 本文书根据《民事诉讼监督规则》第90条、第93条、第101条、第104条，行政诉讼法第64条的规定制作，为人民检察院对民事诉讼监督案件作出不支持监督申请决定时使用。

2. 本文书发送当事人，如是下级人民检察院提请抗诉案件，同时发送提请抗诉的人民检察院。

3. 本文书加盖人民检察院印章。

三、范例

××××人民检察院

不支持监督申请决定书

×检民监〔20××〕×号

山东某置业有限公司（以下简称某置业公司）因与李某借款合同纠纷一案，不服××人民法院×号民事判决，向本院申请监督。本案现已审查终结。

本院认为，该案不符合监督条件。理由如下：

一、关于李某是否为本案适格诉讼主体的问题。李某与某发食品有限公司（以下简称某发公司）、某置业公司、某经济发展投资公司（以下简称某经投公司）签订《借款合同》，约定了借款金额、还款条件及违约责任，并约定按银行同期贷款利率计算利息。合同签订后，某召集团有限公司（以下简称某召公司）向某置业公司履行了合同约定的全部付款义务，某置业公司确认后向李某出具了三张收据。在2011年4月29日，由于某主持，并有于某、李某等人签字的《某置业有限公司股东会会议纪要》，明确载明"对此项寻找投资方以及公司借个人（李某）的款项偿还事宜，仍由于某负责在最短时间内予以解决"。以上事实都直接证明了涉案借款关系的存在以及某置业公司对李某系出借人的事实的认可。某召公司代为付款的履行方式并不影响李某债权人的地位，且某置业公司直接向李某出具收据亦表明对该履行方式的认可。因此，涉案《借款合同》系各方当事人真实意思表示，内容不违反国家法律、行政法规的强制性规定，该《借款合同》应认定有效。××人民法院认定李某为本案适格诉讼主体和债权人并不违反法律规定。

二、关于李某出借资金的行为是否涉嫌犯罪的问题。某召公司在庭审中称，涉案1.17亿元借款是由李某向其出具借据，根据李某的请求直接打到借款人名下，借款行为完全是李某的个人行为，不是职务行为。由此可见，某召公司是同意向李某借款的。申请人亦未向公安机关举报，并提供李某涉嫌犯罪的证据，故其申请理由不成立。

三、关于涉案《借款合同》是否有效的问题。最高人民法院《关于如何确认公民与企业之间借贷行为效力问题的批复》规定：公民与非金融企业之间的借款属于民间借贷。只要双方当事人意思表示真实即可认定有效。但是，具有下列情形之一的，应当认定无效：（1）企业以借贷名义向职工非法集资；（2）企业以借贷名义非法向社会集资；（3）企业以借贷名义向社会公众发放贷款；（4）其他违反法律、行政法规的行为。涉案借款合同约定的是边某玺为出借人，合同各方意思表示真实，亦无应当认定为无效的情形，因此某置业公司关于借款合同无效的主张不能成立。

综上，根据《人民检察院民事诉讼监督规则（试行）》第九十条的规定，本院决定不支持某置业公司监督申请。

20××年×月×日
（院印）

第七节 受理通知书

受理通知书为人民检察院对符合受理条件的民事行政诉讼监督案件决定受理后通知当事人时使用。依相关规定，控告检察部门应当在决定受理之日起3日内制作《受理通知书》，发送申请人，并告知其权利义务。

一、文书格式

××××人民检察院
受理通知书

×检民（行）（违/执）监〔20××〕×号

×××（当事人的姓名或名称）：

×××（申请人）因与×××（其他当事人）××（案由）纠纷一案，不服××人民法院×号民事（行政）判决（裁定或调解书）"，[对审判程序中审判人员违法行为或执行活动申请监督的表述为：×××（申请人）认为××人民法院审理（执行或审查）×××（当事人的姓名或名称、案由、案号）一案存在违法情形。]向本院申请监督。本院经审查认为符合受理条件，决定予以受理。

特此通知。

附：1.《当事人联系方式确认书》
　　2.《权利义务告知书》

××年×月×日
（院印）

附件1：当事人联系方式确认书

××××人民检察院
当事人联系方式确认书

告知事项	1. 为便于人民检察院及时联系当事人或发送民事行政诉讼监督法律文书，当事人应当向人民检察院提供有效联系方式，并签名确认。 2. 当事人拒绝提供联系方式的，人民检察院以人民法院生效裁判法律文书上载明的联系方式为准。 3. 因提供的联系方式不准确、变更未及时告知、拒绝签收，导致人民检察院不能及时联系当事人或发送法律文书的，当事人应自行承担由此产生的后果。			
申请人联系方式	申请人		电话（手机）	
	邮寄地址		邮编	
	其他联系方式			
其他当事人联系方式	其他当事人1		电话（手机）	
	邮寄地址		邮编	
	其他联系方式			
其他当事人联系方式	其他当事人2		电话（手机）	
	邮寄地址		邮编	
	其他联系方式			
签名确认	签名（盖章） 年 月 日			
备注	申请人应当如实填写自己和其他当事人的邮寄地址和有效联系方式。其他当事人应如实填写自己的邮寄地址和有效联系方式。			

附件2：权利义务告知书

××××人民检察院
权利义务告知书

一、人民检察院依法履行对民事、行政诉讼的法律监督职责，当事人、利害关系人以及其他知情人可以通过申请监督、控告、检举等方式向检察机关提供相关线索，支持检察机关履行监督职责，维护国家法律的统一正确实施。

二、申请人、控告人、举报人有使用本民族的语言文字申请监督、控告、举报的权利，同时应当如实陈述事实，有意捏造、歪曲事实的应当承担相应的法律责任。

三、申请人向人民检察院申请监督，应当提交监督申请书、身份证明、相关法律文书及证据材料。提交证据材料的，应当附证据清单。提交的证据材料是复印件的，应当出示原件以供核对。申请监督材料不齐备且在人民检察院通知的期限内仍未补齐的，视为撤回监督申请。

（一）监督申请书应当记明下列事项：

1. 申请人的姓名、性别、年龄、民族、职业、工作单位、住所、有效联系方式，法人或者其他组织的名称、住所和法定代表人或者主要负责人的姓名、职务、有效联系方式；

2. 其他当事人的姓名、性别、工作单位、住所、有效联系方式等信息，法人或者其他组织的名称、住所、负责人、有效联系方式等信息；

3. 申请监督请求和所依据的事实与理由。

申请人应当按照其他当事人的人数提交监督申请书副本。

（二）身份证明包括：

1. 自然人的居民身份证、军官证、士兵证、护照或者公安机关核发的其他能够证明本人身份的有效证明；

2. 法人或其他组织的营业执照副本、组织机构代码证书和法定代表人或者主要负责人的身份证明等有效证照。

人民检察院对当事人提交的身份证明核对无误留存复印件。

（三）相关法律文书包括人民法院历次审理作出的判决书、裁定书、民事调解书或在执行活动中作出的裁定书、决定书等。

四、当事人有权依照《中华人民共和国民事诉讼法》或《中华人民共和国行政诉讼法》的规定委托代理人，并提交授权委托书和代理人身份证明、有效联系方式。

五、其他当事人可以在收到监督申请书副本之日起十五日内提出书面意见并提交相关证据材料。不提交的不影响人民检察院对案件的审查。

六、民事诉讼监督案件的当事人可以自行和解，但不得损害国家、集体和他人的合法权益。

七、当事人有权知悉案件承办人员的姓名、法律职务。如认为承办人员有《中华人民共和国民事诉讼法》第四十四条或《中华人民共和国行政诉讼法》第四十七条规定情形之一的，有权提出回避申请。回避申请应当在人民检察院审查终结前提出，并说明理由；认为承办人员接受当事人、诉讼代理人请客送礼，或违反规定会见当事人、诉讼代理人的，应当提供相关证据。回避申请人对驳回回避申请决定不服的，可以在接到决定时向原决定机关申请复议一次。

八、人民检察院受理当事人提出的监督申请后，依法对当事人的申请是否符合监督条件进行审查，经审查认为当事人的申请符合监督条件的，将案件处理结果以《通知书》方式告知当事人。

九、人民检察院受理监督申请并对案件进行审查，不影响人民法院对原生效判决、裁定和调解书的执行。

十、人民检察院作出监督决定，并不必然导致案件改判；不符合监督条件的，作出《不支持监督申请决定书》发送当事人。人民检察院已经审查终结作出决定的案件，当事人再次申请监督的，人民检察院不予受理。

二、制作说明

1. 本文书根据《民事诉讼监督规则》第 37 条的规定制作。人民检察院对符合受理条件的民事诉讼监督案件决定受理后通知当事人时使用。

2. 控告检察部门应当在决定受理之日起 3 日内制作《受理通知书》，发送申请人。需要发送其他当事人的，将《受理通知书》和监督申请书副本发送其他当事人。案件管理部门登记受理的案件，需要通知当事人的，由民事行政检察部门制作《受理通知书》，发送当事人。

3. 本文书加盖人民检察院印章。

第四部分

民事行政检察精品案例

一、天津开发区某实业发展有限公司与某省建筑安装工程有限公司建设工程施工合同纠纷抗诉案

【监督机关】最高人民检察院、天津市人民检察院
【监督方式】抗诉
【基本案情】

申请人（一审被告、反诉原告，二审上诉人）：天津开发区某实业发展有限公司。

其他当事人（一审原告、反诉被告，二审上诉人）：某省建筑安装工程有限公司。

2004年5月16日，某省建筑安装工程有限公司（以下简称某建筑公司）为顺利中标天津开发区某实业发展有限公司（以下简称某公司）开发的某住宅楼工程（以下简称诉争工程），与某公司先行签订《菁华苑施工承包补充协议书》（以下简称《承包补充协议》），由某建筑公司承建诉争工程，并对总承包价、承包范围、工期、违约责任等内容进行了约定。此后，某建筑公司参加诉争工程的招投标手续并于2004年6月中标，双方正式签订《建设工程施工合同》（以下简称《施工合同》）。《施工合同》约定：竣工日期为2005年7月15日，合同价款24088223.84元；竣工验收合格一个月内付至总价的95%；发包人违约支付工程款，每拖延一天，按总价款的万分之三支付违约金，且工期顺延；承包人违约拖延工期，每拖延一天，按总价款的万分之三支付违约金等内容。随后，双方将该合同向建设工程管理部门进行备案。2005年1月18日，某公司（甲方）又与某建筑公司（乙方）签订《菁华苑工程补充协议》（以下简称《工程补充协议》），约定：（1）该工程实际没有进行甲方供料，乙方为了避税，所有采购、进货、保管、材质均由乙方负责及办理，甲方所发包的形式为包工包料；（2）按乙方要求，用"材料票"抵工程款发票，为使甲方财务工作正常进行，甲方将部分材料委托乙方全权办理负责（包括采购、材质、供货至现场、现场材料保管、竣工后的维修等，以及对外分包的单项价格，结算等均由乙方负责），与甲方无关；（3）该项目工程的所用木料、塑钢门窗、防盗门、对讲门视为"甲供材"，增补到正式施工合同中的"甲供材一览表"中，只填写以上材料名称，并到有关部门备案……（4）甲方执行的原合同包干造价，不承担"甲供材"的材料差价及市场材料价格调整的任何风险；（5）凡用"甲供材"发票抵工程款发票款额，均在工程总造价中扣除；2005年11月10日，诉争工程竣工，某公司已支付工程款21619425.80元。

2006年9月，某建筑公司以某公司未按合同约定支付工程款为由诉至法院，要求某公司支付拖欠工程款、迟延付款违约金、安全文明施工措施费等。某公司反诉，要求某建筑公司支付工程逾期违约金。

诉讼期间，法院委托天津市晨星工程造价咨询有限责任公司对诉争工程进行鉴定，该公司出具鉴定报告结论（以下简称《鉴定报告》）：主要内容为："1.工程实际做法与招标约定做法不一致产生的差价鉴定为820331元，其中，外墙工程实际做法与招标约定做法不一致产生的差价为526625元；2.塑钢窗、卷帘门、防盗门的造价为1521790元等内容。"另外，该鉴定报告补充说明："墙体保温灰招标补充条件为4mm，图纸标明为40 mm，按建筑工程施工规范：墙体保温灰最薄也应为20 mm以上（含20 mm），故此处招标补充条件应视为笔误；合同及协议中均未有真正意义的甲供材条款，故塑钢门及防盗门的材料款应在合同价款内；仅卷帘门实际做法与招标不符，实际为铁制卷帘门，应该补退材料价差等内容。"另外，某公司向建设管理部门缴纳文明施工费233655元，建设管理部门在缴费收据上注明文明施工费交齐。

【原审裁判情况】

天津市第二中级人民法院经审理认为：根据最高人民法院《关于审理建设工程施工合同纠纷案件适用法律问题的解释》（以下简称《解释》）第21条的规定，本案应以在行政主管部门备案的《施工合同》为结算依据。《鉴定报告》已经与双方当事人充分质证，对《鉴定报告》予以确认。关于某公司主张的固定价款问题，因出现增项问题后不能以固定价款抗辩，对增项部分应以鉴定为准。关于逾期付款违约金问题，因工期有超期，且双方未进行结算，确定违约金的起算日期为某建筑公司的起诉之日。关于某公司反诉部分，因某公司违约在先，且工程有增项，两相折抵，反诉请求不予支持。根据《民法通则》第84条，合同法第8条、第109条、第114条，《解释》第21条之规定，判决：（1）某公司支付某建筑公司工程款2768210.06元；（2）某公司支付某建筑公司文明施工费43100元；（3）某公司支付某建筑公司质保金1204411元；（4）某公司支付某建筑公司逾期付款违约金，起止时间为2006年9月18日至本判决生效日止；（5）驳回双方当事人其他诉讼请求。某公司与某建筑公司均不服，双方上诉至天津市高级人民法院。

天津市高级人民法院经审理认为：根据相关法律规定，应以在建设行政主管部门备案的《施工合同》作为双方进行工程结算的依据。

1.关于塑钢窗、卷帘门、防盗门造价1521790元的问题。首先，在《某工程投标文件》中没有对塑钢窗、卷帘门、防盗门等该部分进行投标报价。其次，《施工合同》附件2中约定了木材、塑钢窗、防盗门是由发包人供应的。再次,《工程补充协议》中也约定,按某建筑公司要求用"材料票"抵工程款发票,某公司将部分材料委托某建筑公司全权办理负责。最后,实际施工中,某公司与案外人签订了防盗门的供货和安装协议,并全部支付了货款。综上,《菁华苑工程施工招标文件》、《菁华苑工程投标文件》、《施工合同》、《工程补充协议》及防盗门供货安装协议等能够证明塑钢窗、卷帘门、防盗门等材料的造价不包括在《施工合同》造价内。

2. 关于文明施工费的问题。虽然某公司已向建设行政主管部门交纳了文明施工费233655元,建设行政部门在其开具的收据上写明文明施工费交齐。但某公司并未将交纳文明施工费的票据复印件交予某建筑公司,造成某建筑公司无法向建设行政主管部门领取该文明施工措施费。因建设行政主管部门已认定某公司已将文明施工费交齐,应以建设行政主管部门确认的233655元为准。

3. 关于质保金1204411元的问题。双方在《施工合同》中约定,预留5%作为质保金,质保期满一年后半个月内付清;质保期分为装修工程、给排水、供热管道3项工程为2年,防水工程为5年。诉争工程于2005年11月10日竣工,至原审法院判决之时,主要保修工程已超过质保期,应由某公司支付质保金1204411元给某建筑公司。

4. 关于工程实际做法与招标约定做法不一致产生的差价293706元的问题。在某公司招标文件的《补充条件》和《施工图招标补充条件》对部分工程的做法作了明确要求,在实际施工过程做法发生变化,增加了造价,某公司根据《施工合同》应支付这部分工程的造价。

5. 关于某建筑公司逾期竣工是否应支付违约金58万元的问题。双方在《施工合同》中约定的竣工日期是2005年7月15日,实际竣工日为2005年11月10日,超期118天。在工程施工过程中,由于某公司存在逾期支付工程预付款和工程增项等情况,造成工期的延长,应适当顺延相应的工期60天。某建筑公司实际逾期竣工58天,依据双方当事人约定违约金5000元/天,某建筑公司应支付逾期违约金290000元。

6. 关于外墙保温做法差价526625元的问题。在某公司招标文件的《补充条件》和《施工图招标补充条件》中要求保温层厚度为4mm厚。某建筑公司按照上述文件的要求进行了投标报价,而实际施工图纸的外墙外保温做法要求保温层是40mm厚,某建筑公司按保温层40mm厚进行了工程施工,某公司应支付该笔工程款。

7. 关于某建筑公司主张的违约金计算的问题。根据《施工合同》约定,工程款在竣工验收合格后一个月付至总价的95%。某公司在工程竣工时,所付工程款数额未达到合同的约定,某公司应按合同中逾期付款的约定向某建筑公司支付逾期付款违约金。具体为，以 24088223.84 元为基数按日万分之三自 2006 年 9 月 18 日起至本判决生效之日止的违约金。

综上所述，依据民事诉讼法第 153 条第 1 款第 3 项的规定，判决：（1）某公司给付某建筑公司工程款 3051624.06 元；（2）某公司给付某建筑公司质保金 1204411 元；（3）某公司给付某建筑公司文明施工费 233655 元；（4）某公司以 24088223.84 元为基数按日万分之三，自 2006 年 9 月 18 日起至本判决生效之日止给付逾期付款违约金；（5）某建筑公司给付某公司逾期违约金 290000 元；（6）驳回某公司、某建筑公司的其他上诉请求。

【监督意见】

某建筑公司不服终审判决，向检察机关提出申诉。天津市人民检察院审查后认为，终审判决认定基本事实缺乏证据证明，适用法律确有错误，向最高人民检察院提请抗诉。最高人民检察院审查后，向最高人民法院提出抗诉。抗诉理由为：

1. 终审判决认定的基本事实缺乏证据证明。

（1）终审判决认为塑钢窗、卷帘门、防盗门等材料的造价不包含在施工合同总造价内，缺乏证据证明。第一，备案的《施工合同》第 2 条载明"工程承包范围：土建、安装施工图中全部内容（达到初装修标准）"，而《施工合同》所附的施工图标明"承包范围包含塑钢窗、卷帘门、防盗门"，即卷帘门、防盗门等材料的造价含在总包范围内。第二，根据《工程补充协议》载明的内容证实，某公司对诉争工程实际没有进行供材，双方在备案的《施工合同》附件 2 中所填写的某公司供材实为后增补内容，并未实际执行。第三，某公司与案外人虽然签订了防盗门的供货和安装协议，并支付了货款，但并不能因此证明应由某公司承担防盗门的供材义务。第四，《鉴定报告》亦说明"合同及协议中均未有真正意义的某公司供材条款，塑钢门及防盗门的材料款应在合同价款内"。综上所述，塑钢窗、卷帘门、防盗门应包含在工程总造价内，终审判决认定塑钢窗、卷帘门、防盗门等材料的造价不包含在施工合同总造价内，缺乏证据证明。

（2）终审判决认定由某公司向某建筑公司支付质保金，缺乏证据证明。质保金是指由合同双方约定从应付合同价款中预留的，当标的物出现质量问题，需要进行维修时，用于支付修理费用的资金。只有在维修期满后，如未发生质量问题或维修资金有剩余时，发包方才将质保金支付给承包方。《施工合同》及所附的《房屋建筑工程质量保修书》载明"预留 5% 作为质保金，质保期满一年后半个月内付清"、"防水工程的保修期为五年"。涉诉工程于 2005 年 11 月 10 日竣工，即终审判决作出之日保修期防水工程并未到期。因此，终审判决认为主要保修工程已超过质保期，应由某公司向某建筑公司支付全部质保金，缺乏证据证明。

（3）终审判决认定某公司应向某建筑公司支付工程做法与招标约定做法不一致产生的差价293706元，外墙保温做法差价526625元，缺乏证据证明。《施工合同》为双方进行工程结算的依据，工程差价应当是指工程实际做法与《施工合同》约定不一致产生的差价。招标约定在性质上是要约邀请，不属于《施工合同》内容，故工程做法与招标约定不一致产生的差价293706元，应不属某公司承担的义务。另外，由于招标补充文件在性质上也是要约邀请，不属于《施工合同》内容，故关于保温墙的标准不应当以招标补充文件为准，而应以《施工合同》为准。由于《施工合同》所附的施工图纸上已明确标注"外墙保温层40mm"，涉诉工程外墙保温实际做法并未高于《施工合同》标准，故不存在差价的问题。综上所述，终审判决认定某公司应向某建筑公司支付工程做法与招标约定做法不一致产生的差价293706元，外墙保温做法差价526625元，均缺乏证据证明。

（4）终审判决认定某公司逾期支付工程预付款和工程增项情况，应适当顺延相应的工期60天，逾期一天的违约金是5000元，缺乏证据证明。根据《施工合同》约定"工程竣工日为2005年7月15日；发包人违约支付工程款，每拖延一天，按总价款的万分之三支付违约金，且工期顺延；承包人违约拖延工期，每拖延一天，按总价款的万分之三支付违约金"。终审判决在未认定某公司逾期支付工程款具体天数的情况下，却认定应当顺延工期60天且逾期一天的违约金为5000元，显然不符合《施工合同》关于"工期顺延"及"总价款的万分之三支付违约金"的约定，属缺乏证据证明。

2. 终审判决适用法律确有错误。

（1）终审判决认定由某公司给付某建筑公司文明施工费233655元，属适用法律错误。根据《天津市建设工程安全文明施工措施费管理办法》的相关规定，文明施工费是基于行政主管部门的相关规定而产生的费用，不属于工程价款的范围。某公司将文明施工费交付行政主管部门后，应由建设行政主管部门根据某建筑公司的施工现场情况，决定是否应给其发放。另外，双方当事人在《承包补充协议书》中也约定，由某建筑公司向建委有关部门领取文明施工费。因此，某公司没有直接给付某建筑公司文明施工费的义务。终审判决在认定某公司已向行政主管部门交付了文明施工费的情况下，仍然判决由某公司直接给付某建筑公司文明施工费233655元，不符合文明施工费管理的相关规定，属适用法律错误。

（2）终审判决认定以24088223.84元为基数，按日万分之三，自2006年

9月18日起至判决生效之日止的违约金,属适用法律错误。首先,终审判决认定承担违约责任的期间为本诉讼期间,这一期间的长短并不是当事人所能决定的,无论审理时间多长均要当事人承担按日累计违约金的责任,明显不符合公平原则;其次,违约金主要是用来补偿无过错一方当事人所受损失以保证合同正常履行,我国法律关于违约损害赔偿一般以补偿实际损失为原则。在本案中,某公司仅欠付某建筑公司工程款125万余元(扣除某建筑公司违约金及某建筑公司所欠水电费等外,某公司仅还欠某建筑公司30万余元)。而终审判决却以合同总价款24088223.84元为基数(该基数80余倍于实际欠款数),判令某公司承担每日万分之三的违约金,导致违约金总数高达660多万元,远远高于实际损失;最后,某公司在诉讼中一直进行不违约的抗辩,显然也包含了减少承担违约金的意愿。依据最高人民法院《关于适用〈中华人民共和国合同法〉若干问题的解释(二)》第29条规定,当事人约定的违约金超过造成损失的30%的,一般认定为过分高于造成的损失。当事人主张约定的违约金过高请求予以适当减少的,人民法院应当以实际损失为基础,兼顾合同的履行情况,当事人的过错程度以及预期利益等综合利益,根据公平原则和诚实信用原则予以衡量。因此,终审判决"以24088223.84元为基数,按日万分之三自2006年9月18日起至本判决生效之日止的违约金",明显违背立法本意,根据《高法民事审判监督解释》第13条规定,属适用法律错误。

【监督结果】

本案经最高人民检察院抗诉后,最高人民法院裁定指令天津市高级人民法院再审。2011年12月20日,天津市高级人民法院作出〔2010〕津高民再字第0025号民事判决。判决:(1)撤销原一、二审判决;(2)某公司支付某建筑公司所欠工程款1252870.06元;(3)某公司以所欠付工程款1252870.06元为基数按日万分之三向某建筑公司支付逾期违约金,起止时间为2006年9月18日至本判决生效之日止;(4)因考虑再审判决时涉诉工程质保期已经届满,为减少当事人的诉累,某公司在扣减已经发生的维修费后支付某建筑公司质保金966347.15元;(5)准许某公司放弃其反诉请求;(6)驳回某建筑公司其他诉讼请求。

【案例点评】

本案是一起典型的建设工程施工合同纠纷案件,在建设工程合同领域中常见的各种典型问题在本案中几乎均有体现。本案涉诉标的额较大,法律关系复杂,争议焦点繁多,既涉及深刻的法学理论问题,又涉及前沿的审判实务问题。

本案涉及合同法中一个重要审判实务问题,即在约定违约金过高,当事人只进行不违约抗辩,而未提出减少违约金请求的情况下,法院应否调整违约金。根据合同法及相关司法解释的规定,违约金的赔付一般是以补偿守约方实际损失为原则,法院应根据当事人的请求,以实际损失为基础,兼顾合同的履行情况,当事人的过错程度以及预期利益等综合利益,按照公平原则和诚实信用原则予以裁量。本案中,合同约定的违约金远远高于实际损失,但是当事人只进行不违约的抗辩,而未向法院提出减少违约金的请求,法院是否应当调整违约金。对此,理论界和实务界一直有不同观点。检察机关认为,在诉讼中,当事人往往有这种心理——当认为自己不违约而无须支付违约金时,若再向法院请求减少违约金就有承认违约之嫌。因此,他们在坚持不违约抗辩时,当然不向法院提出减少违约金的请求。此时,当事人的真实意志是不承担违约金,根据举重以明轻的逻辑,不承担违约金的意思表示显然包含了少承担违约金的意愿。在这种情况下,法院应当综合案件实际情况,对违约金进行调整,这也符合"依申请"调整违约金的法律规定。检察机关抗诉理由寓理于法、法理交融,再审法院完全采纳检察机关的抗诉理由,双方当事人亦再无异议。

  本案涉及的另外一个问题,即文明施工费的性质。所谓文明施工费,是指按照国家现行的建筑施工安全、施工现场环境与卫生标准和有关规定,购置和更新施工防护用具及设施、改善安全生产条件和作业环境所需要的费用。根据建设管理委员会相关文件规定,建设单位在编制工程概算时,应按规定确定安全文明施工措施费用,在工程概算未编制时,按最高限额取费;建设单位应于办理安全施工措施资料备案之前一次性存入指定的银行专项账号;建设单位在存入此项资金后,应将存款凭证复印件交给施工单位,专项资金存款凭证复印件作为施工单位领取安全文明施工措施费用的有效凭证之一。从上述规定不难看出,文明施工费是基于行政管理关系产生的费用,它不属于当事人之间的民事争议范畴。原审判决对此有相关论述,但其判决结果却与其前段论述大相径庭,混淆了行政管理关系与民事法律关系,令人遗憾。法院再审判决采纳了检察机关的抗诉意见,对此不再正面提及,但同时在判决中强调了建设单位的协助、配合义务,处理结果较为妥当。

  本案涉及的其他法律问题也值得探讨。如合同实际履行问题,终审判决将合同中约定的"视为甲供材"理解为实际"甲供材",进而错误地认定相关材料的造价不包含在施工合同总造价内;质保金的支付问题,涉诉工程质保期尚未届满,法院却错误地判决发包方支付全部质保金;招标文件的效力问题,终审判决将属于要约邀请性质的招标文件视为要约,将要约邀请的内容错误地认定为合同的组成部分,因而得出发包人要承担工程实际做法与招标文件约定不一致差价的错误结论;违约行为认定与违约责任承担的问题,终审判决以甲

（备案合同）合同为依据来认定是否构成违约行为，却又以乙合同（承包补充协议）约定的标准来认定违约责任，即在双方当事人前后订立内容不一致的合同情况下，法院只采用对一方当事人有利的合同，明显偏袒另一方当事人，违反了司法解释关于备案合同与同一工程中订立的其他合同实质内容不一致时，应当以备案的中标合同作为根据的规定。

  检察机关在抗诉中紧紧抓住原终审判决的诸多错误，逐项进行深入论证和有力反驳，做到了抗点准确、论据充分、论证有力，为再审判决完全采纳抗诉意见奠定了坚实的基础。本案经检察机关抗诉，再审法院进行了"颠覆式"改判，彻底纠正了原审判决错误，既维护了法律的正确统一实施，又取得了良好的社会效果。

二、韩某诉海南省交警总队不履行法定职责抗诉案

【监督机关】最高人民检察院、海南省人民检察院
【监督方式】抗诉
【基本案情】

申请人（一审原告、二审被上诉人、再审被申请人）：韩某，女，1960年5月18日出生，汉族，无业，住海南省文昌市某乡某村。

其他当事人（一审被告、二审上诉人、再审申请人）：海南省交警总队，住所地海口市西沙路21号。法定代表人：蔡某，总队长。

海口理兰汽车贸易有限公司（以下简称理兰公司）分别于2000年6月3日付定金3万元和6月26日付购车款28.3万元给广州威达机械企业有限公司汽车制造厂（以下简称汽车制造厂），汽车制造厂于2000年6月20日将其生产的珠江牌41座GZ6100型大客车一辆（车架号为：LCI00E008Y0000024，发动机号为：JP00346612）销售给理兰公司。2000年6月28日，韩某用现金向理兰公司支付31.4万元后，理兰公司将该车销售给了韩某。2000年9月20日，该车经海口市公安局交通巡逻警察支队（以下简称市交警支队）车管所登记上牌，车牌号为琼A06281。

2001年3月5日，韩某与海南港澳国旅汽车服务公司（下称港澳国旅公司）签订《旅游客车参营合同》，约定韩某以琼A06281号旅游大客车挂靠港澳国旅公司进行营运。2002年10月15日，韩某聘请周某为琼A06281号大客车驾驶员。

2002年1月9日，海南省纪律检查委员会向海南省公安厅纪委发函称：据群众来信反映，琼北车管所把报废车改装成国产珠江牌汽车，大梁发动机全部是旧车，却以全新车上牌，要求海南省公安厅纪委调查处理并在3个月内报结果。2003年1月17日，省交警总队警务督察科在海南省万宁市扣留了由周某驾驶的琼A06281号大客车，扣车凭证为《公安督查现场扣留、收缴凭证》，扣车原因为：涉嫌报废车辆。2003年2月24日，海南省公安厅对琼A06281号大客车作出琼公刑技（痕）字〔2003〕第097号《刑事科学技术鉴定书》，经鉴定琼A06281大客车车架号码有涂改过的痕迹。

2003年11月6日，省交警总队作出督移送字（03）02号《公安督察移送通知书》将案卷移送市交警支队，并于2004年1月16日由省交警总队督察科将其扣留的琼A06281号大客车移交给市交警支队，但市交警支队没有重新作出新的扣车决定。

2004年10月29日，广州骏威客车有限公司（由原汽车制造厂更名而来）经派员现场辨认，并出具广骏客函〔2004〕50号《关于对琼A06281号大客车的说明函》：该车的车主从2000年6月28日接到车至上牌的3个月时间里，加装了空调，将活动窗改为固定窗。该车是威达厂生产的，但该车右后大梁处的VIN号码不是原威达厂规定在靠梁底边打刻，而是在离梁底边1寸以上的位置打刻，该处的号码明显粗壮些，与该车左前大梁处的原厂打刻VIN号码明显不同。另外，从纪检委提供的琼A06281客车的产品合格证原件是我司发出的。

2004年11月3日，韩某向海口市美兰区人民法院提起行政诉讼，以省交警总队强行扣留琼A06281号大客车没有任何事实依据和法律依据，严重违反行政法规和程序的规定，违法扣押公民合法财产长达2年为由，请求判令：(1) 依法对涉嫌报废车辆琼A06281号大客车作出处理决定；(2) 依法终止交警总队行政不作为行为；(3) 请求返还合法财产琼A06281号大客车。

【原审裁判情况】

海口市美兰区人民法院经审理认为：被告交警总队在执行海南省纪律检查委员会琼纪群字〔2002〕5号《关于查报琼北车管所有关问题的函》对海南省琼北车管所有关工作人员涉嫌违反规定给报废车辆入户的情况组织力量进行调查，安排其不具有法人资格的内部督察部门实施对琼A06281号大客车以"涉嫌报废车辆"的原因进行扣留至今已2年之久，不作出是否为报废车辆的结论给原告，也不返还车辆给原告的行为，明显违反了《交通违章处理程序规定》第39条的规定。被告为了调查处理海南省琼北车管所有关工作人员涉嫌违反规定给报废车辆入户而实施对案外人车辆所有人的合法财产进行扣留，在法规规定的期限内，又不给车辆所有人作出是否为报废车辆的明确决定，且不退还该车给车辆所有人，侵犯原告的合法权益的行为，违反了有关法律规定，应予纠正。依照行政诉讼法第54条第3项的规定，判决：省交警总队须于本判决发生法律效力之日起15日内对琼A06281号大客车是否属报废车辆作出处理决定。

判后，省交警总队提出上诉。海口市中级人民法院在审理过程中，海南省公安厅作出琼公通〔2005〕163号《关于对琼A06281号大客车等嫌疑车辆尽快作出处理决定的通知》，2005年8月24日，市交警支队作出公（交）撤字〔2005〕第01号《公安交通管理撤销决定书》，对韩某所有的琼A06281号大客车作出撤销机动车登记的处理决定，并于同日书面通知韩某到市交警支队违章大队办理返还琼A06281号大客车的有关手续。在市交警支队作出撤销机动车登记的处理决定并将被扣车辆返还给韩某后，海口市中级人民法院征求韩某是否撤回其一审诉讼请求的意见，韩某明确表示其不撤回一审诉讼请求。

海口市中级人民法院经审理认为：省交警总队把琼A06281号大客车移交市交警支队处理后，市交警支队已于2005年8月24日对被扣车辆作出了撤销机动车登记的处理决定，并把被扣车辆返还被上诉人韩某，韩某的诉讼请求已经得到满足，再行判令省交警总队履行职责已无实际意义。在韩某不肯撤回其诉讼请求的情况下，应参照《高法行政诉讼若干解释》第56条第4项之规定，撤销原审判决，驳回被上诉人的诉讼请求。但上诉人在扣留被上诉人的车辆后，未在1999年12月10日公安部发布的《交通违章处理程序规定》第39条第1款第2项规定的期限内依法对被扣车辆作出处理，存在行政不作为的情况，应当确认上诉人的不作为行为违法。根据《高法行政诉讼若干解释》第57条第2款第1项、第70条之规定，判决：（1）撤销海口市美兰区人民法院〔2004〕美行初字第39号行政判决；（2）确认省交警总队在把被扣的琼A06281号大客车移交市交警支队处理之前未在法定期限内对已扣的琼A06281号作出处理决定的行政不作为行为违法；（3）驳回韩某的诉讼请求。

省交警总队不服二审判决，向海南省高级人民法院申请再审。海南省高级人民法院经审理认为：省交警总队扣留琼A06281号大客车的行为，确实是为了查处上级纪检部门交办的内部违法违纪案件。在押车之后，其一直进行积极的查处，并没有怠于作为。该扣车行为，表象上为具体行政行为，但在本质上为内部违法违纪的查处行为。在完成外围调查后，省交警总队将扣留的琼A06281号大客车移送给有管辖权的市交警支队进行处理，符合公安部公法（91）51号文的规定。该案移送后，市交警支队已对琼A06281号大客车作出了撤销机动车登记的处理决定，并将大客车退回韩某。市交警支队对琼A06281号大客车的处理，使韩某在本案中的诉讼请求已经得到满足。据此，二审判决将一审判决予以撤销是正确的。在一审诉讼中，原告韩某只主张一个诉讼请求，即"请求依法对涉嫌报废车辆琼A06281号大客车作出处理决定"。但二审判决却增加"确认上诉人在把被扣的琼A06281号大客车移交市交警支队处理之前未在法定期限内对已扣的琼A06281号作出处理决定的行政不作为行为违法"的判决，超出了韩某的诉讼请求，违背了"不告不理"原则，应依法予以纠正。省交警总队关于二审判决超出了韩某的一审诉讼请求的辩解有理，应予支持。根据《高法行政诉讼若干解释》第56条第1项、第4项的规定，判决：（1）撤销海口美兰区人民法院〔2004〕美行初字第39号行政判决和海口市中级人民法院〔2005〕海中法行终字第37号行政判决；（2）驳回韩某的诉讼请求。

【监督意见】

韩某不服再审判决，向检察机关申请监督。海南省人民检察院审查后提请最高人民检察院抗诉，最高人民检察院认为海南省高级人民法院〔2005〕琼行再终字第3号行政判决认定事实和适用法律确有错误，向最高人民法院提出抗诉。理由如下：

1. 再审判决认为"交警总队扣留琼A06281号大客车的行为，确实是为了查处上级纪检部门交办的内部违法违纪案件。该扣车行为，表象上为具体行政行为，但在本质上为内部违法违纪的查处行为"缺乏事实及法律依据。

第一，中国共产党纪律委员会查处违法乱纪行为，其查处对象为中国共产党党员。但被扣车辆琼A06281，其实际所有人是韩某。韩某不是人民警察，琼A06281也不是警用车辆。根据相关规定，公安机关督察部门没有对一般公民的非警用车辆进行扣押的权力。同时，纪委的函"要求省交警总队对琼北车管所涉嫌违规给报废车辆入户的情况组织力量进行调查"并没有作出扣车指示。韩某作为普通公民，在其所有的车辆被举报非法入户的情况下，可以协助交警总队纪委部门进行调查，但中国共产党的纪律检查行为对其没有约束力。

第二，省交警总队以涉嫌报废车辆为由作出的扣车行为具备具体行政行为特征，属于人民法院受理行政诉讼案件范围。首先，《中华人民共和国道路交通安全法》（以下简称道路交通安全法）第5条第1款规定："国务院公安部门负责全国道路交通安全管理工作。县级以上地方各级人民政府公安机关交通管理部门负责本行政区域内的道路交通安全管理工作。"第100条第1款规定："驾驶拼装的机动车或者已达到报废标准的机动车上道路行驶的，公安机关交通管理部门应当予以收缴，强制报废。"根据上述规定，公安交通管理部门有扣押涉嫌报废机动车辆的法律授权，有权采取限制公民财产权的行政强制措施。其次，交警总队相关工作人员以"涉嫌报废车辆"为由，扣押琼A06281号大客车，是针对公民就特定事件作出的具有命令与服从性质的决定，是单方面的行政处理行为。最后，该扣押行为对行政相对人韩某的权利产生了实际影响。督察部门的扣押行为，使韩某丧失了对其所有财产的占有和使用及经营管理，其合法权利被限制。尽管公安机关内部督查部门无权对一般公民的财产进行扣押，但该扣押行为是公安机关工作人员以"涉嫌报废"为由实施的，属于公安机关执法权限。韩某作为一名普通公民，其收执《公安督查现场扣留、收缴凭证》、《公安督查扣留（收缴）物品清单》，不知督察部门作为公安机关交警部门的内设机构没有扣押"涉嫌报废车辆"的行政执法权，但这不影响行政行为的成立。

综上，韩某作为被扣车辆的实际所有人和经营者，有权根据行政诉讼法第

11条第2项规定（公民或法人对行政机关限制人身自由或者对财产的查封、扣押、冻结等行政强制措施不服的），就交警总队扣押琼A06281大客车的行政行为，向人民法院提起行政诉讼。

2. 再审判决认为"二审判决却增加确认上诉人（交警总队）在把被扣的琼A06281号大客车移交市交警支队处理之前未在法定期限内对已扣的琼A06281号作出处理决定的行政不作为行为违法的判决，超出了韩某的诉讼请求。二审判决确认交警总队行政不作为行为违法，超出了韩某的诉讼请求，违背了'不告不理'原则，应依法予以纠正"，缺乏事实和法律依据。

第一，再审判决此认定缺乏证据支持。一审卷宗行政起诉状载明韩某的诉讼请求：（1）请求依法对涉嫌报废车辆琼A06281号大客车作出处理决定。（2）请求依法终止交警总队行政不作为行为。（3）请求返还合法财产琼A06281号大客车。二审中韩某在其行政答辩状写明：本案焦点首先是被上诉人（韩某）是否构成原告主体，其次是上诉人（交警总队）是否构成被告，最后是上诉人以涉嫌报废车辆原因扣留琼A06281号大客车长期未作出处理决定是否违法。综上，韩某一直坚持法院对交警总队"长扣未处"的行为作出是否是违法行政行为的认定，二审判决并没有超出韩某的诉讼请求。

第二，再审判决认定缺乏法律依据。公民或法人与行政机关发生纠纷，提出行政诉讼，就是请求法院对该行政机关作出的行政行为作出是否合法的判定，法院依职权应对讼争的行政行为的合法性进行审查。合法性审查是行政诉讼的基本原则。相关行政诉讼法律、法规及司法解释均体现了这一原则。即对原告起诉被告不作为的案件，被告在诉讼中作出具体行政行为，原告仍不撤诉，法院经审查认为原行政行为违法的，不再作出撤销或变更判决，而应作出确认其违法的判决，行政机关在诉讼中变更原行政行为并不能阻碍人民法院依职权对原行政行为进行合法性审查。结合本案，交警总队以涉嫌"报废"为由扣车并持续时间达2年后韩某起诉。交警部门在诉讼中作出了该车为非法入户并撤销机动车登记的处理，但这并不能证明在此行政处罚行为作出之前发生的持续扣车行为就具有合法性。韩某没有撤诉，即表明其仍在请求人民法院对交警总队持续扣车的行为作出是否合法的评判，人民法院应当作出合法或违法的认定。

3. 再审判决根据《高法行政诉讼若干解释》第56条第1项、第4项的规定，驳回韩某的诉讼请求，缺乏事实及法律依据。

行政诉讼法第32条规定："被告对作出的具体行政行为负有举证责任，应当提供作出该具体行政行为的证据和所依据的规范性文件。"根据此规定，交警总队应举证证明自己以"涉嫌报废车辆"为由扣留琼A06281号大客车的持续扣车行为具有合法性的事实及法律依据。此举证责任包括证明自己是合法的执法主体，对本案有权通过行政行为作出处理；该处理行为符合程序和形式要求；该行政行为内容合法。而省交警总队在诉讼中未能提供证明持续扣车未超出法定期限的法律依据，应当承担相应的法律后果。另外，省交警总队督察部门没有扣押报废车辆的行政管理权，而以自己的名义扣押车辆，属于超越法定权限的越权行为。

【监督结果】

最高人民法院受理抗诉后，指令海南省高级人民法院对本案进行再审。海南省高级人民法院再审判决认为：

1. 关于被申诉人省交警总队扣留琼 A06281 号大客车的行为是否是具体行政行为。

省交警总队以涉嫌报废车辆为由扣留琼 A06281 号大客车是为了配合查处其内部违法违纪行为，但该扣车行为是具体行政行为。理由是：第一，公安交通管理部门有扣押涉嫌报废机动车辆的法律授权。第二，省交警总队相关工作人员以"涉嫌报废车辆"为由，扣押琼 A06281 号大客车，是针对特定公民就特定事件作出的具有命令与服从性质的决定。第三，该扣押行为对行政相对人韩某的权利产生了实际影响。因此，抗诉机关关于扣车行为是具体行政行为的抗诉理由成立。

2. 关于本案是否应进行合法性审查的问题。

韩某在一审行政起诉状载明了诉讼请求：一是请求依法对涉嫌报废车辆琼 A06281 号大客车作出处理决定。二是请求依法终止省交警总队行政不作为行为。三是请求返还合法财产琼 A06281 号大客车。虽然韩某没有请求确认行政不作为违法，但其在一审起诉状的理由中提到过该行政不作为存在违法的问题。因此，人民法院应当对讼争的行政行为的合法性进行审查。行政诉讼法第5条规定："人民法院审理行政案件，对具体行政行为是否合法进行审查。"《高法行政诉讼若干解释》第 67 条第 1 款规定："第二审人民法院审理上诉案件，应当对原审人民法院的裁判和被诉具体行政行为是否合法进行全面审查。"所以，二审判决对被诉具体行政行为是否合法进行审查并无不当。因此，抗诉机关关于不能以二审判决超诉讼请求为由改判的抗诉理由成立。

3. 被申诉人省交警总队扣留琼 A06281 号大客车的具体行政行为是否合法。

省交警总队扣留琼 A06281 号大客车，是在执行公安厅纪律检查委员会琼公纪函〔2003〕1 号《关于查报琼北车管所涉嫌违规给报废车入户情况的函》。省交警总队扣车后，进行了调查。之后，省交警总队将扣留的琼 A06281 号大客车移交市交警支队处理符合《公安部法制司、交通管理局关于省交通警察总队执勤队可否以自己名义实施交通管理处罚请求的答复》的规定。而且，琼 A06281 号大客车是不能取得合法上路行驶资格的财产。经省公安厅鉴定，该车车架号码有涂改的痕迹。因此，该车依法不能办理注册登记。韩某虽然办理了注册登记手续、领取机动车号牌，并持续使用了一段时间，但无法改变车辆违法入户的事实。韩某违法取得的车辆注册登记不受法律保护，省交警总队查扣琼 A06281 号大客车实质上是为公共安全负责。但是，省交警总队在查扣琼 A06281 号大客车的过程中，存在以下违法之处：

第一，省交警总队警务督察科以"涉嫌报废"为由扣留琼 A06281 号大客车，超越法定权限。《公安机关督察条例实施办法》等有关规定没有规定督察机构及人员有扣留报废车的权力。本案中扣车的主体是警务督察科，其并没有针对一般行政相对人实施行政处罚的权力，警务督察科以自己的名义扣押涉嫌报废车辆超越法定权限。

第二，从 2003 年 1 月 17 日省交警总队扣车到 2004 年 1 月 16 日将车移交市交警支队，省交警总队扣车近一年。根据行政诉讼法第 32 条的规定："被告对作出的具体行政行为负有举证责任，应当提供作出该具体行政行为的证据和所依据的规范性文件。"也就是行政权力的行使要有法律依据，行政机关对此负有举证责任。省交警总队在本案中没有提供能够证明其在法定期限内扣车的有关法律依据。

综上所述，抗诉机关的抗诉意见成立，应确认省交警总队查扣琼 A06281 号大客车的行为违法。判决：（1）撤销本院〔2005〕琼行再终字第 3 号行政判决；（2）确认被申诉人海南省交警总队查扣琼 A06281 号大客车的行为违法；（3）驳回申诉人韩某的诉讼请求。

【案例点评】

本案主要涉及交警部门为配合查处其内部违法违纪行为，对涉嫌报废的营运大客车进行扣押，是否属于具体行政行为、其长期扣押不作处理是否合法以及法院是否要进行合法性审查的问题。

海南省交警总队扣押琼 A06281 号大客车，是按照纪检部门的要求，配合查处其内部干警的违法违纪行为，但由于琼 A06281 号大客车的实际车主韩某既不是中共党员，也不是人民警察，中国共产党的纪律检查行为以及交警督查行为对其没有约束力，而根据道路交通安全法的规定，公安机关交通管理部门负责道路交通安全管理工作，具有法律授权，海南省交警总队扣押琼 A06281 号大客车已对韩某的权利产生了实际影响，因此，该行为是具体行政行为。

海南省交警总队扣押琼 A06281 号大客车长达 2 年，却并没有举证证明其扣车期限具有法律依据，根据行政诉讼法第 32 条"被告对作出的具体行政行为负有举证责任，应当提供作出该具体行政行为的证据和所依据的规范性文件"的规定，海南省交警总队不能证明其持续扣车行政行为的合法性，应该认定该具体行政行为违法。

公民或法人与行政机关发生纠纷，提出行政诉讼，就是请求法院对该行政机关作出的具体行政行为作出是否合法的判定，法院应当依职权对讼争具体行政行为的合法性进行审查。合法性审查是行政诉讼的基本原则，相关的行政诉讼法律、法规及司法解释均体现了这一原则，法院不能以超出诉讼请求、违背了"不告不理"原则而不予以审查和评判。

三、卢某与山西省大同市南郊区口泉乡三脚沟煤矿合同纠纷检察建议案

【监督机关】山西省人民检察院

【监督方式】检察建议

【基本案情】

申请人（一审原告、二审上诉人）：卢某，男，1965年6月11日出生，汉族，住浙江省丽水市某区某花园1幢401室。

其他当事人（一审被告、二审上诉人）：大同市南郊区口泉乡三脚沟煤矿。法定代表人：范某，矿长。

其他当事人（原审第三人）：山西煤炭运销集团大同有限公司（以下简称大同煤运公司）。法定代表人：王某，董事长。

其他当事人（原审第三人）：山西煤炭运销集团有限公司（以下简称省煤运公司）。法定代表人：刘某，董事长。

大同市南郊区口泉乡三脚沟煤矿（以下简称三脚沟煤矿）成立于2003年2月24日，工商登记为集体所有制企业，从成立之日起至2007年4月3日，张某担任矿法定代表人。2007年1月23日，大同市南郊区口泉乡人民政府与张某签订协议，约定张某须在2007年1月26日12点前足额缴纳资源有偿使用价款，否则按张某自动放弃煤矿经营权处理。为筹集资金，张某代表三脚沟煤矿于次日与卢某签订了《股权转让协议》。协议约定：（1）甲方（三脚沟煤矿）以1860万元人民币的价格将该矿26%的股权转让给乙方（卢某），乙方前期投入1200万元作为第一笔转让款，新证换好后支付第二笔转让款660万元；（2）甲方保证将转让款全部用于煤矿的投资与建设；（3）在乙方支付了转让款后，双方今后对煤矿的投资和收益按照新的股权比例负担和分配；（4）甲方违约除退还乙方全部投资及相应利息外，仍应按照乙方实际投资的一倍向乙方承担违约责任。卢某及三脚沟煤矿法定代表人张某在协议上签字。协议签订后，为缴纳资源有偿使用价款，卢某与张某于2007年1月26日共同向陈某借款人民币900万元。张某对该笔借款出具了收条，至2010年4月2日止该笔借款的本金、利息由卢某及张某共同付清，其中，张某支付950万元，卢某支付148万元。之后，张某在卢某不知情的情况下，于2007年3月5日又与杜某签订《口泉乡三脚沟煤矿联营协议》，约定由杜某向三脚沟煤矿投资5600万元，杜某占煤矿股份的70%，张某占煤矿股份的30%，由杜某独立进行煤矿的安全生产经营管理。该协议有杜某及张某的签字。2007年4月4

日，口泉乡经委任命范某为三脚沟煤矿矿长、法定代表人，实际经营管理三脚沟煤矿。因张某擅自将股权又转让他人，卢某遂于2008年1月29日和2009年8月27日两次以张某涉嫌诈骗为由向大同市公安局报案、上访，大同市公安局分别在2008年12月29日和2009年10月13日作出《不予立案通知书》和《公安机关处理信访事项答复意见书》，认为卢某反映事项属经济纠纷，非公安机关管辖案件。

2009年8月17日，山西省煤矿企业兼并重组整合工作领导组同意由第三人省煤运公司作为主体企业重组整合三脚沟煤矿。2009年10月1日，大同煤运公司与三脚沟煤矿及口泉乡经委签订了《煤矿企业兼并重组资产转让协议书》，至2010年9月30日止大同煤运公司共向三脚沟煤矿支付资产转让款总计人民币10498.65万元，款项付至了大同市南郊区政府指定的财政专户。

2010年4月6日，卢某以煤矿投资合同纠纷为由，将三脚沟煤矿诉至太原市中级人民法院，请求判令三脚沟煤矿返还投资款1200万元本金及利息，同时支付违约金1200万元。

【原审裁判情况】

2010年12月21日，太原市中级人民法院作出〔2010〕并民初字第76号民事判决。判决认为：（1）《股权转让协议》列明的合同双方为卢某与三脚沟煤矿，并由三脚沟煤矿的法定代表人张某签字认可，虽没有盖公章，但张某作为法定代表人有权代表三脚沟煤矿对外签订合同，三脚沟煤矿为法律责任的承担者。（2）本案中卢某分别于2008年1月29日和2009年8月27日两次以张某涉嫌经济诈骗罪向大同市公安局报案、上访。卢某的报案和上访均为其就1200万元投资款主张权利的行为，故卢某于2010年4月6日起诉未过诉讼时效。（3）卢某与三脚沟煤矿签订的《股权转让协议》合法有效。三脚沟煤矿提出该协议为虚假协议的主张，因其未申请对该协议进行鉴定，不予支持。（4）三脚沟煤矿在收到卢某转让款后，又与他人签订了联营协议，其行为属单方解除合同，构成合同违约，应当承担违约责任。考虑到协议约定的1200万元违约金过高，判定三脚沟煤矿支付违约金360万元。（5）省煤运公司和大同煤运公司与三脚沟煤矿的债权债务无关，不应就本案承担民事责任。判决：三脚沟煤矿返还卢某投资款本金1200万元及利息，并支付卢某违约金人民币360万元。

判后，卢某、三脚沟煤矿均提起上诉。2011年6月24日，山西省高级人民法院作出〔2011〕晋民终字第113号民事判决。判决认为：（1）因卢某提交的《股权转让协议》既没有加盖三脚沟煤矿的公章，煤矿原法定代表人张某对其签字又不予认可，且张某的签字与案件其他证据中的签字用肉眼看均不一致，同时蔡某的证人证言证明其从未见过卢某与张某在太原签订过任何协议。故认定卢某提交的证据不能证明其与三脚沟煤矿签订过《股权转让协议》。（2）卢某提供的证据仅能证明其及其他案外人与张某个人之间存在商业往来，不能证明其向三脚沟煤矿投资1200万元的事实，其与张某之间的经济纠纷可另案起诉。2005年8月2日，卢某、陈某、吕某等9人签订《共同投资协议书》经营三脚沟煤矿，并由吕某与三脚沟煤矿签订《合作经营协议》，但本案审理中各方当事人均未能提供证据证明《共同投资协议书》的履行情况，卢某个人不能作为实际出资人主张合作经营期间的经济纠纷。卢某提出其向三脚沟煤矿投资1200万元的主张证据不足，应驳回该诉讼请求。（3）卢某向公安机关控告、上访，均以张某涉嫌诈骗为由，属其向张某个人主张权利，不构成对三脚沟煤矿提起诉讼时诉讼时效中断的事由，故本案已超过诉讼时效，应依法驳回其诉讼请求。（4）省煤运公司和大同煤运公司与三脚沟煤矿的债权债务无关，不应就本案承担民事责任。判决：撤销该一审判决，驳回卢某的诉讼请求。

【监督意见】

卢某不服二审判决，向山西省人民检察院申请监督。2011年11月24日，山西省人民检察院以晋检民再建〔2011〕第1号再审检察建议书向山西省高级人民法院提出再审检察建议。理由如下：

1. 二审判决认定卢某起诉已过诉讼时效，属适用法律错误。

最高人民法院《关于审理民事案件适用诉讼时效制度若干问题的规定》第15条规定，"权利人向公安机关、人民检察院、人民法院报案或者控告，请求保护其民事权利的，诉讼时效从其报案或者控告之日起中断。上述机关决定不立案、撤销案件、不起诉的，诉讼时效期间从权利人知道或者应当知道不立案、撤销案件或者不起诉之日起重新计算"。本案中，卢某为保护其1200万元投资权益，曾于2008年1月29日、2009年8月27日两次以张某涉嫌经济诈骗为由向大同市公安局报案、上访，大同市公安局分别在2008年12月29日、2009年10月13日作出不予立案的通知和答复，因此本案诉讼时效从2009年8月27日起中断，并在卢某知道或者应当知道公安机关作出的最终答复意见时重新计算，故卢某于2010年4月6日向一审法院起诉未过诉讼时效。

2. 二审判决认定卢某提供的证据不能证明其与三脚沟煤矿签订过《股权转让协议》，缺乏证据证明。

《民法通则》第38条规定："依照法律或者法人组织章程规定，代表法人行使职权的负责人，是法人的法定代表人。"本案中，三脚沟煤矿为自负盈亏的企业法人，张某作为三脚沟煤矿法定代表人，依据法律及《三脚沟煤矿企业组织章程》，其代表三脚沟煤矿签订的合同对三脚沟煤矿当然具有法律拘束力。同时，张某与口泉乡政府签署的《缴纳资源费协议书》、《口泉乡三脚沟煤矿联营协议》等其他张某代表三脚沟煤矿签订的各类协议上，都均只有张某的签字而无单位公章，二审法院对以上协议的效力均予以认可。因此，在对卢某提供的《股权转让协议》的效力认定上，二审法院应当遵循同一标准和原则，不应以《股权转让协议》未加盖公章为由否定其效力。

本案《股权转让协议》的真伪是双方当事人争议的焦点，其中的关键则是张某签字的真假问题，而确定签字真假需具备鉴定资格的专业部门通过笔迹鉴定来确定。三脚沟煤矿主张《股权转让协议》系伪造，按照举证规则应提供证明《股权转让协议》系伪造的证据，而三脚沟煤矿对此却未提供任何证据，且在一审法院充分说明当事人举证责任及申请鉴定权利的情况下，也从未主张申请笔迹鉴定，故理应承担举证不能的法律后果。二审法院仅凭"肉眼判断"，即认定《股权转让协议》中"张某"的签名与其他协议、收据中签名不一致，进而认定"张某"签名为假，显然缺乏客观性、合法性。在从大同市公安局调取的该局对张某涉嫌诈骗调查工作中对张某、蔡某和诸某的询问笔录中，张某本人已承认他在太原与卢某签订过《股权转让协议》，蔡某和诸某对此也予以认可，这已能证明卢某与张某签订过《股权转让协议》事实的存在，故二审判决认定卢某的证据不能证明其与三脚沟煤矿签订过《股权转让协议》，缺乏证据证明。

3. 二审判决以卢某不能证明自己投资了1200万元为由，认为应由案外人向三脚沟煤矿主张权利，缺乏法律依据。

本案中，在三脚沟煤矿与卢某签订《股权转让协议》前，案外人吕某作为一方，诸某、蔡某、陈某、吕某共同作为一方，先后与三脚沟煤矿签订了合作经营协议。二审判决即以该两次合作经营的事实为依据，以卢某不能证明自己投资了1200万元为由，认为应由诸某、蔡某、陈某、吕某向三脚沟煤矿主张权利。显然，二审判决已偏离了本案当事人诉讼请求所依据的法律关系，以案外合同关系的存在剥夺卢某依据本案《股权转让协议》所享有的权利，显然没有法律依据。

卢某为证明其主张，提供了有三脚沟煤矿原法定代表人张某签字的《股权转让协议》原件、卢某向张某账号汇款的转账凭证、张某出具的收据等证据，形成了完整的证据链条，充分证明卢某确实对三脚沟煤矿投资1200万元，二审判决以向张某账号汇款不代表向三脚沟煤矿投资为由，认为卢某不能证明其主张，显然缺乏证据证明。虽然卢某投入的1200万元并非全部由其本人出资，其中包括陈某、蔡某、诸某的投资，但卢某合同当事人的法律地位并不因其部分投资款来源于他人而改变。而且依据陈某一审时的声明和蔡某、诸某的公安询问笔录，已能证明该3人认可卢某代表其3人与三脚沟煤矿签订《股权转让协议》。因此，卢某有权按照协议约定向三脚沟煤矿主张权利。

【监督结果】

山西省人民法院受理本案后，于2012年1月12日作出〔2011〕晋民再字第78号民事判决，认为：(1)《股权转让协议》虽没有盖三脚沟煤矿的公章，但张某作为法定代表人，其有权利代表三脚沟煤矿对外签订合同，三脚沟煤矿应为法律责任的承担者，卢某与三脚沟煤矿是本案适格当事人。(2) 虽然张某在法院审理过程中否认《股权转让协议》上的签名，但张某在大同市公安局对其的询问笔录中认可《股权转让协议》上的签名，同时蔡某在大同市公安局对其的询问笔录中也认可卢某代表他们与张某签订过协议，而且三脚沟煤矿对"张某"的签名一直未申请鉴定，可以推定《股权转让协议》上的签名系张某签名。(3) 协议签订后，张某又将煤矿转让给杜某，致使协议没有履行，但是《股权转让协议》中已确认卢某前期投入了1200万元，张某出具的1200万元的收条以及卢某提供的一些付款凭证可以证明1200万元已投入煤矿。因三脚沟煤矿又将煤矿转让给他人，导致协议没有履行，构成违约，三脚沟煤矿应当按照协议承担违约责任。(4) 卢某的诉讼请求未过诉讼时效。原一审法院和山西省人民检察院检察建议书已作详细论述，本次再审予以采纳。(5) 省煤运公司、大同煤运公司与原被告之间的诉讼不存在法律上的利害关系，不应承担优先支付责任，但大同煤运公司负有协助付款的义务。综上，山西省人民检察院的检察建议正确，应予支持。依照民事诉讼法第186条第1款、第153条第1款第3项的规定，判决：(1) 撤销本院〔2011〕晋民终字第113号民事判决。(2) 维持太原市中级人民法院〔2010〕并民初字第76号民事判决。

【案例点评】

本案检察机关建议理由全部被再审法院采纳，取得了良好的法律效果和社会效果。本案焦点是卢某与三脚沟煤矿是否签订过《股权转让协议》，以及卢某起诉时是否已过诉讼时效，主要涉及以下两个方面问题：

一、关于民事诉讼中举证责任的分配及单一证据和全案证据的审查认定问题

1.《高法民事证据规定》第2条规定："当事人对自己提出的诉讼请求所依据的事实或反驳对方诉讼请求所依据的事实有责任提供证据加以证明。没有证据或者证据不足以证明当事人的事实主张的，由负有举证责任的当事人承担不利后果。"该条明确规定了民事举证责任的双重含义，即第一层为行为责任

的分配规则；第二层为结果责任的法律性质实为败诉风险的负担。行为责任和结果责任作为举证责任的组成部分，从正反两个方面对当事人在诉讼中所应尽的责任进行了规定：一方面，当事人尽力履行行为责任以求胜诉；另一方面，当事人未能完成行为责任，其主张事实处于不真实状态时，其承担败诉后果是应有之义。关于民事诉讼举证责任分配规则，《高法民事证据规定》进行了细化，如第5条规定了合同纠纷案件的举证责任分配，即"主张合同关系成立并生效的一方当事人对合同订立和生效的事实承担举证责任；主张合同关系变更、解除、终止、撤销的一方当事人对引起合同关系变动的事实承担举证责任"。该条规定体现了法律要件分类说在举证责任分配上的具体运用，依据该学说，民事实体法的全部法律规范可分为两大类：一类是发生一定权利的"权利法律规范"；另一类是妨碍权利发生效果或消灭既存权利或遏制及排除权利行使的"对立规范"。在此分类基础上，举证责任的分配原则是：主张权利存在的当事人，应当就权利发生法律要件存在的事实予以举证证明；凡否定权利存在的当事人，应当就权利妨碍法律要件或权利消灭法律要件以及权利制约法律要件存在的事实加以证明。换句话说，就是当法律要件事实存否不明确的情形下，如该事实属权利发生法律要件事实，则由主张权利存在的当事人负举证责任，如该事实属权利妨碍等法律要件事实时，则由否定权利存在的当事人负举证责任。本案中，卢某主张双方签订了《股权转让协议》，要求三脚沟煤矿依据该协议约定承担违约责任，而三脚沟煤矿反驳主张该《股权转让协议》为虚假协议，依前所述，卢某应承担证明《股权转让协议》真实有效的举证责任，而三脚沟煤矿应承担证明《股权转让协议》虚假的举证责任。当三脚沟煤矿所提供的反驳证据使《股权转让协议》是否真实存在处于真伪不明时，因《股权转让协议》属权利发生法律要件事实，故应由主张该协议真实存在的卢某承担诉讼不利后果；而当三脚沟煤矿所提供的反驳证据不足以使《股权转让协议》是否真实存在处于真伪不明，即《股权转让协议》真实存在的可能性更大时，理应由三脚沟煤矿承担诉讼不利的后果。

2. 在举证责任分配明确的情况下，正确评判案件举证责任一方所主张事实的最终状态是否达到高度盖然性，是判定该方是否承担实体责任的基础，而作为评判的依据则是对证据证明力的正确认定。对证据证明力的认定又包括单一证据的认定和全案证据的认定。对单一证据的认定，主要是从证据的客观性、关联性、合法性三个基本属性入手，审查原裁判在单一证据的采信上是否有误。对全案证据进行综合审查判断，须从各个证据与案件事实的关联程度及各证据相互间的协调一致性来判断所有证据的整体证明力。本案中，卢某提供了有三脚沟煤矿原法定代表人张某签字的《股权转让协议》原件及转账凭证、张某出具的收据等辅助证据，而三脚沟煤矿提供了原法定代表人张某、证人蔡某、诸某的书面证言以及其所称是卢某向公安机关控告时提交的《股权转让协议》复印件等证据材料。而三脚沟煤矿提供的证据材料并不足以证明《股权转让协议》为虚假协议，也不能反驳卢某提供的《股权转让协议》原件的证明力。

《高法民事证据规定》第64条规定："审判人员应当依照法定程序，全面、客观地审核证据，依据法律的规定，遵循法官职业道德，运用逻辑推理和日常生活经验，对证据有无证明力和证明力大小独立进行判决，并公开判决的理由和结果。"本条规定确立了法官依法独立审查判断证据的原则，赋予了法官审查判断证据的自由裁量权，应适用于单一证据和全案证据的审查。该原则有以下要点：（1）法官应当保持中立立场，避免先入为主。（2）遵循法官职业道德。（3）正确运用逻辑推理和日常生活经验。按照相关法律规定，在审判实践中确定签名的真伪涉及笔迹鉴定等专业领域，须由专门机构中具备鉴定资格的专业人员才能进行认定。本案中二审法院仅凭法官"肉眼判断"，即认定《股权转让协议》中"张某"的签名与其他协议、收据中签名不一致，进而认定"张某"的签名为假，从而否认《股权转让协议》的效力，显然违背了法官对证据进行审核认定所适用的日常生活经验应当是为普通人所普遍接受或体察的社会生活经验的原则，已超越审判人员的自由裁量权范围，缺乏公正性和合法性。

二、关于本案诉讼时效何时起算的问题

诉讼时效是关乎当事人权利能否受到人民法院保护的先决条件，只有在诉讼时效内的诉求才可能受到法律支持。《民法通则》第140条规定："诉讼时效因提起诉讼、当事人一方提出要求或者同意履行义务而中断。从中断时起，诉讼时效期间重新计算。"我国法律也规定了多种诉讼时效中断的情形，那么当事人通过刑事案件向公安机关报案是否是保护其民事权益的行为，能否引起民事诉讼时效中断呢？根据最高人民法院《关于审理民事案件适用诉讼时效制度若干问题的规定》第15条之规定，"权利人向公安机关、人民检察院、人民法院报案或者控告，请求保护其民事权利的，诉讼时效从其报案或者控告之日起中断。上述机关决定不立案、撤销案件、不起诉的，诉讼时效期间从权利人知道或者应当知道不立案、撤销案件或者不起诉之日起重新计算"。本案中，三脚沟煤矿在与卢某签订了《股权转让协议》后，又与他人签订《合作经营合同》，并于2007年4月4日更换了法定代表人。卢某知情后为保护其1200万元投资权益分别于2008年1月29日和2009年8月27日两次，以张某涉嫌经济诈骗罪向大同市公安局报案、上访，卢某向公安机关举报的目的与本案的诉求均是卢某为使其在三脚沟煤矿的1200万元投资权益免受非法侵害而请求有关机关予以保护。张某在与卢某签订了《股权转让协议》后又与他人签订《合作经营合同》，以上行为是张某以该矿的法定代表人的身份进行的，其代表的是三脚沟煤矿，故对张某进行控告代表了向该矿主张权利。因此卢某向公安机关举报张某的行为符合上述规定之情形，本案诉讼时效应当从2009年8月27日起中断，并在卢某知道或者应当知道公安机关作出的答复意见时重新计算，故原告于2010年4月6日向一审法院起诉未过诉讼时效。二审法院认为卢某向公安机关控告属其向张某个人主张权利，仅构成对张某个人提起诉讼时效中断的事由，不构成对三脚沟煤矿提起诉讼时效中断的事由。法院错误地剥夺了申诉人卢某的诉权，导致其实体权利也完全被剥夺，显属适用法律错误。

四、湖北省武汉市蔡甸区人民法院民事审判程序违法检察建议案

【监督机关】湖北省武汉市蔡甸区人民检察院
【监督方式】检察建议
【基本案情】

武汉市蔡甸区人民检察院于2010年3月接到群众举报,反映武汉市蔡甸区人民法院聘用未经区人大任命的司法工作人员肖某某、邵某等人作为人民陪审员,参加合议庭审理案件,严重影响裁判的公正与威信。蔡甸区人民检察院经审查查明:肖某某、邵某系武汉市蔡甸区司法局蔡甸街法律服务所工作人员。2008年4月至2010年3月期间,湖北省武汉市蔡甸区人民法院在审理民事案件过程中,多次邀请肖某某、邵某二人担任人民陪审员,与承办案件的审判人员组成合议庭审理民事案件。其中,蔡甸区法院民一庭审判员何某某担任审判长与肖某某、邵某组成合议庭审判案件17起;审判员罗某担任审判长与肖某某、邵某组成合议庭审判案件3起。该20起民事判决均已生效。在此期间,肖某某、邵某也经常作为诉讼代理人代理蔡甸区法院审理的民事诉讼案件。蔡甸区人大常委会于2005年3月9日公布的关于任命蔡甸区人民陪审员的《蔡甸区人大常委会公报》和2008年4月14日公布的《蔡甸区人民法院人民陪审员名册》中,均无二人的名字。二人所属单位蔡甸区司法局亦书面证实,2005年5月至2010年5月期间,二人未经蔡甸区人大常委会任命为人民陪审员。

【监督意见】

武汉市蔡甸区检察院认为,根据民事诉讼法第39条规定,人民法院审理第一审民事案件,由审判员、陪审员共同组成合议庭或者由审判员组成合议庭。2005年5月1日实施的全国人大常委会《关于完善人民陪审员制度的决定》第1条规定,人民陪审员依照本决定产生,依法参加人民法院的审判活动;第5条规定,人民代表大会常务委员会的组成人员,人民法院、人民检察院、公安机关、国家安全机关、司法行政机关的工作人员和执业律师等人员,不得担任人民陪审员;第8条规定,符合担任人民陪审员条件的公民,由基层人民法院院长提出人选,提请同级人民代表大会常务委员会任命。可见,任命为人民陪审员至少必须具备两个条件:一是不属于人民代表大会常务委员会的组成人员,公、检、法、司、安全机关的工作人员和执业律师等人员;二是在程序上必须由同级人大常委会任命,其他机关、个人都无权任命。肖某某、邵

某为司法行政机关工作人员,依法不能被任命为人民陪审员,且未经蔡甸区人大常委会任命为人民陪审员。蔡甸区人民法院在审理该20件民事案件中,明知二人未经区人大任命为人民陪审员而让他们组成合议庭审理案件,违反了民事诉讼法第39条的规定,属审判组织的组成不合法。据此,蔡甸区人民检察院向蔡甸区人民法院提出再审检察建议,建议法院对案件进行再审;并建议蔡甸区法院结合该20件审判组织违法的问题,进行全面清查、整顿,开展审判活动规范化教育,杜绝此类问题再次发生。

【监督结果】

蔡甸区人民法院接到再审检察建议书后,及时对案件进行了再审,并对审判组织违法问题进行了全面清查。蔡甸区人民法院于2011年1月7日书面复函蔡甸区人民检察院清查结果,并剖析了原因、分清了责任、回复了处理决定。认为检察机关检察建议书指出的违法事实属实,违法原因是在贯彻上级精神建立诉调对接机制时,忽视了全国人大常委会《关于完善人民陪审员制度的决定》中有关人民陪审员任免的规定,将辖区10位基层司法所的人民调解员自行聘请为特邀人民陪审员参加审案。该法院通过组织全院干警开展集中学习,进行规范执法教育等途径进行了整顿;10名被区人大常委会任命为人民陪审员的基层司法所人民调解员,已依法免去人民陪审员职务。

【案例点评】

民事诉讼法第39条第3款规定"陪审员在执行陪审职务时,与审判员有同等的权利义务"。因此,为确保审判质量和审判公正,我国法律对人民陪审员的选任有严格的规定,一是必须具备国家承认的任职资格,二是需经人民法院院长提名,报经同级人民代表大会常务委员会任命,二者缺一不可。任职资格中有排除性规定,即"人民代表大会常务委员会的组成人员,人民法院、人民检察院、公安机关、国家安全机关、司法行政机关的工作人员和执业律师等人员,不得担任人民陪审员"。本案中,武汉市蔡甸区人民法院在探索建立司法调解和人民调解衔接配合工作机制过程中,片面强调诉调对接,忽视了全国人大常委会关于人民陪审员任免的规定。其违法表现在:一是该院自行下文任命辖区内10位基层司法所的人民调解员为"特邀人民陪审员",不但任命程序违法,而且名称与全国人大常委会《关于完善人民陪审员制度的决定》不符。根据该规定,不存在"特邀人民陪审员"的说法。人民陪审员和审判员都是法律职务,法律对其任命的程序和任职条件有明确规定,人民法院不能在法外随意创设法律职务、超越权限下达所谓的任命。二是让不具备人民陪审员资格的人员组成合议庭审理案件,审判组织的组成违法。基于以上违法事实,蔡甸区人民检察院运用检察建议方式及时进行监督。蔡甸区人民法院在接到监督意见后,诚恳接受了监督意见,分析了违法原因,明确了责任,采取了一系列整改措施,不仅查清了"特邀人民陪审员"参与陪审的同类违法案件175件,还自查自纠了检察机关没有发现的将辖区基层司法人员向人大提名任命为人民陪审员的违法问题,收到了类案监督的成效。

五、山东某服装集团总公司不服山东省青岛市黄岛区人民法院民事执行裁定检察建议案

【监督机关】 山东省青岛市黄岛区人民检察院
【监督方式】 检察建议
【基本案情】

申请人（原审案外人）：山东某服装集团总公司，住所地：潍坊市潍城区某街126号；法定代表人：袁某，董事长。

其他当事人（原审申请执行人）：刘某超，男，1956年5月22日出生，汉族，现住青岛经济技术开发区某路138号。

其他当事人（原审被申请执行人）：山东某实业集团有限公司，住所地：山东省潍坊市潍城经济技术开发区玉清西街以北开拓路西侧；法定代表人：刘某，董事长。

其他当事人（原审被申请执行人）：刘某，男，1956年10月9日出生，汉族，住潍坊市潍城区某街9号内2号楼2201室。

其他当事人（原审被申请执行人）：刘某青，女，1956年3月28日出生，汉族，住潍坊市潍城区某街9号内2号楼2201室。

其他当事人（原审被申请执行人）：巩某芳，女，45岁，汉族，住山东省青岛市黄岛区某路812号1单元401室。

其他当事人（原审被申请执行人）：宋某佳，男，12岁，汉族，住山东省青岛市黄岛区某路812号1单元401室。

1990年12月31日，潍坊市呢绒服装厂与潍坊衬衫厂签订《协议书》一份，约定：潍坊衬衫厂将距该生产南楼墙基2.53米以北的南院以及在此范围内的所有建筑物有偿转让给潍坊市呢绒服装厂。其中包括：（1）原潍坊衬衫厂、潍坊市呢绒服装厂共用的生产楼属原潍坊衬衫厂所有的22间共计1123.48平方米；（2）院内潍坊衬衫厂产权所有的配电室71.66平方米、职工食堂143.98平方米及厕所归潍坊市呢绒服装厂所有；（3）潍坊市呢绒服装厂向潍坊衬衫厂交纳人民币38万元作为有偿转让费。1991年，潍坊市呢绒服装厂支付转让费38万元，合法占有了该厂房及院落。由于上述房产转让时，潍坊衬衫厂尚未办理初始登记，导致上述房产无法及时过户给潍坊市呢绒服装厂。1994年，潍坊衬衫厂将上述房产登记在自己名下，但未将已办成房产证的事实告知潍坊市呢绒服装厂。

1994年，以潍坊市呢绒服装厂为核心组建成立了山东某服装集团总公司。

1996年，潍坊衬衫厂出资1318万元与潍坊外贸服装厂、潍坊童装厂共同成立山东某实业集团有限公司。2007年8月28日，刘某超作为出借人与刘某作为借款人、山东某实业集团有限公司作为抵押人、宋某波（于2008年2月去世）作为担保人签订《房地产（抵押）借款合同》，约定山东某实业集团有限公司、刘某向刘某超借款人民币本金加费用262.5万元，借款期限自2007年8月28日至2007年11月27日止。

因不能按期还款，刘某超诉至山东省青岛市黄岛区人民法院，请求判令山东某实业集团有限公司、刘某、刘某青、巩某芳（宋某波妻子）、宋某佳（宋某波儿子）连带支付借款本金、利息、违约金等相关费用共计334.894万元。

2009年3月10日，山东省青岛市黄岛区人民法院作出〔2008〕黄民初字第2720号民事判决。判决：（1）山东某实业集团有限公司、刘某于本判决生效之日起10日内共同偿还刘某超借款本金人民币243.75万元；（2）山东某实业集团有限公司、刘某于本判决生效之日起10日内共同支付刘某超借款利息（以本金243.75万元自出借之日起至履行清偿义务之日止按中国人民银行同期贷款利率的4倍计算再扣除已支付利息33.125万元）；（3）刘某青对上述款项负连带清偿责任；（4）巩某芳、宋某佳对上述款项在保留宋某佳对宋某波遗产适当份额后，巩某芳、宋某佳在继承宋某波遗产范围内承担对山东某实业集团有限公司、刘某的连带清偿责任；（5）山东某实业集团有限公司、刘某共同支付刘某超主张债权而支出的费用13.99411万元；（6）驳回刘某超的其他诉讼请求。

山东某实业集团有限公司不服判决，提起上诉。2009年8月20日，山东省青岛市中级人民法院作出〔2009〕青民四终字第211号民事判决，维持山东省青岛市黄岛区人民法院〔2008〕黄民初字第2720号民事判决主文第一、三、四、五、六项及诉讼费承担部分；变更第二项为：山东某实业集团有限公司、刘某于本判决生效之日起10日内共同支付刘某超借款利息（以本金243.75万元，自出借之日起至判决确定的给付之日止按中国人民银行同期贷款利率的4倍计算再扣除已支付利息33.125万元）。

上述判决生效后，山东某实业集团有限公司、刘某未能履行付款义务，刘某超遂向山东省青岛市黄岛区人民法院申请强制执行。山东省青岛市黄岛区人民法院以〔2009〕黄执字第1456号民事裁定书查封坐落于潍坊市潍城区北宫西街122号的房产一宗（产权证号为潍房权证潍城字第125328－125332号）。该查封包含了潍坊衬衫厂早已转让给山东某服装集团总公司的1123.48平方米厂房。

山东某服装集团总公司对此提出异议。2011年2月25日，山东省青岛市黄岛区人民法院作出〔2009〕黄执字第1456-1号民事裁定,认为山东某服装集团总公司提出的异议不成立,应当予以驳回。理由如下:(1)根据物权法第6条、第9条第1款、第17条的规定,本案争议的房产没有登记在案外人名下,根据上述规定,不能认定该房产属案外人所有。(2)根据最高人民法院《关于人民法院民事执行中查封、扣押、冻结财产的规定》第17条的规定,案外人在长达数十年的时间没有办理过户登记,也没有通过诉讼等法律途径要求办理过户登记,应推定案外人有过错,故其请求于法无据。综上,依照民事诉讼法和最高人民法院《关于适用〈中华人民共和国民事诉讼法〉执行程序若干问题的解释》的规定,裁定驳回案外人山东某服装集团总公司提出的异议。

【监督意见】

山东某服装集团总公司对山东省青岛市黄岛区人民法院作出〔2009〕黄执字第1456号、第1456-1号民事裁定不服,向山东省青岛市黄岛区人民检察院申请执行监督。2011年4月22日,山东省青岛市黄岛区人民检察院以青黄检民建〔2011〕6号检察建议书向山东省青岛市黄岛区人民法院提出检察建议。理由如下:

山东省青岛市黄岛区人民法院根据〔2009〕黄执字第1456号民事裁定书查封潍坊衬衫厂坐落在潍坊市潍城区北宫西街122号房产,其中包含了潍坊衬衫厂早已转让给山东某服装集团总公司的1123.48平方米厂房。本案的被执行人是山东某实业集团有限公司、刘某、刘某青、巩某芳、宋某佳,并无潍坊衬衫厂。根据公司法的规定,山东某实业集团有限公司是独立企业法人,应以自己的财产独立承担民事责任,而不应查封是山东某实业集团有限公司股东的潍坊衬衫厂的财产。鉴于以上事实,根据《关于民事执行案件监督的规定(试行)》(青黄检会发〔2009〕3号)第18条之规定,建议山东省青岛市黄岛区人民法院尽快依法对已查封的潍坊衬衫厂坐落在潍坊市潍城区北宫西街122号1123.48平方米房产终止执行,保护案外人的合法权益。

【监督结果】

山东省青岛市黄岛区人民法院受理本案后,于2011年4月29日作出回函称:"同意你院的意见。现作如下答复:一、我院已对坐落在潍坊市潍城区北宫西街122号房产终止执行。二、加大执行力度,尽快办结此案。"2011年8月23日,山东省青岛市黄岛区人民检察院派员专程监督山东省青岛市黄岛区人民法院执行局赴潍坊市依法解除了被查封的潍坊衬衫厂坐落在潍坊市潍城区北宫西街122号1123.48平方米厂房。本案在执行过程中,被执行人支付了申请执行人刘某超的全部欠款。现该案已经执行终结。

【案例点评】

本案是一件典型的因法院错误查封引起的执行监督案件，检察机关对错误的查封执行行为依法进行监督，并通过检察建议的方式纠正了错误的执行行为。本案的成功办理，是基层检察机关根据最高人民法院、最高人民检察院会签的《试点通知》的要求，积极开展民事执行活动法律监督的成果。同时也为完善民事执行检察监督法律制度积累了司法实践经验。本案争议的焦点是山东省青岛市黄岛区人民法院是否可以查封登记在潍坊衬衫厂名下的坐落在潍坊市潍城区北官西街122号1123.48平方米房产。

公司法第3条规定："公司是企业法人，有独立的法人财产，享有法人财产权。公司以其全部财产对公司的债务承担责任。有限责任公司的股东以其认缴的出资额为限对公司承担责任；股份有限公司的股东以其认购的股份为限对公司承担责任。"公司法第20条规定："公司股东应当遵守法律、行政法规和公司规章，依法行使股东权利，不得滥用股东权利损害公司或者其他股东的利益；不得滥用公司法人独立地位和股东有限责任损害公司债权人的利益。公司股东滥用股东权利给公司或者其他股东造成损失的，应当依法承担赔偿责任。公司股东滥用公司法人独立地位和股东有限责任，逃避债务，严重损害公司债权人利益的，应当对公司债务承担连带责任。"从上述规定中，可以看出公司对其债务承担的是独立责任、无限责任和直接责任，是公司人格独立的体现。而公司股东仅承担有限责任，且不对公司债务直接负责，只有在出现"公司法人人格否认"的情况下才对公司债务承担连带责任、无限责任。

本案中，山东某实业集团有限公司是依法成立的有限责任公司，是独立的企业法人，有独立的法人财产，享有法人财产权。山东某实业集团有限公司的对外债务，应以其公司财产独立承担民事责任。而潍坊衬衫厂作为山东某实业集团有限公司的股东，根据公司法第3条的规定，仅承担有限责任，不对公司债权人直接负责。在无证据证明潍坊衬衫厂存在公司法第20条第3款规定的情形，即滥用山东某实业集团有限公司法人人格和股东有限责任的行为严重侵害公司债权人利益的情况下，不应该用潍坊衬衫厂的财产来偿还公司债务。且本案的被执行人是山东某实业集团有限公司、刘某、刘某青、巩某芳、宋某佳，并无潍坊衬衫厂。显然，山东省青岛市黄岛区人民法院查封山东某实业集团有限公司的股东潍坊衬衫厂坐落在潍坊市潍城区北官西街122号房产是错误的。

六、山东省日照市岚山区行政执法监督检察建议案

【监督机关】山东省日照市岚山区人民检察院
【监督方式】检察建议
【基本案情】

2011年3月,有村民向日照市岚山区人民检察院反映,岚山区巨峰镇大王家沟村、纪家沟等村存在非法开采铁矿砂、破坏耕地行为,村民多次向有关部门反映,但问题一直未得到有效解决。时值农村"两委"换届,村民酝酿集体上访,社会矛盾一触即发,巨峰镇党委、政府也希望检察机关介入,以尽快解决问题。鉴于耕地长期遭受破坏查处不力,可能存在监管不到位、行政不作为的情形,日照市岚山区人民检察院决定由民事行政检察部门负责,其他部门配合,对该问题进行调查。

经调查发现,村民反映问题属实。2008年6月以来,日照市岚山区古庄建材有限公司、五莲富凯石材有限公司等多家采矿企业到岚山区巨峰镇大王家沟村、纪家沟村、土山河村一带开采铁矿砂。这些采矿企业在未取得采矿许可证,未经行政许可的情况下,以土地整理的名义,仅与日照市矿业协会及村委会签订矿资源开发利用协议,以每年每亩8000元的价格租用耕地,擅自进行铁矿产资源开采。采矿企业为追求利益最大化,尽可能多地获取铁矿资源,在开采过程中,未按照土地整理规定保留熟土层,直接进行深层开采,导致熟土层流失殆尽,耕地被挖成十几米的壕沟,尾矿砂随意堆放在道路和耕地上,形成了一个个体积巨大的砂丘,开采现场机器轰鸣,砂粒飞扬,生态环境被严重破坏。其中,日照市岚山区古装建材有限公司非法采矿占用耕地980多亩,五莲富凯石材有限公司非法采矿占用耕地390多亩。至日照市岚山区人民检察院介入时,合同期满已逾两年,非法采矿企业仅对少量耕地进行了平整复垦,大量被破坏的耕地没有按照协议进行平整复垦。经农业局专家鉴定,由于熟土层遭到严重破坏,该镇1000余亩耕地无法种植农作物,给农业生产带来严重的不良影响。

【监督意见】

2011年3月16日,日照市岚山区人民检察院向日照市国土资源局岚山分局发出日岚检行建〔2011〕1号检察建议,建议该局依法加大行政执法力度,严厉打击和遏制采矿企业非法采矿、破坏耕地的违法行为,及时组织采矿企业对遭受破坏的耕地进行回填复垦,切实维护国家矿产资源和耕地安全。理由主要为:日照市岚山区古庄建材有限公司、五莲富凯石材有限公司等采矿企业违

反了《中华人民共和国矿产资源法》第 3 条、第 39 条和《中华人民共和国土地管理法》第 36 条、第 74 条之规定，未经行政许可，未取得采矿许可证，长期从事违法采矿活动。采矿企业借平整土地之名，行非法采矿之实，致耕地破坏之果，属行政违法行为。日照市国土资源局岚山分局对非法采矿、破坏耕地行为查处不力、监管不到位，致使耕地被严重破坏，严重侵害了群众切身利益，危害了国家土地资源安全和生态环境安全，属于行政不作为。根据《检察建议规定》第 3 条、第 5 条和山东省人民代表大会常务委员会《关于加强人民检察院法律监督工作的决议》第 1 条、第 9 条等相关法律规定，建议该局依法及时履行监管职责。同时，日照市岚山区人民检察院还对调查中发现巨峰镇国土所所长在履行监管职责过程中有收受贿赂嫌疑，3 名非法采矿企业责任人涉嫌非法占用农用地犯罪，按有关规定移送有关部门处理。

【监督结果】

日照市国土资源局岚山分局接到日岚检行建〔2011〕1 号检察建议后，积极履行监管职责，加大了执法力度，采取 4 条措施制止企业的非法行为：一是加大对非法采矿破坏耕地行为的执法查处力度，下达停止开采通知，依法扣押装载机等机械设备 8 台。二是责令和督促非法采矿企业限期复垦被破坏的耕地，国土局组成多个工作组，昼夜值班，现场督促回填复垦。三是加大对土地矿产资源监管力度，由区国土资源分局监察、矿管、国土所和驻国土局公安办事处组成联合工作组，对辖区采矿情况进行执法检查，查处非法采矿行为。四是严格执行法律法规和各项规章制度，定期开展执法巡访调查，杜绝非法采矿破坏耕地行为再次发生。日照市岚山区检察院多次派员跟踪监督检察建议落实情况，确保复垦质量和进度，非法采矿企业在 1 个月内将遭破坏的 1000 余亩耕地彻底进行了平整、复垦，采矿留下的深坑被改造成为蓄水池，解决了农业用水难题。复垦后的耕地重新进行了分配，当年种植的花生、红薯、玉米等农作物喜获丰收，334 户 1145 位农民受益。巨峰镇是日照市绿茶主产区，该镇计划将该区域改造为连片茶园，改造后预计每年将给村民带来上千万元的收益。调查发现的 3 名非法采矿企业责任人，因涉嫌非法占用农用地罪被公安机关立案查处。岚山区巨峰镇国土资源所原所长黄某，利用职务之便，收受采矿企业及个人贿赂、挪用公款，数额巨大，被法院判处有期徒刑 12 年。

【案例点评】

近年来，我国经济迅速发展，城市迅速扩张，由此引发的土地、资源、环境问题日益突出，国家利益、社会公共利益特别是农民利益遭受侵犯的现象时有发生，而个别行政执法机关的不作为、乱作为，进一步使得积累的社会矛盾难以解决，使得资源环境被破坏的结果难以根治。作为国家法律监督机关的人民检察院，如何在经济社会发展和社会管理创新中发挥应有的作用，促进行政机关依法行政，是摆在我们面前的重要课题。为此，山东省检察机关根据全国第二次民行检察工作会议精神和省人大常委会《关于加强人民检察院法律监督工作的决议》，自 2009 年起，探索开展行政检察促进社会管理创新试点工作，尝试检察机关在履行法律监督职责过程中，发现国家利益、社会公共利益遭受侵害，相关行政主管部门未依法履行法定职责时，督促其采取相应措施，改进管理方式，依法保护国家利益、社会公共利益，提高社会管理水平。

日照市岚山区人民检察院作为省检察院确定的试点单位之一，在履行法律监督职责过程中，发现日照市国土资源局岚山分局对本辖区内非法采矿、破坏耕地行为监管不到位、不作为，致使耕地、矿产资源遭受严重破坏，环境日益恶化，群众强烈不满，决定以此为切入点，紧紧依靠当地党委的领导和支持，充分发挥行政检察职能，积极受理群众诉求。在有关各部门的有力配合、协调下，整合内部职能部门力量，成功办理了被破坏的 1000 多亩土地复耕案件，依法向国土资源部门发出督促履行法定职责的检察建议，督促其积极作为。国土资源部门通过加大执法查处力度，制止了违法开矿行为，使遭受破坏的耕地彻底得到了平整、复垦，334 户 1145 名农民重新获得耕地，并移送职务犯罪案件线索 1 件、刑事犯罪案件线索 3 件，既保障了农民权益，化解了社会矛盾，优化了生态环境，又惩罚了违法犯罪，提高了办案水平，得到了当地党委、政府的充分肯定和广大人民群众的高度评价。此案的成功办理，是检察机关围绕服务经济社会发展大局，深入推进"社会矛盾化解、社会管理创新、公正廉洁执法"三项重点工作的有益探索和尝试，受到了最高人民检察院、山东省人民检察院主要领导及当地党委、人大主要领导的批示肯定。最高人民检察院曹建明检察长批示："山东日照岚山区检察院认真贯彻中央要求，充分发挥检察职能，积极探索民行检察工作参与和促进社会管理创新的思路和方法，通过执法办案，不仅依法严肃查办了职务犯罪，督促被破坏的 1000 多亩耕地全部复耕，而且有力促进了依法行政，促进了行政执法机关加强和改进社会管理，取得了很好的法律效果和社会效果。"最高人民检察院、山东省人民检察院分别下发文件，向全国、全省检察机关转发该案的经验做法，山东省人民检察院 2011 年度向省人大的工作报告中引用了该案例，《检察日报》、《山东法制报》、正义网等新闻媒体也作了专题报道。

检察机关对行政执法活动探索开展法律监督，符合检察机关的宪法定位。宪法第 129 条明确规定："中华人民共和国人民检察院是国家的法律监督机关。"人民检察院负有保障国家法律统一正确实施的法定职责。行政执法机关作为国家法律的重要执行机关，执法活动本身就是法律实施活动，在执法活动中不作为、乱作为，会严重损害国家法律尊严，损害国家利益和社会公共利益，在无其他有效救济途径的情况下，检察机关通过法律监督纠正其违法行为，符合宪法精神。同时，这项探索工作是落实省人大"决议"的重要举措。山东省人大常委会于2009年通过了《关于加强人民检察院法律监督工作的决议》，其中第1条和第9条明确规定了检察机关监督行政执法机关、国家工作人员职权行为的职责和行政部门的相应义务，为检察机关开展对行政执法活动的法律监督提供了依据。另外，加强和创新社会管理，是中央政法委部署开展的三项重点工作之一，也是政法工作的中心任务之一。行政执法部门是社会管理主体，行政检察与行政执法活动关系紧密，检察机关通过开展行政执法检察监督，积极参与和促进社会管理创新，符合中央精神，符合科学发展观要求。

这项工作的探索实践，没有现成的经验可供借鉴，办理这类案件，首先要准确理解和把握民行检察的法律监督属性、职能定位和基本要求，正确把握检察权与行政权之间的界限和各自的运行规律，依法、规范、稳妥、审慎地行使检察权，严格禁止和避免代行或超越行政管理权，切实做到监督到位而不越位，适度而不过度。第一，要树立大局意识和服务意识。服务经济社会发展大局是检察机关的重要使命，是党和人民对检察工作的基本要求，也是衡量检察工作成效的重要标准，开展行政执法监督工作，要紧紧围绕党和政府的中心工作，找准服务大局的切入点和结合点。第二，要坚持国家利益，社会公共利益原则。对于行政相对人认为其自身利益受到行政行为侵害的案件，应当引导其通过自身的救济渠道如行政复议、行政诉讼等解决。只有当国家利益、社会公共利益遭受侵害，相应的行政主管部门未依法履行法定职责时，检察机关才介入监督。第三，要突出重点、注重实效。行政机关是社会管理的主体，行政管理涉及经济社会的方方面面，范围极广，而检察机关特别是基层检察院人力、物力、财力有限，监督不可能面面俱到，应从党委、政府、人民群众关注的重点领域入手，针对问题多发易发且监督乏力、社会影响大的案件进行监督，坚持办案考虑稳定，执法服务发展，监督促进和谐，确保监督成效。第四，要营造良好的监督环境。检察机关要与相关行政执法部门多沟通协调，解决工作中遇到的困难和问题，努力形成良性互动机制，优化外部执法监督环境。

图书在版编目（CIP）数据

民事行政检察业务教程/郑新俭，胡卫列主编．—北京：中国检察出版社，2015.1
全国预备检察官培训系列教材/李如林，王少峰主编
ISBN 978-7-5102-1269-7

Ⅰ.①民… Ⅱ.①郑… ②胡… Ⅲ.①民事诉讼－检察－中国－教材 ②行政诉讼－检察－中国－教材 Ⅳ.①D926.3

中国版本图书馆CIP数据核字（2014）第192873号

民事行政检察业务教程

郑新俭　胡卫列　主编

出版发行：	中国检察出版社
社　　址：	北京市石景山区香山南路111号（100144）
网　　址：	中国检察出版社（www.zgjccbs.com）
编辑电话：	（010）68682164
发行电话：	（010）68650015　68650016　68650029　68686531
经　　销：	新华书店
印　　刷：	保定市中画美凯印刷有限公司
开　　本：	720 mm×960 mm　16开
印　　张：	13.5 印张
字　　数：	247千字
版　　次：	2015年1月第一版　2015年10月第二次印刷
书　　号：	ISBN 978-7-5102-1269-7
定　　价：	38.00元

检察版图书，版权所有，侵权必究
如遇图书印装质量问题本社负责调换